ちくま文庫

家族を亡くしたあなたに

死別の悲しみを癒すアドバイスブック

キャサリン・サンダーズ
白根美保子 訳

筑摩書房

目次

はじめに…… 11

プロローグ　私の死別体験…… 17
叔母、父、息子ジム、兄夫婦、娘スーの夫、母、夫ハーシェル……愛する家族を続けて亡くした私は、どうしたら死別の悲しみを乗り越えられるか調べはじめました。
◇死別の悲しみの自己診断表…… 47

第一章　死別の悲しみ…… 50
愛する家族の死に対して心の準備ができている人などいません。愛が強ければ強いほど悲しみは深いのです。死別の悲しみを認めないと、かえって立ち直るまでに時間がかかります。悲しみのプロセスを学び、正面から受け止めるようにしましょう。

第二章　第一段階〈ショック〉……78
家族の死に直面したとき、私たちは大きなショックを受け、精神的に混乱するだけでなく身体にも症状が出ます。これは自分を守るためのごく自然な反応です。
◇ショック期を乗り切るために……94

第三章　第二段階〈喪失の認識〉……97
愛する人の死が現実として認識されはじめ、怒り、不安、罪悪感、死への恐怖など、さまざまな感情が生まれます。そうした感情をうまく発散させるようにしましょう。
◇喪失の認識期を乗り切るために……125

第四章　第三段階〈引きこもり〉……130
泣けるだけ泣いたあと、心と身体は休息を必要としています。疲労や無力感や絶望を感じますが、確実に回復に向かっているのです。できるだけ睡眠をとりましょう。
◇引きこもりの時期を乗り切るために……146

第五章　第四段階〈癒し〉……149
いつのまにか回復の時期が訪れます。体調も戻り、自分自身を取り戻すことができます。死という現実を受け入れ、未来にも目を向けられるようになります。
◇癒しの時期を乗り切るために……174
第六章　第五段階〈再生〉……177
故人と共に生きてきた人生が中断することで、私たちの一部も死にました。私たちは生まれ変わり、新たな力を与えられて新しい人生を生きていくのです。
◇再生期を乗り切るために……197
第七章　子供を亡くした親の悲しみ……203
子供の死はなぜこんなにも耐え難い悲しみをもたらすのでしょう。私自身の体験もふまえて、子供を亡くしたあとの人生をどう生きていけばいいのか考えます。

第八章　配偶者の死──パートナーを失う……　231
配偶者の死も大きなストレスとなります。これまで頼りにしてきた配偶者を失ったあと、孤独を感じながら一人で多くの問題に立ち向かわなければなりません。

第九章　親の死──成人後に「孤児」になる……　258
たとえ離れて暮らしていても、親との心の絆は保たれています。親が亡くなることで、私たちは自分を守ってくれる無条件の愛が永遠に失われたことを感じます。

第十章　家族全体の悲しみ……　280
家族の一人が亡くなると、家族全体が影響を受けます。家庭内に新しいバランスが生まれるまで、分裂の危機と痛みをともなうつらい時期がつづきます。

第十一章　別れの儀式の持つ意味……294
葬儀などの儀式は死別の悲しみのプロセスのなかで大切な役割を果たします。自分なりの手作りの儀式で気持ちに区切りをつけ、新しい人生に向かって進みましょう。

第十二章　死別の悲しみを乗り越える……316
勇気をもって死別の悲しみに正面から立ち向かえば、いつか必ず乗り越えることができます。悲しみは私たちに「人生にとって大切なこと」を教えてくれます。

あなたの力になってくれる自助グループやサポート機関……348

解説　生きてきたように人は死んでいく　中下大樹……359

家族を亡くしたあなたに——死別の悲しみを癒すアドバイスブック

SURVIVING GRIEF AND LEARNING TO LIVE AGAIN
by Catherine M. Sanders

Authorized translation from the English language edition published
by John Wiley & Sons, Inc.
Japanese translation rights arranged with
John Wiley & Sons International Rights, Inc., New York
through Tuttle-Mori Agency, Inc., Tokyo

はじめに

私はこの本を書く前に、病人やお年寄りの看護・介護を職業とする人たちを対象とした『悲嘆：死別の悲しみ（Grief：The Mourning After）』を書いています。その執筆中、そういった「プロ」ではなく、愛する人の死を悲しんでいる一般の人たちに伝えたい言葉が次々と頭の中に浮かんできて、タイプする指がとまってしまうことがよくありました。そのとき、二冊目の本として、身をもって死別を体験した人たちに向けた個人的なメッセージも含めた本を書こう、そうしたらもっと多くの人に読んでもらえ、助けになれるにちがいないと考えたのです。

この本を書くにあたって私はいろいろな情報を参考にしました。自分自身で行った調査はもちろん、遺族の方を対象としたセラピー、私自身の身近な家族との死別体験もこの本を書く大きな助けとなっています。中でも多くの情報を提供してくれたのは、私がフロリダ州タンパで行った調査です。タンパで私は、配偶者や子供、親を亡くした百二十五人の遺族の方たちに会い、そのすべての人について死別後二年間の追跡調査をさせてもらいました。どの人とも何度も会って話を聞きました。おかげでたくさんの友だちができました。

本の中ではこの調査のことを「タンパ・スタディ」と呼んでいます。この調査から得られた情報によって、私は死別の悲しみのプロセスについての洞察を深めることができました。この本の第二章から第六章に説明されている悲しみのプロセスの「五つの段階」は、それらの情報なしには見つけることができなかったと思います。今回のこのようなアプローチの方法を私は「死別の悲しみについての集合的理論」と呼んでいます。多くの人の助けなしにはこの本は決して完成しなかったでしょう。

ほとんどの人は実際に愛する者を失うまで死別の悲しみがどんなものか、ほんとうにはわかっていません。また、死別の経験は二つとして同じものはありません。故人とどれくらい親しかったか、亡くなった人の、あるいは残された人の人生のどんな時期に死が訪れたか、どのような状況で死がもたらされたか……これらのすべてが死別の悲しみに違いをもたらし、それを乗り越えるまでの時間もそれぞれのケースで異なります。

でも、どの死別にも共通したことが一つあります。それは「苦痛」です。愛する者を失った人は誰もが耐えがたい感情的苦痛を味わいます。この苦しみからのがれる方法はありません。苦痛から癒されるためには苦しみを「経験」し、乗り越えなければいけないのです。

死別の悲しみから生まれる感情的苦痛を避けようとしても、それはもっと大きな問題を引き起こすだけです。つまり、病気になったり、深刻な「慢性的苦痛」に陥ってしまったりするのです。それに一番問題なのは、死別の悲しみがあまりにつらいからといってそれを避け続けていると、そのままの心理状態から抜け出せなくなり、人間的に変わることも成長することもできなくなってしまうことです。

死別の悲しみは一度にいろいろな形で襲ってきます。肉体的には、頭痛・胃腸障害・動悸・めまいなどの症状が見られます。ときには自分ではどうにもコントロールできない「パニック症状」に襲われることもあります。一方、心理的な症状としては、不可能と知りながら故人を取り戻したいと願ったり、泣いたり、怒ったり、フラストレーションを感じたり、罪悪感や恥の意識を持ったりといった症状があげられます。また、社会的な喪失も死別の悲しみの持つ一つの側面と言えるでしょう。自分にとって大きな意味を持つ人を失うと、社会的に孤立したように感じたり、仲間はずれにされたような気持ちになったりします。これは、私たちが自分自身を「他人とは違う」と感じたり、「死別を経験する前の自分とは違う」と感じたりするためです。夫や妻を亡くすと、それまで暮らしていた地域社会や友人の輪の中における自分の役割が大きく変わることもあります。

私たちを最終的に癒してくれるのは何でしょう?

癒しは悲しみのプロセスを「能動的に」受け入れていくことによって与えられます。悲しみから逃げずにしっかりと受け止めていくかぎり、私たちは健康なものの見方を取り戻す方向に歩み続けます。悲しみを「受動的に」やり過ごすことはできません。自分たちの方から進んで参加していかなければならないのです。

愛する者を失うという経験は人によって異なります。それがどんな経験となるかは、失った相手との親密さの度合いや、その相手を失うための準備がどれくらいできていたかなどによって大きく左右されます。それでも、たとえどんなに心の準備ができていたとしても、実際に死別を経験したあとの苦しみから逃れることはできません。

この本のプロローグは三世代にわたる私の個人的な死別の体験談です。それをお読みになれば、愛する者を失った遺族の耐えがたい痛みを私が身をもって知っていることがわかってもらえるでしょう。

自分が悲しみのプロセスのどの段階にいるかを知るのは大切なことです。プロローグの最後にある「自己診断」のための質問に答え、自分が今いる状況を把握する手助けにしてください。その結果の横に今日の日付を入れておくとあとで役に立ちます。この本を読み終わって数か月して、私が本の中で提案していることのうちいくつかでも試してみることができたと思ったら、もう一度「自己診断」をやってみてください。そして、その結果を以前の結果と比べてみましょう。そうすればきっと、自分が悲しみを少しずつ乗り越えていることがわかるでしょう。

この本では死別の悲しみが始まったそのときから、それを乗り切るまでの全過程が説明されています。愛する人に先立たれた人は五つの段階を通りぬけていきます。つまり、「ショック」「喪失の認識」「引きこもり」「癒し」「再生」の五つです。今のあなたはこの五つの段階のうち、いずれかの段階にいます。それぞれの段階についてもっと理解を深めれば、きっと次の段階への移行がスムーズになります。

悲しみのさなかにあるときは、「このまま気が狂ってしまうのではないか」と思うことがよくあります。それはごく自然なことです。この本はあなたが死別の悲しみを人間の自然な体験の一部として受け止められるようになるお手伝いをします。この本を読めば、自分のさまざまな反応を、癒しと再生のために通りぬけなければならない正常なプロセスの一部として受け入れることができるようになるでしょう。

大切な人を失うことは、私たちの人生において最もつらい試練です。でも、それと同時に「チャンス」も与えられます。悲しみのプロセスを乗り越えれば、前より強く、より有能な新しい人間として生まれ変わることができるのですから。

悲しみを「乗り越える」ための道のりは長く、つらく、多くのエネルギーと忍耐を必要とします。「もうやめてしまいたい！」と思うことが何度もあるでしょう。孤独と敗北感に満ちたこの時期、私たちには勇気のかけらも残っていません。それでも、何かが私たちを先へ先へと導いていきます。その「何か」とはなんでしょう？　神？　摂理？　人間を超えた力？……呼び方はどうあれ、この「何か」がいつかかならず、再出発するための力を私たちに与えてくれます。私はこう信じています――この長くつらい悲しみのときをくぐりぬけるあいだ、何か人間を超えた力を頼りにできないとしたら、自分や他人を許す、愛する、大切な意味を持つ人間関係に自分を完全にゆだねるといった、再出発に必要なことをするだけの力を持つことは決してできないだろうと。

この本では、最終的には体験的な調査と臨床的な応用の世界を魂の世界と結びつけることになりました（おもに第十二章で第六段階として取り上げた部分がそれにあたります）。死別の悲しみは感情的な側面や身体的な側面を持つと同時に、魂に関わる側面も持っていると私はかたく信じています。悲しみのプロセスを理解するにはこの三つの側面をすべて受け入れなければなりません。

この本を書きながら私が一番願っていたのは、「悲しみのプロセスは段階を追って進んで行くもので、自分の悲しみもその道を通って行くのだ」ということを読者のみなさんに理解していただくことでした。自ら死別の悲しみを何度も体験した者としてこれだけは言わせてください。

あなたもかならず今の悲しみを乗りきり、いつかきっと生まれ変わることができます。

キャサリン・M・サンダーズ

一九九二年四月
ノース・カロライナ州シャルロットにて

同居していた叔母のエイダが癌で亡くなったとき、私は四歳でした。母は長いあいだ叔母の看病をし、その最期を見取りました。私はその頃のことはまったく覚えていません。ただ、四歳のそのときから長い間、私の頭にはガラス張りのベランダに置かれた白いやなぎ細工の棺に横たわった叔母の姿が焼き付いていました。やなぎ細工の棺などあるはずはないのですが、幼かった私はそのことに何の疑問も感じませんでした。

私の家では死について話すことはほとんどなかったので、私が「エイダ叔母さんがやなぎ細工のお棺に入れられて埋葬されたというのは本当なの？」と母に聞いたのはそれからずっとあと、十代も半ばのことでした。母は笑いながら「そんなことないわよ」と言いました。いま思えば、エイダ叔母さんの棺が白かったことが私の記憶を混乱させていたのだと思います。

私は棺に入れられた叔母さんの顔を見ることも、葬儀に参列することもしませんでした。親戚の子供たちは一人残らず、家族ぐるみで付き合いのあった親しい友人に連れられてしばらく田舎に追いやられてしまいました。当時も今と同様、心に傷を残すからという理由で子供たちは「忌まわしい場面」から遠ざけられるのが当然とされていたのです。それまでに何度も家族の死を身近に体験していた母には、死を現実的に受け入れる用意ができていました。母が若かった頃は子供を含めた家族全員で死を受け止めるのがふつうだったのです。でも、時代は変わっていました。

私がはじめて家族の死を体験したのは十八歳のときでした。父はその二か月前、肺癌の宣告を受けていました。でも、父が重態に陥ったあとも「癌」や「死」といった言葉は一度も家族の口にのぼりませんでした。みんな父が回復することを前提とした話しかしなかったのです。

父と母は私が五歳のときに別居し、当時父は別の州に住んでいましたが、父の入院中、私たち三人の子供はずっとそばについていました。父が亡くなったとき、まったく心の準備が出来ていなかった私たちは大きなショックを受けました。父とは長い間離れて暮らしていたので、そのショックは父その人を失った喪失感というより、むしろ「父親」という存在を失ったことに対するショックだったように思います。

肉親の死に際して従うべき「指針」など私たちにはまったくありませんでした。兄は斎場に安置された父の亡骸《なきがら》に付き添って夜を明かしたいと申し出ましたが、許されませんでした（葬儀に関する葬儀屋の決定権は絶対です）。父が安置されている部屋に一人で足を踏み入れたときどんなに恐ろしかったか、私はいまでも覚えています。別れの言葉をかけたかったのですが、無言で横たわる父の亡骸にどうしても近づくことができませんでした。恐くて棺に近づけない自分を恥ずかしく思いましたが、そういった気持ちを誰かに話そうとは考えもしませんでした。死そのものについて、あるいは死に対する自分の気持ちについて人と話をするなどとんでもないことだと思っていたのです。私は「こんなとき人間は強くあるべきだ」という暗黙のルールを受け入れました。そして、何だか自分の義務を完全に果たしきれなかったような気がしました。

兄は私よりずっと父と親密でしたから、その苦しみも大きかったにちがいありませんが、私にはその苦しみのほどを推測することしかできません。兄は若き兵士のように雄々しく、自分の感情をすべて心の中にしまいこんでいました。その後まもなく兄が酒に溺れるようになったのは、決してそのことと無関係ではないと思います。

父の葬儀のあと、私たちはそれぞれの生活に戻りました。そして、その後長いあいだ私は肉親の死を体験することはありませんでした。ところが父の死から長い月日がたったある日、突然、天地を揺るがすような衝撃とともに死が私のもとを訪れ、私と家族の人生を一変させたのです。

夫の仕事の都合でフロリダに転居しなければならなくなったとき、私たちは下の二人の子供を連れて行くことにしました。上の二人の娘のうち一人はニューヨークですでに仕事に就いており、もう一人はボストンのマサチューセッツ総合病院の看護師研修所に入っていたのでそのまま北部に残ることにしたのです。この引っ越しのせいで私たち家族はひどくばらばらになってしまったように感じていました。ですから、それを補うためにもいろいろなことをいっしょにやろうと努力しました。

新しい家に移ってしばらくは忙しい毎日でしたが、自由に使える時間は前より多くなりました。まだ近所づきあいもなく地域活動にもたずさわっていなかったからです。北部の小さな私立校からフロリダの大きな公立校に移った息子のジムは、新しい学校の授業にうまくついていけませんでした。私は地元のジュニア・カレッジで、ジムが苦手な科目をいくつか勉強してみることにしました。ジュニア・カレッジの授業は八月の最後の週に始まりました。私は学校が大変なのは自分一人ではないのだということをジムに身をもって示そうとはりきっていました。

九月の第一月曜日の休日「労働者の日《レイバーデー》」、私たちは遠出せずに家でくつろぐことにしました。家にはプールもありましたし、専用の桟橋があって、自家用ボートを使って水上スキーを楽しむこともできました。ここなら車の通りの激しいハイウェイから離れているので安全です。私はフランス語の教科書を持ってプールサイドに陣取りました。夫のハーシェルは寝そべって昼寝を楽しんでいました。末っ子のキャサリンは新しくできた友だちとどこかに出かけました。ジムは何人かの友だちといっしょにボートに燃料を積み込み、水上スキーをしに沖へ出て行きました。背の高い十七歳の息子がドックの方に歩いて行くのをながめながら、「まあ、すっかり大きくなって。なんて立派なんでしょう」と思ったのをいまでもよく覚えています。息子の前途は洋々としていました。でも、私が息子の元気な姿を見たのはそれが最後になりました。

それから一時間もたたないうちに、見慣れないボートが桟橋へ向かってきました。ボートが近づくにつれ、息子の親友がその上に立ち、「救急車を早く！　ジムが怪我をした！」と叫んでいるのがわかりました。（こんなふうに書いているだけで胃のあたりがむかむかしてきます。こんなにも時間がたっているのに、あの日のことを細かに思い出そうとするといまだにあの猛烈な恐怖と吐き気に襲われるのです。）

めったにないあのような事故が起こったのは、ジムの視力の弱さにも原因がありました。ジムの裸眼の視力は〇・一程度でした。ボートに引かれて水面を滑りながらジムが大きく横に移動しようとしたとき、進行方向から別のボートが近づいてきました。ジムが気付いたときにはもう遅く、牽引ロープを放し水中に沈んだジムの頭部めがけてボートが突っ込んできました。その衝撃はかなり激しく、乗っていた人が一人、水に投げ出されたほどでした。事故の直後はもちろんわかりませんでしたが、ジムは多量の脳出血をおこし、さらに首を骨折していました。

私たちは救急車の到着を待ち、蘇生のための応急処置が次々となされていくのをなすすべもなく見守りました。頭が混乱し何もかもがボーッとしていて、何も考えられませんでした。もちろんジムが死ぬなどということは考えもしませんでした。重傷を負っていることはわかっていましたが、死ぬかもしれないという事実を何とかして認めまいとしていました。そんなことがあるはずがない。子供が死ぬなんて……。

救急車に運び込まれたとき、ジムは不規則でしたがまだちゃんと呼吸をしていました。それに顔色も悪くありませんでした。夫と私は車に飛び乗り救急車のあとを追いました。でも、そのスピードについていくことはできず、ジムより数分遅れて病院の救急治療室に到着しました。私たちは受付に飛んで行き息子の居場所をたずねました。小さな検査室で待つようにと看護師に言われたとき、凍りつくような恐怖が私の全身を包みました。でもそのときになってもまだ、息子が死ぬかもしれないという考えが意識にのぼってくるのを私はこばんでいました。

その部屋で二人きりで待っているあいだ、二人とも口を開く勇気はありませんでした。五分ほどして医者が姿を現しました。研修医《レジデント》らしい若いその男は怒ったような表情で、開口一番、「いったい何があったんですか?」と聞いてきました。私がとっさに「そんなことより、息子はどうなんです?」とたずねると、医者は何のためらいも見せずに「息子さんは亡くなりました」と答えました。ただそれだけ。「残念です。できるだけの手は尽くしたのですが」という言葉も、残酷な死の告知をやわらげるためのほかのどんな言葉もいっさいありませんでした。

私は動けませんでした。何の反応も示すことができませんでした。あまりの衝撃にいま言われたことが理解できず、全身が麻痺したようになってただそこに座ったまま前をじっと見つめていました。あのとき何を考えていたかはいまでもわかりません。ジェットコースターで急降下しているときのように、目の前の光景が激しくぶつかり合い、まざりあったその光景の一つ一つを見分けることも、ジェットコースターの動きを止めることもできないでいました。

医者はハーシェルに一言二言いうと立ち去りました。それから看護師が入ってきて私に向かって「あらまあ、お泣きにならないんですか」と言いました。私が泣き崩れていた方があの看護師にとってはよかったのでしょうか。いま考えると皮肉な話ですが、葬儀も含めてあの時期、人の涙を見た方が気が楽になりそうだったのはあの看護師だけでした。その後私は、人間というのはたいてい自分以外の人間の涙を見るのを非常に恐れるということに気づきました。そして、死別の悲しみの中をよろめき歩きながら、私は自分の涙をこらえることを学びました。

私は看護師に、ジムに会えるかどうか聞きました。看護師はやめた方がいいと言いました。葬儀屋の斎場に移すまで待った方がいいと言うのです。私はあのとき何としてでも自分の意志を通すべきだったといまも後悔しています。死の直後の時間こそが、死者に別れを告げるための最も大切なときであることを私が学んだのはずっとあとのことでした。

葬儀屋の名前をたずねられ、睡眠薬の錠剤を一粒もらって私たちは病院を出ました。遺体も遺品もなく、空っぽの心だけをかかえて。私たちの人生は一変し、ずたずたに引き裂かれ、わずかなかけらさえ残っていませんでした。

この悲しみをどう受け止めたらいいのか、また実際に何をどうしたらいいのか、私たちには準備がまったくできていませんでした。死について考えたことなどなかったので、当時は葬儀に心を癒す役割があるなどとは思ってもいませんでした。私たちにとって、葬儀はできれば避けて通りたい野蛮な儀式でしかなかったのです。

その数年前、私たち夫婦は友人の子供の通夜に出席したことがありました。まだほんの五歳だったその子は、短い人生のほとんどを衰弱性の病気で重態のまま過ごしました。病苦とのけなげな戦いに敗れたのちに訪れたその死は、実に痛ましいものでした。

その子の両親は驚くほど毅然としていました。通夜の日、子供は胸に抱いた人形とおそろいのかわいらしいドレスに身をつつみ、白い棺に横たわっていました。両親は取り乱すこともなく、弔問客の一人一人にしっかりとした態度であいさつをしていました。二人は私たちが出席した通夜のほかに、翌日には故郷のペンシルバニア州の町で同じような式をする予定でした。そんなふうにして自分たちを何度も苦痛にさらそうとする二人の気持ちが、私たちにはどうしても理解できませんでした。だからそのとき私たちは、もし二人のうちどちらかに何かあったら（子供たちが死ぬことなどそのときは考えもしませんでした）、通夜などせず、葬式もできるだけ簡単にすませようと決めました。苦しいばかりのあんな儀式を長々と執り行うことなど何の意味もないと思ったのです。いまから思えばあの頃の私たちは本当に無知でした。

息子の死に直面した時、従うべき指針も経験も持っていなかった私たちは、友人の娘の通夜の記憶と、そのとき受けた強い印象を思い出しました。その結果、何から何まで間違ったことをしてしまったのです。いま振りかえると、当時私たちが犯した間違いがはっきりとわかります。

まず一つ目の間違いは、葬儀をできるだけ早くしようと決めたことです。葬式が終わればいくらかでも苦しみがやわらぎ、自分たちの生活を取り戻すことができるかもしれない……そんなふうに考えていたのだと思います。でも、そのために、遠くに住んでいた人たち、つまりマサチューセッツに残してきた家族やごく近しい親戚、友人たちは葬儀に出席することができませんでした。あのときそばにいてくれたら、きっと私たちの支えとなり、力になってくれたはずの人たちだったのに……。

二番目の間違いは通夜をしなかったことです。私たちは葬儀が執り行われるまで、斎場に足を踏み入れることさえしませんでした。友人の娘の通夜の時の記憶があまりに強烈だったのです。葬式の前の日の夕方、ジムの友だちが最後の別れを言いに斎場に集まりましたが、私たちは行きませんでした。彼らにとってはおそらく人生で最初に経験する「死」だったでしょうに、悲しみにくれる若者たちをなぐさめる人間はだれもそばにいなかったのです。彼らといっしょに喪失感を分かち合うことをしなかったために、私たちは自分たちが息子の死を悼む機会を失ったばかりか、息子の友人たちが仲間の死を悼む時間をも切り詰め、そのために悲しみを受け入れられずにいる期間をいたずらに長引かせる結果を招いてしまいました。

三番目の間違いは内輪だけの葬儀にこだわったことです。混乱した気持ちと、ぶつける相手のない怒りの中で、私たちはこの事故に関係した子供たち全員を「守ってやらなくては」と感じたのです。それに、いずれにしても死を悼むことは家族だけの私的なことだとも思っていました。ジムの友人たちにもジムを失ったことを悲しむ時期を持つ必要があるのだということに、当時の私たちは気付いていませんでした。葬儀を内輪だけで行ったために、私たちはジムの死を悲しむことを許されるべき人たちをすべて締め出し、それと同時に、彼らから得られたはずの支えをも拒否することになりました。私たちは当時看護師の研修をしていた娘のサリーに対してさえ、家に帰ってこなくていいと言いました。勉強を中断するのはよくないと言って……。その後、サリーはあまりに遠くで起こったために現実感をともなわなかったこの出来事を現実のこととして受け止め、弟を失った悲しみを乗り越えるまでにたいそう長いあいだ苦しみました。

なぜこのような重大な間違いを犯してしまったのか、いま思うと信じられない気がします。ただひとつ言えるのは、当時の私たちには死そのものや死者を弔うことについての知識が乏しく、死別に際して従うべき「指針」も与えられていなかったということです。死別を体験し、世界が突然頭の上から崩れ落ちて来たとき、理性的な決定を下すことなど不可能です。葬儀の手順についてなど前もってしっかりした考えを持っておくことが大切なのはそのためです。突然に訪れるとき、死は準備期間を与えてくれません。

息子の死後年月がたつにつれ、あのときの死別の取り扱い方がその後の悲しみの時期を必要以上につらく、克服しがたいものにしたのだということがわかってきました。

ジムが死んでから、私たち家族はそれぞれに自分だけの世界に閉じこもりました。ジムの名前が口に出されることはほとんどありませんでしたが、彼の存在は家の真ん中にでんと居座る巨大な岩のようにつねにそこにありました。ハーシェルと私ははっきり理由がわからないまま、たがいに責め合いました。一方、幼いキャサリンはかけがえのない兄を失うという苦悩にたった一人で立ち向かわなければなりませんでした。

私はがむしゃらに動き回りました。これまでもつらい時期はそうすることで乗り切ってきたのだから、今度だってそうすればいい……何でも自分で解決しようという、私の「自力本願」の精神がかつてないほど活発に働きだしました。ジュニア・カレッジにも通い続けました。泣きはらした目を隠すためにサングラスをかけて授業に出たこともあります。教会での活動にもいっそう熱を入れました。神が私たちに勇気を与えてくださることを身をもって示そうとしたのです。なぜあんなことができたのかいまもわかりませんが、ジムが亡くなってから二か月後、私は教会で独唱までやってのけました。

ところがジムが亡くなってから七か月たった翌年の四月、猛烈な疲労感と絶望感が私を襲いました。それまでも悲しくて泣き叫ぶことはありましたが、自分の部屋に一人でいるときか一人で車を運転しているときに限られていました。それも、たとえば車の中では、いくら叫んだりすすり泣いたりしていても、信号で止まると他のドライバーに見つからないように何食わぬ顔をし、信号が変わって走り出すと同時にまた泣く……といったふうでした。

でも四月には、悲しみからくるストレスが私をしっかりとらえていました。カタトニア（緊張病）という精神病に近い状態になっていたのです。以前空軍の軍医をしていたかかりつけの医師は、私の症状を「戦争神経症」と診断しました。当時の私にはしばらく現実から離れ、内に引きこもってエネルギーを蓄えることが必要でした。でも、そうすることは必要であると同時に、息子との死別体験の中で私にとって最も辛いことでもありました。

現代社会では、精神的に落ち込む人が多いにもかかわらずそのことが非常に恐れられていて、人はできるだけ内に引きこもらないようにします。私たちは現実から逃避したり感情に溺れたりしたら、精神的に不健康な状態に陥るのではないかと恐れています。でも、愛する者を失い心に傷を負った人間には、内に引きこもって身体を回復させる時期が必要です。病気や怪我から回復するために一時的に活動を止め体力をつける必要があるのと同じように、愛する者を失った人間にも一人静かに引きこもる時期が必要なのです。

実際、あの時期の私は持てる限りのエネルギーと知識を必要とする運命にありました。というのも、その後の十年のあいだに私の家族は繰り返し肉親の死を経験することになったからです。私たちは夜遅く電話が鳴るたびに「誰かが死んだのでは」と思うようになりました。

ジムの死を乗り越えるために私たちが戦いを続けていたちょうどそのとき、私の義理の姉は癌との生死をかけた戦いに挑んでいました。彼女は二度の乳房切除手術を受けていましたが、二度とも手術は成功し本人も癌を克服したと信じていました。兄夫婦には子供がなくおたがいが生き甲斐でした。癌が脊椎に転移していることがわかってから、病魔との戦いが二人の生活のすべてとなりました。二人は同じ州内とはいえ私たちとは離れたところに住んでいたので、親戚からの助けを借りることもできず、当然ながら元気のよい友人たちの輪からも遠ざかっていきました。

やがて妻を亡くした兄は完全に打ちひしがれました。自分の世界が根底から崩れ落ちてしまったのです。自分に必要な唯一の人、最良の友であり、子供であり、心のやすらぎであった最愛の妻がいなくなってしまったのですから……。四か月後、兄はクリスマスを私たちの家で過ごし、年が明けた二日、眠ったままこの世を去りました。肺炎と過度の飲酒が原因でした。妻を亡くし、生きようという意志を失っていたのです。

私はこのときから、愛する者との死別について学んでみたいと思うようになりました。この深い苦しみの原因は何なのでしょう？　悲しみを乗り越えるのになぜこんなにも長い時間がかかるのでしょう？　この問題についての心理学関係の文献はあまりありませんでしたが、ある程度学んだことがきっかけとなって、もっと徹底的に調べてみたいと思うようになりました。専門家によって発表された研究結果の中には、妻を亡くした夫の死亡率が一般より高いという内容のものもありました。また、妻に限らず愛する者を失った人たちは病気になる割合がひじょうに高いという結果も出ていました。でも、とりあえず身近なところで調査を続ける中で私が最も驚いたのは、愛する者との死別の際の人間のさまざまな反応について、情報があまりにも不足しているという事実でした。これほど大きな悲しみ、心の痛みをもたらす問題だというのに、それに関する調査研究はほとんどなされていなかったのです。

その翌年のクリスマスは、娘のスーとその夫のベンが休暇を過ごしに私たちのところにやってきました。スーは最初の子供を身ごもっていて妊娠六か月でした。ベンは胸部外科医でヴァレイ・フォージ軍病院で二年間の任務に就いていました。私はその頃までに、愛する人と死別した人たちに会って話を聞き、死別に関する研究に必要なデータをかなり集めていました。このデータには比較のための対象群、つまり、過去五年間に肉親の死を経験していない人たちが必要でした。スーとベンは最初の対象群となり、調査表の質問に答えてくれました。二人は私の計画にとても興味を持ち積極的に協力してくれました。仕事の場で死やそれにともなう悲しみに直接関わっていたベンの協力はとくに心強く感じられました。

翌年二月のはじめ、ベンは韓国への赴任命令を受けました。私たちは彼がベトナムに送られなかったことを喜びました。当時、韓国では戦闘は行われていませんでした――少なくとも私たちはそう思っていました。それに、スーもあとで夫に合流し韓国で子供を産むことができるという話でした。

ベンが韓国に到着してからわずか十日後、非武装地帯で武力衝突が発生しました。アメリカ人兵士数名が負傷したため、ベンの所属する医療班が救援の要請を受けました。胸椎に重傷を負った兵士が一人いたので、胸部の専門医のベンも退避用ヘリコプターに飛び乗り現地に急行しました。機内で負傷者の治療ができるようにというはからいでした。ほかの負傷者たちも全員乗り込み離陸してまもなく、ヘリコプターが撃墜され、乗組員を含め全員が死亡しました。その朝、スーがペンシルバニアから電話をかけてきました。ショックと恐怖で半分麻痺状態のかぼそい声で、スーはただ一言、「ベンが死んだの」と言いました。

私たちは再び大きな悲しみに襲われました。でも、今回はこれまでとは違っていました。私たちは夫を失った娘の心中を察して心を痛めながらも、できる限り支えになろうとしました。ベンの遺体が本国に輸送され埋葬されるまでにはそれから二週間かかり、そのあいだに二つの追悼式が行われました。一つはベンの生まれ故郷であるオハイオ州で、もう一つは彼が医学研修期間を過ごしたニューヨーク市においてです。私たちはつねにスーのそばについていました――スーとお腹の子供がどうやってこの悲しみを乗り越えるのだろうと心配しながら。

雪の降りしきる三月のあの日、掘られたばかりの墓穴のそばに立った娘のすぐ後ろで、もしこの子が気を失ったりしたら私がしっかり支えてやらなくては……と思っていたのをいまでも覚えています。スーは生きる気力をすっかり失っているようでした。お腹に子供がいるというのに(あるいはそれだからこそ)、自分も夫といっしょに死んでしまいたいと思っているようにさえ見えました。

新たな悲しみはつねに古い悲しみを思い出させます。愛する者を失うと、時の経過とともにやわらいでいたはずの過去の痛みがよみがえり、前と同じように苦しい思いをします。スーを見ているとジムが死んだときの苦しみが思い出されました。悲しみというのはとくに夜、猛烈な勢いで襲ってきます。暗闇の中で目を覚ますのは悪夢そのものです。スーが夜中に目をさまして孤独にさいなまれることがないようにと、私はベンが死んでから一か月の間は同じ部屋で寝て、いつも誰かがそばにいるようにしてやりました。これはごく小さなことですが、それまでの死別の経験から私が学んだことの一つでした。死別の経験はたしかに私たちに何かを教えてくれます。

追悼式や葬儀などすべての儀式が終わると、私たちはフロリダの家に戻りスーの出産を待ちました。何という皮肉でしょう。一つの命が終わる一方で新たな命が始まる……。スーは悲しみのため未来のことなど考える余裕もなく、すべてに投げやりになっていて、これから先どうなろうとかまわないといったふうでした。

でも、気にかけていようがいまいが未来は確実にやってきます。四月のある朝、かわいらしい女の子が生まれました。その子は新たな希望とこれからの人生のための天からの贈り物、スーにとって愛情と慈しみの対象となりました。夫を亡くしたスーの悲しみはその後も何年か続きましたが、カースティンの誕生のおかげでかなり救われました。

私はしばらくのあいだ死別に関する調査を休みました。家族全員にとってあまりに身近だった存在が失われたいま、同じように悲しんでいるほかの人たちに会って話を聞く気持ちにはなれなかったのです。

悲しみを経験したからといって悲しみ方が学べるわけではありません。悲しみを経験することで、次の悲しみが楽になるわけでもありません。悲しみはいつ訪れようと、はじめて経験したときと同じように深い傷を心に残します。でも経験から学べることも確かにあります。人間は必要から物事を学びます。死別にともなうさまざまな儀式が行われる期間、さらにその後にわたって、私たちは心の動揺を少しでも軽くし自分を見失わないでいられる方法を学ぶのです。

ベンが亡くなってから五年後、母が脳卒中の発作で倒れました。それは母が最も恐れていたことでした。身体の自由がきかなくなることは、母にとってこの世の地獄に等しかったのです。八十一歳のそのときも、母は六十歳の人間でもたいがいは疲れ切ってしまうような忙しい毎日を送っていました。

発作が始まったとき母は電話に飛びつきました。筋の通った話はできませんでしたが、それでも何とか送話口にむかってうめき続け、ついには逆探知によって母の居所を知った救急隊が駆けつけ、ドアを破って助け出しました。私は母の異変を告げる緊急電話を大学で受け取り、それから一時間後にはセント・ピータースバーグの病院にいました。脳卒中の発作に特徴的な症状――だらりとたれさがった頬、焦点の定まらない眼、ろれつの回らない話しぶり――を呈した母を見たとき、私の胸は張り裂けそうでした。でも、そんな状態でしたが母はまだ生きていて意識もはっきりしていました。それどころか、ときにはちゃんと意味をなす単語を発することさえありました。私はほっと胸をなでおろし神に感謝しました。

発作の起こるほんの少し前、母は感謝祭の休暇を私の家で過ごしました。その日、私と母は朝早く起きて七面鳥をオーブンに入れ、二人きりでコーヒーを飲みながらおしゃべりしていました。そのうち、たがいの人生を振り返った思い出話が始まり、家族で分かち合ったさまざまな出来事について語り合いました。そして最後に、自分たちの死について話をしました。葬式や埋葬式はどうしてほしいかといったことも話題にのぼりました。死について話したといっても、憂鬱な気持ちで話していたわけではなく、おたがいの考えを率直に述べ、誠実に耳を傾け合っていたのです。そしてそのとき、私たちはどちらか一方が重い病気の診断を受けた場合は、何もかも正直に話そうと約束し合いました。

ほんの四日前に母と過ごしたこの親密なときのことを思い出した私は、何が起こったか母にはっきり説明して、自分の病気について母がすべてを知り、何も疑問を持たずにいられるようにしなければならないと思いました。翌朝、病室に行ってはじめて、私は母の病状がどんなに重く、身体の自由がどんなにそこなわれているかに気づきました。左半身は明らかに麻痺していて、あいかわらずろれつも回らず眼の焦点を合わせることもできませんでした。人一倍元気で精力的だったこの女性が、これから先どのような不自由をかかえて生きていかなければならないかを、私は悲しみとともに実感しました。どんなに時間をかけて治療したところで、大幅に低下した機能を回復することはできないでしょう。

そのとき私は母がよく言っていたことを思い出しました──「車の運転ができなくなったら、もうこの世にさよならしたいわ」。さまざまな想いが頭の中を駆けめぐり、私は涙をこらえることができなくなり部屋を出て廊下で一人で泣きました。

そのあと気を取り直した私は、母との約束を守らなくてはいけないと思い直しました。病室に戻って「母さん、何があったかわかっている？」と聞くと、母はとぎれとぎれに「ころんだんだよ」と答えました。母が自分の状況を完全に理解していないことを私はそのとき知りました。母は自分が脳卒中の発作で倒れたことは知らなかったのです。私は心の動揺を隠しながら「母さん、ちがうわ。母さんは脳卒中の発作で倒れたのよ」と言い、それから急いで「でも、リハビリをすればきっとよくなるわ。みんな母さんならそれができると思っているわ。もちろん私もよ」とつけ加えました。心の中で私は「どうかやってみてちょうだい。お願い、私のために……」と祈っていました。

いま振り返ってみると、母はあのときに死を決意したのだと思います。自分に起こり得る最悪のことが起こってしまったのですから……。あのとき、母は脳卒中による麻痺を克服するための長くつらい時間を耐え抜くのはやめようと心に決めたのです。私の言葉に対し母は返事をしませんでした。その後も二度と口をきくことはありませんでした。あのときからずっと、母と私はただ手を握りしめることによって意思を通じさせました。母は二度と眼を開けることもありませんでした。

ニューヨーク州のレイク・プラシッドから妹のメアリーが駆けつけました。私たち二人はたがいにはげまし合いました。母は手を握りしめ、メアリーが到着したのがわかったことを私たちに伝えました。でも、そのときすでに母は死への旅立ちを始めていたのだと私は思います。

木曜の朝には母はもう私たちの手を握りしめることもなくなり、意識不明の状態になりました。私は母の病状と自分の心の痛みとをじっくりと見つめてみました。「母を失うなんてことはできない」……そう思う反面、発作前より大きく活動を制限されたまま母が生き続けることを心から願うことはできませんでした。母もそれを望まないだろうことは私にはよくわかっていました。その日、時間がたつにつれ、母が生き長らえた場合、その生活の質《クオリティ・オブ・ライフ》が著しく低下するだろうことがさらにはっきりしてきました。

午後遅くなって、私は階下にある無宗派の小さな礼拝堂に足を運びました。私はひざまずき、母を御手に委ねますと神に祈りました。もしそのときがきたら、母を引き留めるようなことはすまい（もちろん、母が完全に回復するというならそれ以上の喜びはないが！）と心に誓ったのです。それから三十分後、母は静かに息を引き取りました。昏のあいだから息を長く吐き出したのが最期でした。母の意志はみごとにまっとうされました。

メアリーと私は薄明かりに照らされた病室のベッドのそばに立ち、心の中で別れの言葉をかけました。二人とも、母の温かく慈愛に満ちた存在を感じていました。私たちは口々に、母が安らかに御手に導かれたことに対して神に感謝の祈りを捧げました。

しばらくしてからようやく、メアリーが私の方を振り向いてこう言いました。「看護師さんに知らせなきゃいけないのよね。」看護師に知らせたとたん地獄が始まりました。患者の急変を知らせるベルが鳴らされ、四方から蘇生チームのメンバーが飛んできました。彼らを止めるすべはありませんでした。私は「こういう死に方が母の望みだったのよ！」と叫びましたが、いやおうなしに病室の外に押し出されました。当直の医師の居所がわかるまでそれから少なくとも一時間かかりました。そのときまでに、母は人工呼吸器をつけられて強制的に再び呼吸をさせられていました。「何てこと！　これじゃもう一度死ななくちゃいけないじゃないの！」と私は思いました。

幸いなことに担当の医師は人間的な感情を持ち合わせていて、おまけにとても理解がありました。生活の質《クオリティ・オブ・ライフ》という点からみても回復が見込める可能性はごくわずかだといったことを私たちと話し合ったあと、その医師は私たちの意志に従い人工呼吸器を取り外してくれました。母はその数分後に二度目の静かな死を迎えました。

どの年齢の人間にも親の死は大きな喪失感をもたらします。老いた親の死を深く悲しむ成人の子供がいることを知らない人がなんと多いことでしょう。実際、深い愛情でつながっていた人間を失ったときの大きな心の痛みを理解できる人はわずかです。私は母を失ったときの経験からこのことを学びました。母が亡くなってから一週間もすると、私がどんな気持ちでいるか聞いたり、母についていろいろたずねる人は次第に数が少なくなっていきました。当然ながら母のことをよく知らない人は「おいくつでしたの？」と聞いてきました。私が「八十一歳でした」と答えると相手はたいてい肩をすくめるか、「まあ、長生きなさったのね」というおきまりの文句を返してきました。まるで長生きをしすぎたとでもいうかのように……。

私はそれまでに何度か肉親の死を経験していましたが、そのたびに一つどうしても納得のいかないことがありました。それは、愛する人が亡くなったあと、故人の身の回りの物を集めた小さな包み一つを手に病院から去らなければならなかったことです。そのあと故人と会えるのは町はずれにある葬儀屋の斎場で棺に安置されてから……こんな理不尽な話があるでしょうか。連続して起こるこの二つの出来事は時間的にはさほど隔たっていなくても、その間には大きなギャップがあり、そのショックを受け止めるには心を完全に切り替える必要があります。

その日の夕方、葬儀社の人たちが来るのを病院で待っているあいだに、私とメアリーはこのギャップについて話し合い、これまでにそのためにどんなにすっきりしない想いをしたかを思い出しました。その結果、私たちは、母を病院に一人置き去りにしたりせずにいっしょに霊柩車に乗って行こうと決めました。（「母」ではなく「故人」と言うべきところでしょうが、近しい肉親にとってはその人間が「故人」となった事実に慣れるのに少し時間がかかります。少なくともそのときの私たちにとって母はまだ「母」でした。）

私たちの希望を聞いた葬儀社の担当者たちはひじょうに戸惑った様子でした。「それはできないと思います。そんなふうにしたいとおっしゃられたご遺族の方はこれまでいらっしゃいませんし……」それでも私はあくまで言い張りました。担当者の一人がとうとう根負けして「上の者に聞いてきます」と言いました。その人は数分後に戻ってきて、「こちらに車を一台まわすそうです」と言いました。私は多少いらいらしながら答えました。「車はここにいくらだってあるじゃないですか。私たちは母といっしょに車に乗って行きたいんです。いわば最後のドライブですよ」葬儀社の人たちはさらに説得に努めましたが、私たちは頑として言い張りました。「いいですか。どっちにしろほんの四、五分の距離じゃないですか。途中で泣き崩れたり、常識をはずれたようなことはいっさいしないと約束します。なぜそうしてはいけないんです？」結局私たちは車の前の席に乗ることを許されました。本当は車の後部に母とともに乗りたかったのですが……。（死んでいく人間や死んでしまった人間のために私たちはかなり多額の金を支払います。それなのに、その金で何をするかについて、金を出した当人の私たちがほとんど口をはさめないのは実におかしな話です。）

母の遺体とともに霊柩車に乗ったことで、私たちの悲しみはほんの少しだけやわらいだように思います。葬儀社の人たちがストレッチャーを霊柩車から出し、斎場のドアの中に運び入れるのを見て、私たちはこれでよかったのだと思いました。母に対する愛情を表現するためにほんの少し特別なことができたような気がしたのです。
それまでに経験していた肉親の死から、私たちは葬儀のあいだにみんなで気持ちを分かち合うことの大切さを学んでいました。私たち家族が古くから通っていた教会で執り行われた母の葬儀は、母の人生を祝う会でもありました。母が好きだった聖書の一節がいくつか読まれ、親しかった友人の伴奏で母が好きだった聖歌を別の友人が独唱しました。それから、亡くなるほんの三週間前に母が書いた短い文が読まれました。それは聖書のあいだにはさんであったのを、母が亡くなった当日に私が見つけたものです。その紙にはこう記されていました。

今日は十一月十二日です。
目を覚ますと私の前に新しい世界が待っていました。
どんな日だって毎日新しく作られた日なのです。
新しいことや新しい経験がきっと待っています。
すべてにベストを尽くさなければいけません。
『大いなる信仰』という本を最近読み終えました。
すばらしい本でしたが私の心は痛みました。
その痛みは今日の世界ではあまり感じることのない痛みです。
でも、崇高なる大義への献身についての話は、
私たちに考えることを教えてくれます。

神は私たちの一生を決めてくださいます。
私たちがどのように神を愛し、
どのように神の御心を支えていくかを決めてくださるのです。
それによって人は作られるか、あるいはだめになるのです。
今日私は何をすることができるでしょう。
今日というこの日が私に何をもたらしてくれるのか、私にはわかりません。
でも、何でも与えられたものをやり、
与えられるすべての経験に全力をつくします。
それがどんなことを意味するものであれ。

涙を見せる人ももちろんいました。でも、葬儀のあいだずっと愛に満ちた空気があたりを包んでいました。この新たな肉親の死の経験を通して私たちは精神的に高められたような気持ちになりました。儀式というものはある種の力を持っています。

一九八八年、夫のハーシェルが亡くなりました。私たちはその三年前に離婚していましたが、書類上そうしたというだけで、あいかわらずよき友人として付き合いを続け、休暇は子供たちをまじえてみんなで過ごしていましたし、電話でもよく話をしていました。

私たち家族にとってハーシェルの死は予期せぬ出来事でした。ハーシェルは肺気腫という病気をかかえていましたが、それ以外はまったくの健康体でほかに病気らしい病気にかかったことがありませんでした。ただ、若い頃はいつも筋骨隆々としていたのが、肺気腫で呼吸が浅くなったあとはそういうわけにはいかなくなっていました。でもハーシェルはそういった問題をかかえながら生きる方法をしっかり学んでいました。エクササイズも続けていましたし、大好きな浜辺の散歩も欠かしませんでした。定年で仕事を辞めてからは浜辺の常連になっていました。

一九八七年、私たちはレイク・プラシッドにある妹の家でクリスマスを祝いました。休暇が終わったあと、ハーシェルは風邪がなかなか治らず、体力が落ちて元気がありませんでした。でも私たちは彼の容態がひどく悪化するとは思ってもいませんでした。

その後、家で「風邪」からの回復を待つあいだにハーシェルの呼吸はどんどん苦しくなり、やはりかかりつけの医者に診てもらうことになりました。医者は彼の胸に聴診器をあてるとすぐに緊急入院の手配をしました。肺炎でした。肺気腫を患っている人間には致命的な病気です。病院での治療はうまくいき、ハーシェルは二週間後に退院しました。元気も多少出て、あとは家で療養すればいいということになったのです。抗生物質はその効果を十分発揮しました――少なくともそのときの私たちはそう思いました。

でも、家に戻ってもなかなか体力も気力も回復しませんでした。それどころかどんどん弱っていき、病院に戻らなければならなくなりました。レントゲンには何も映りませんでしたが、何かが呼吸のさまたげとなっているようでした。気管支鏡を使った検査が行われましたが何も見つかりませんでした。針を使った細胞検査も行いました（ハーシェルにはそのときすでに、手術に耐えるだけの体力が残っていませんでした）が、その結果も異常はありませんでした。でも、呼吸はひじょうに困難になっていて、呼吸器専門の治療士が四六時中定期的に酸素を送らなければなりませんでした。

　あちこちに散らばっていた娘たちもこの頃には父親のもとに駆けつけていました。でも、そのような事態になってもまだ、だれもそのときいったい何が起こっているのかわかっていませんでした。ハーシェルは一言話すたびに体力を消耗していきましたが、かといって筆談で意思を伝えるだけの体力も残っていませんでした。どうすることもできないままベッドのそばに座る私と娘たちの心に、次第に恐怖が忍び寄ってきました。苦しそうな息の下からハーシェルはかろうじて、「窒息するのが恐い」と私たちに告げました。そのあと、私たちが一人ずつ交代で付き添うことを許してくれました。「許してくれた」という言葉を使ったわけは、そのときまでハーシェルは誰にも頼らず一人でやっていくという決意でいたからです。私たちはいつも彼のそばにいられるようになったのを喜びました。彼と少しでもいっしょにいたいと思っていましたし、見ず知らずの他人に彼の世話を任せるのは絶対にいやでした。

　その二日後、二度目の入院が始まってからわずか十日後、私は付添いを交代するために朝六時に病院に到着し、末娘のキャサリンが入れ替わりに帰宅しました。ハーシェルはその前夜とても苦しそうだったという話でした。時がたつのがむしょうに長く感じられ、ハーシェルは苦しげに息をし続けました。九時頃、ハーシェルが身動きし、目を見開いて苦しそうにあえぎながら言いました。「もうたくさんだ。よくなる見込みはない。窒息するのはいやだ。頼む……眠らせてくれ。いますぐ……医者を……呼んでくれ。もう……逝く準備はできている。治療は……すべて……やめてくれ」

力つきて頭を枕に沈めたあとも彼の目は激しく燃えていました。ハーシェルは私に命令をくだしたのです。私はそれに従わなくてはなりません。逆らおうとは微塵も思いませんでした。

幸いなことに彼が入院していたのは小さな私立病院で、医者たちはとても思いやりがあり人間的でした。彼らはハーシェルの話を聞き、本人の決定通りにすることを約束してくれました。治療はすべて停止され、看護師が一時間おきにモルヒネと精神安定剤を交互に与えるだけになりました。

それからまもなく、ハーシェルはほっとしたような表情になり、わずかながら楽に息をするようになりました。しばらくすると目を開け、小さく笑いながら切れ切れに言いました。「私を死なせるために彼らが与えたものが私を楽にしてくれたとしたら、こいつは話の種になるなあ」最後のときになってもユーモアのセンスは失われていませんでした。

ハーシェルが最後に眼を閉じる前に、私たちはどんなに愛し合っているかをたがいに告げることができました。私は彼に、私を待っていてくれるように言いました。「私の番が来たら行きますからね」と言うと、ハーシェルは微笑み、待っているという約束の印にうなずきました。

私たちは病室で一晩中彼を見守りました。入ってくるのは一時間おきにモルヒネと精神安定剤の注射をうちに来る看護師だけでした。私と娘たちは時折いっしょに瞑想にふけり、ハーシェルの人生と自分たちの人生について静かに想いをめぐらせました。静まり返った病院の一室でのこのひとときは、私たちにとって神聖で特別な瞬間でした。私たちは涙を流し、肩を抱きなぐさめ合いました。そして、夫であり父親であったこの勇敢ですばらしい人物に一人ずつ別れの言葉を告げました。

翌日の午前十一時を少しまわった頃、ハーシェルは息をひきとりました。彼は生きてきたのと同じように死にました。つねに自分で決定を下し、人生を思い通りに生きてきたそのままに。ほかに選択肢がないとわかったとき、彼が勇敢に死に立ち向かったそのやり方を私はひじょうに誇りに思います。のちの解剖で、肺にできた大きな癌が気管支にまで転移し、それによって体力が奪われ呼吸がさまたげられていたことがわかりました。どちらにせよ死は目前に迫っていたわけですが、もし彼が「眠らせてくれ」と言い出さずあのまま治療を続けていたとしたら、呼吸できなくなって苦しい最期を迎えることになっていたことでしょう。

ハーシェルと私は前々から何度も、自分の葬儀や埋葬をどうしてほしいか話し合っていました。私たちは二人とも遺体と対面できる形式は希望せず、火葬を希望していました。そして、遺骨はタンパの墓地で眠る息子のジムと母のとなりに埋めると決めていました。また、いずれか残された方は葬儀や埋葬にできる限り直接関わるようにしたいと思っていました。こういった儀式に多く関わることができればできるほど悲しみがやわらぐということを、私たちはそのときまでに学んでいました。

人の死は一つ一つ違います。母の場合、死は何の前触れもなく突然に訪れました。でもハーシェルの場合は違いました。私たちは彼が死を決意する前に、数日間彼とともに過ごし徹夜で付き添いました。彼が心を決めたあとの徹夜の付き添いは、多くの点で通夜に似ていました。つまり、彼に別れを告げ、彼の人生や、自分たちにとっての彼の存在の意味について静かに想いをめぐらせることができました。短い期間ではありましたが、私たちは彼を失ったあとの自分の人生に対し心の準備をする機会を持つことができたのです。それに、ハーシェルがこれ以上生き長らえたくないと固く決心していることを確かめることもできました。これは彼の選択であり、私たちは彼の考えを支持しました。彼が必要としていた人生の質《クオリティ・オブ・ライフ》はすでに失われていたのですから。

追悼式は私たちが結婚式をあげたのと同じ教会の小さな礼拝堂で行われました。牧師は家族や友人が式の進行に参加することを快く受け入れてくれました。式は牧師の祈りの言葉で始まり、そのあとは私たちが中心となって進めました。弔意を表したいという家族や親しい友人が一人ずつ立ち上がり、ちょっとしたエピソードを披露したり、自分にとって特別な意味を持っていたハーシェルの愛すべき人間性を紹介したりしました。あの式は、それまでに私が出席した葬儀のなかで一番感動的で心暖まるものでした。私たちは最愛の人に別れの言葉を告げながら、人目もはばからず泣きました。このときには、悲しみを共にすることが最も効果的な癒しの方法だということを知っていたからです。

葬儀のあと、埋葬のための遺骨が手元に届くまでに一週間かかりました。私たちはそれぞれの家族のもとに帰らなければならず一週間は待てなかったので、埋葬はしばらくしてからすることにしました。次にタンパへ行く時間がとれたとき、私とキャサリンは二人で考えたやり方で、二人きりの埋葬式を行いました。

ハーシェルの葬儀から埋葬まで、すべてを自分たちの考えに従って執り行うことができたことは私たちに満足感を与えてくれました。家族として、私たちはどんなことに関しても細かいところまで全員が納得する必要がありました。その結果、誰もが全体の中の重要な部分を担うことになり、一人一人が「ハーシェルのために自分は何かをやっている」と感じることができました。私たちは儀式にともなって生じるさまざまな義務を見知らぬ人に果たしてもらおうとは思っていませんでした。この愛すべき人間の最期をしっかりと見届ける役を私たちは喜んで引き受けたのです。

これまでの人生で経験した愛する者の死から私は何を学んだでしょう?

ジムの死からは、つらく悲しい気持ちを拒否することはできないということを学びました。人生における苦しみを乗り越える方法はいろいろあります。でも、失った人との結びつきがひじょうに強かった場合は、死別後の苦しみはどうしても避けられません。

ベンの死によって、私はやっと儀式の持つ力に気づき、悲しみに満ちた死の直後の時期を乗り切るのにそれがどんなに役に立つかがわかるようになりました。この時期、儀式は嘆き悲しむ私たちを固く結びつけてくれるような気がします。ベンが亡くなってから、一週間ずつあいだをおいて行われた三つの追悼の儀式は、目標を与えることで私たちの気持ちを一つにする役目を果たしてくれました。「この式を何とかやってのければ、次も何とか乗り切れるだろう……そしてその次も……」私たちはそう思いながらつらい時期を乗り切りました。

母の死からは、愛する家族の死そのものや埋葬などの儀式に関して遺族が決定権を持つことの重要性を学びました。母の病気の治療に関してほとんど何もできなかった私たちには、何かほかの形で母の死に「参加する」必要がありました。母とともに斎場まで霊柩車に乗っていくことで、私たちは何か特別なことをしていると感じることができ、母と何かを分かち合っているような気持ちになれました。

ハーシェルの死からは、家族の病気や死に大きく関わることができれば死別の悲しみは耐えやすくなるということを学びました。死に対して素直になること、戦うのではなく受け入れる姿勢で死に対することで、私たちの感じる怒りや罪の意識がやわらぎ、その結果、苦しみも少なくなります。

私は死別の悲しみに関する研究を始めるにあたって、一つの大きな疑問を持っていました。それは、「どうしたら死別の苦痛を和らげることができるか」という疑問です。この問いに対する答えの一部は、人生の重要な一つの部分として死をしっかりと受け止めることにあると思います。死が人生の一部であり、もしかしたらいま生きているこの人生よりもしあわせな部分かもしれないと信じることができたら、死をもっと簡単に受け入れることができるでしょう。反対に、死を人間に下される最悪の罰だと考え、死を否定し、忌み嫌い恐れ続けていたなら、死別の悲しみは長くつらいものとなり、遺族が病気にかかる割合や死亡率の高さはいつまでも変わらないでしょう。

以上がいわば私の「死別体験の履歴」です。振り返ってみると確かにつらく、遠い道のりではありましたが、いまになってみると自分が悲しみの淵から癒しへ、そして再生へと歩んで来た道を一歩一歩たどることができます。悲しみを乗り越えるためには、いま自分が悲しみのプロセスのうちどの段階にいるかを知ること、いまの自分は他人あるいは自分自身からどのような助けを必要としているかを知ることが大切です。その際、この本が多少なりとも助けとなることを願ってやみません。あるいはもっと専門的なカウンセリングが必要な場合もあるかもしれません。次の「死別の悲しみの自己診断表」を使って、あなたにとっていま何が必要かを知ることから始めてみてください。

悲しみに積極的に取り組んでいこうという姿勢がある限り、いつかきっと、いまのこの時期を振り返り、癒しと新たな人生の出発までにどんなに長い道のりを歩んで来たかを思い出す日がくることでしょう。

□死別の悲しみの自己診断表□

これらの質問はあなた自身がいま経験している悲しみについてもっとよく知るためのものです。それぞれの文は家族や親しい友人を亡くした人たちによく見られる感情や反応、行動を表しています。あなたの気持ちや行動と合っているかどうか考えながら文を読んでください。そして、あなたの気持ちや行動をよく表していると思う文の番号に○をつけてください。

1 その人を亡くした直後、すべての力が奪われたような疲労感を感じた。
2 手足がひどく重く感じられる。
3 どうしたらよいかわからず、どこにも救いがないように感じられる。
4 気持ちが落ちつかない。
5 無力感を感じる。
6 どんなことにも夢中になれない。
7 生きていく意味がなくなった。
8 気分がころころと変わる。
9 小さな問題がとても大きく感じられる。
10 ときどき、自分も死んでいたらいいのにと思う。
11 その人の死によって引き起こされた苦痛を思うと、神の存在など信じられない。
12 人生がむなしく空虚に思える。
13 身体中からエネルギーがすっかり失われてしまったように感じる。
14 すべてのつながりを断たれ、孤立しているように感じる。
15 他人に対して以前より怒りっぽくなっている。
16 よく頭の中が混乱する。
17 何事につけ神経を集中できない。
18 自分に自信がもてなくなった。

19 涙もろくなった。

20 自分が代わりに死ねばよかったのにとよく思う。

21 亡くなった人がまだそばにいるような感じがすることがある。

22 その人がほんとうに死んだのだということを信じられないときがある。

23 日常生活を送る自分を外からながめているような気がすることがある。

24 とても不安で気持ちが落ち着かない。

25 亡くなった人をなつかしく思うあまり、実際に胸のあたりが痛くなることがある。

○の数が

1〜8　あなたは自分の悲しみにうまく対処しています。

9〜14　もっと自分の心と身体のケアをしてやる必要があります。

15〜19　自分の気持ちを話し合える人が必要です。

20〜25　専門家の助けが必要です。あなたはあまりに多くの悲しみを心のなかに抱え込んでしまっています。

第一章　死別の悲しみ

愛する者を失った苦しみは想像をはるかに超える。それは自分ではどうすることもできない混乱した精神状態に限りなく近い。だから、私たちは無慈悲に襲ってくるその苦しみから自分を守る方法を考え出さなければならない。私たちは恐れを感じる――悲しみに身を任せてしまったら、大きな津波に巻き込まれて海底深く引きこまれてしまったかのように、二度と正常な精神状態に浮かび上がって来られないのではないかと。

キャサリン・サンダーズ

二十数年前に死別に関する研究を始めたとき、私の目的は死別の悲しみから来る苦痛を和らげる方法を学ぶことにありました。愛する人を失うのはほんとうにつらいことです。その苦しみは大きさが並外れているだけでなく、心と体の両方に襲いかかってきます。死別の悲しみが感情的なものだということは当時の私にも理解できました。よく耳にする話です。でも、その悲しみに肉体的な苦痛がともなうなどとは思いもよりませんでした。

私はその後、そもそも「死別の悲しみを避けることができる」と考えること自体が、もしかすると現実的ではないのかもしれないと思うようになりました。愛する人を失うことは並たいていのことではありません。大切なものを失ったのちに襲ってくる不安はとてつもなく大きく、私たちを衰弱させます。でも、たとえ死という現実は変えられないにしても、死別に際しての深い悲しみについてもっと学び、それがどのように私たちに作用するかを知っていれば、それにともなう恐怖を和らげることができるかもしれません。苦痛に対して抵抗する力を弱めると、苦痛そのものが和らぐということが往々にしてあるものです。

■死別に対する心構えができている人などいない

ふつう人間は他者の死に遭遇すると「青天《せいてん》の霹靂《へきれき》」のように感じます。まるで、人生というのは得ることばかりで失うことなどないと思っていたかのように……長い人生のあいだには心から愛する人を失うこともあるのだと頭ではわかっているのですが、ついそんなふうに思い違いをしてしまうのです。私たちは大人になっても、「それからみんないつまでもしあわせに暮らしましたとさ。めでたし、めでたし……」というお伽噺を信じているのでしょうか。もしかすると、死に対して準備ができている人がごく少数である理由はこのあたりにあるのかもしれません。

タンパ・スタディで私が話を聞いた人のうち、たとえ少しでも「死に対して準備ができていた」と答えた人はほんの数人でした。ほとんどの人が、死別の悲しみにどう対処してよいかわからなかったと答えています。そういう人たちは、自分のいまの精神状態は正常ではないのだ、神経衰弱のような一種の精神的な疾患に冒されているのに違いないと感じていました。多くの人がそのときの気持ちを、「ほかのどんな感情より『恐怖』に近かった」と表現しています。

私にはその気持ちがよくわかります。息子のジムを亡くしたとき、自分がほかの人と違っていることを恥じる気持ち――これまでの自分とは外面的にも内面的にも違う人間になってしまったのだと思い込み、それを恥ずかしく思う気持ち――のために、私は気が狂うのではないかという恐怖を感じました。あのとき私が感じた思い、心に抱いた感情は私にとってまったくはじめてのものでした。ジムを助けてくれなかったという理由で神や医師、救急隊員たちに対して猛烈に腹を立てました。また同じ理由で自分を責め、どうしようもない罪の意識にさいなまれました。このような思いや感情は外から計り知ることはできません。でも、外見には何の変化もなくても、内面的には私は前とはまったく違っていました。わが子を失ったのですから……。

■なぜ私たちは人の死を悲しむのか

右の小見出しを読んで、「そんなことを聞くなんて……あたりまえの話じゃないか」と思われた方もあるでしょう。でも死を悲しむことの本当の意味を知っている人間は意外に少ないものです。

私たちが死を悲しむのはその人を失ったことで受ける苦しみが大きいからです。人の死は、子供の頃にだれもが感じたことのある「置き去りにされることに対する恐怖」を私たちに思い出させ、恐怖や無防備感、不安を感じさせます。人間はこのようなネガティブな感情を直視することをきらいます。そのため、自分が悲しみを感じているという事実そのものを無視したり否定したりすることがあるのです。

「死別の悲しみについてなど、知らなければならない状況になるまで知りたくない。それに、そのときになればきっと何とかなるはず」――こんなふうに言う人もいます。たしかにその通りです。何とかなるものです。でも、死別の悲しみがどんなものかを理解し、そのときにどんなことが起こるかを前もって知っておけば、もっと素直にそれを受け入れることができ、感じる恐怖も少なくてすむはずです。

愛する者との離別を余儀なくされ、その人を取り戻すことも、その人との間に起こったことをやり直すことも不可能になったとき、私たちは自分が無力であると感じ、やりきれない気持ちになります。と同時に、愛する者がそばにいないことをさびしく思い、頭ではそんなことは不可能とわかっていても、何としてでも取り戻したい、彼らをこのまま逝かせてしまうことなどできない……と思うのです。

その死を受け入れ、故人を本当に旅立たせてあげることができるようになるまで、私たちの心は葛藤を続けます。死別の悲しみの最大の苦しみはこの過渡期、つまり一人の人間の死と私たちの新しい出発との間の時期にやってきます。

■悲しみを否定するのは逆効果

だれかを失うことはひじょうにつらいことです。愛する者との離別など考えただけでも胸が痛みます。ですから、自分が悲しんでいること自体を否定したくなったとしてもそれは当然です。

子供でも大人でも苦しさから逃れたいと思う気持ちは同じです。たとえそれが短時間であっても、子供の頃、夜、親が自分をおいて出かけてしまい、とても悲しい思いをしたという経験は多くの人が持っているでしょう。でも、あの苦しみはそう長くは続きませんでした。たいていは親の乗った車の音が聞こえなくなる頃には忘れてしまい、あとは遊びやテレビなどほかのことに気をとられていました。

死別の悲しみに直面した大人も気を紛らわせようとすることがよくあります。そうすれば楽になるだろうと思っているからなのですが、それは大きな間違いです。悲しみを通り抜けて向こう側に出るためには、悲しみに真正面からぶつからなくてはなりません。それ以外に方法はないのです。気を紛らわせていれば、何も考えずに時間をつぶすことはできるかもしれませんが、解決は得られません。結局は袋小路に迷い込んで同じところをぐるぐる回り始め、大きな道路に戻って旅を続けられるようになるまでそれが続きます。

死別の悲しみを否定することは、「喪」の期間に特別な服装をする習慣がなくなりつつあることと関係があるように思います。現代社会では「喪中であることを表す黒い服」を着ることはあまりに仰々しく、時代遅れのように思われがちです。でも、昔はそのことが悲しみを象徴し、無言のうちに他人からの思いやりをうながすことになっていました。喪服の持つメッセージは両方向へ作用をおよぼしていました。つまり、慰める側の人間は遺族に対し適切な思いやりを示すことに気づかされ、また、慰められる遺族の側は手をさしのべてくれた相手に対して適切な対応ができました。

悲しみを無視したり否定したりすることは、悲しみそのもののあり方にも影響を与えます。つまり、それによって人と人とのあいだの意思の疎通を混乱に陥れる「悪循環」が促進されるのです。その悪循環とは次のようなものです――家族と死に別れたばかりの人がそばにいると意識過剰になってしまい落ちつかない気持ちになる→だから悲しみを無視、あるいは否定してそのような場面を避ける→いつまでもそれを経験する機会がないのでそのような場面に出会うと意識過剰になる。このような悪循環を断ち切るためには出発点に戻って、死別を経験した人に対して意識過剰になるのを防ぐことが必要です。この訓練は子供の頃に始めるのが最適です。子供というのは他人に対してすばらしい思いやりの気持ちを持っているものです。

昔は人の死も、それを悲しむ過程も、家庭内での出来事でした。だから子供は自然に「死に関する教育」を受けていたのです。子供たちは、死を悼む人々が特別な心理状態にあること、以前よりも多くの思いやりと敬意を必要とすることを自然と学びとりました。最も重要だったのは、死にまつわるさまざまな儀式のあいだに大人がどのように行動するかを、子供たちが目の当たりにできたことです。昔は遺族は自分たちの悲しみをいまよりも外に向かって表現していたので、子供たちにとってはよい手本となっていました。

いまの子供たちはまねをしようにも手本がありません。それどころか、子供はふつう死にともなう儀式から排除されています――死などという縁起でもない出来事に子供をさらしてはならないという理由で。その結果、愛する人と死に別れた人たちの支えになることのできない世代が生まれてしまったのです。

死別の悲しみを否定することとは、遺族が慰めとケアを最も必要とするそのときに、彼らに沈黙を強いることを意味します。じょうずに弔意を表し、力となってあげるためには特別な気配りが必要ですが、現代人の多くはどのようにしたらよいかわからないのです。

死別の悲しみを認めないことでそこから逃れるというのは、ある意味で簡単な方法です。私たちはいつも、一時的にせよ自分を苦痛から遠ざけてくれるものをさがしています。でも皮肉なことに、傷ついた心を癒すために必要なのは苦痛そのものにほかなりません。死別の悲しみは大きな矛盾をかかえています。私たちは自分の魂が彼らを取り戻そうと悲痛な叫びをあげているまさにその時に、愛する人々の死を受けとめ、自分のもとから旅立たせる努力をしなければならないのです。

■絆が強ければ強いほど悲しみも大きい

死別の悲しみの度合いは故人との親密度によって異なります。子供、配偶者、親、友人……人と人との関係はそれぞれに異なる意味、役割を持ち、親密度も異なります。当然ながら親密度が高ければ高いほど、その人間関係が失われたことを受け入れるのがむずかしくなります。

他者との関係は人生の早い時期に始まります。生まれてまもなく私たちは両親とのあいだに絆を築き、その絆をもとに大切な人間関係を育てていきます。その後、ふつう生後一年以内に、親と子のあいだに信頼関係が確立します。つまり、子供は両親が自分を見捨てることはないのだと確信を持つようになります。そして、この親との信頼関係が世界全体に対する安心感へとつながっていきます。つまり親とのあいだだけでなく、ほかの人間との関係も信頼に値するものなのだと感じるようになるのです。

他者との親しい関係は私たちに安心感を与えます。ふつう親は自分たちの側が子供に安心感を与えてやっているのだと感じていますが、実は親の方も「充足感」という形で子供から安心感を与えてもらっているのです。人との絆の強さが死別の悲しみに大きな影響を与える理由はここにあります。親密な人間関係は人生における充足感と、何者かによって守られているという安心感の基盤となっています。強いつながりを持っていた人間を失うと、私たちは恐怖を感じ猛烈な不安に襲われます。一瞬にして世界が恐怖に満ちた恐ろしい場所となってしまうのです。それまで頼りとしていたものがすべて根こそぎひっくり返されるため、しばらくのあいだはまったく途方にくれてしまうのです。

■悲しみをありのままに受け入れる

死別による深い悲しみを避ける方法の一つとして考えられるのは、感覚を鈍らせて何も感じなくてすむようにすることです。この方法は一見苦しみを和らげてくれるように思えます。とくに、恐怖と不安にさいなまれどうしてよいかわからなくなっているときには、この方法は効果的に思えます。でも「何も感じない」ということは悲しみだけでなく喜び、楽しみ、やすらぎ、笑いといった、心に充足感をもたらす感情もすべて失うことを意味します。

実際はむしろ反対に、悲しみを真正面から受け止め、悲しみの持つよい面も悪い面もすべて感じ取り体験することが、愛する人を失うという大きな喪失感から立ち直るための近道なのです。私たちがつまずいたり転んだりするのは、苦しみを避け、死別を悲しむ作業をしないでおこうとするからです。

死別の悲しみから立ち直るためには、感情を表に出してもいいのだということを知る必要があります。「強くならなくちゃ」と思って、喜びなどのプラスの感情しか外に表してはいけないと考えていては、悲しむことはできません。十分に悲しんだ後、それを乗り越えて向こう岸にたどり着きたいと思っているのなら、感情をありのままに受け止めることを自分自身に許し、そのための時間を十分にとることが大切です。

■一体化が悲しみをいっそう深くする

ごく親しい人間関係にある場合、相手の気持ちがまるで自分のことのように感じられることがあります。このように、親しい人間と自分とを一体化することはごくあたりまえのことです。とくに子供に対する親の感情として、このような「一体化」がよく見られます。

多くの場合、私たちは自分の気持ちは二の次にして相手の気持ちを勝手に想像し、そちらの方に気を遣います。家族の誰か、たとえば夫が悲しみや怒りの感情を表に出したとしましょう。すると、私たちはいったい自分が何をしたせいなのだろうと思い、その結果、自分もいっしょになって悲しむ、あるいは怒るといった形で反応することが多いのです。

子供が一人ぼっちでさびしそうだったり、いつもいっしょに遊んでいるグループから仲間外れにされていたりすると、親は子供と同じように孤独を感じます。これが「一体化」と呼ばれるものです。自分がつね日ごろ感情的に一体化している相手を失うと、私たちは自分の一部を失います。その人とともに分かち合っていた部分を切り捨てなければならないからです。

■悲しみを癒す過程が「作業」と呼ばれるわけ

悲しみは人間を消耗させます。でも、悲しむという「作業」が実際に精神的なエネルギーを多量に消費するということはあまり知られていません。悲しみによって精神的なエネルギーが消耗されると、次には物理的なエネルギーに影響が現れます。愛する人を失い、そのことを受け入れなければならなくなったときの人間の内なる葛藤を表現するのに「悲しみを癒す作業（グリーフ・ワーク）」という言葉を最初に使ったのはジグムント・フロイトです。死別の悲しみを癒す作業には肉体的な重労働を一日中するのと同じくらいのエネルギーが必要です。

現実の受けとめ方は人によって異なり、そう簡単には変わりません。私たちは自分が「これが真実だ」と信じる「現実」を頭のなかにいったん作ってしまうと、それにしがみつく傾向にあります。きのうまで目の前にいた人間が今日いなくなったからといって、その新たな現実を受け止めることはなかなかできないのです。いなくなった人間がそれまでの自分の世界で重要な意味を持っていたとなればなおさらです。

私たちは自分の愛する人間をなかなかあきらめきれません。だからこそ、その過程はゆっくりと少しずつ段階を踏んで通り抜けていかなければならないのです。愛する家族を失ったことをゆっくりと受け入れていくこの過程において、私たちの心は死別の悲しみによる深い傷を負います。つまり罪の意識や怒り、恥、ふがいなさなどをはじめとする多くのマイナスの感情を強く感じるのです。

このように考えると、「悲しみを癒す作業」という呼び名が実に的を射ていることがわかります。

■死別の悲しみはなぜこれほど深いのか

死別による悲しみはよく怪我や肉体的な病気にたとえられます。また、「精神的打撃」と呼ばれることもあります。このような表現はどれも的確なものに思えます。大きな悲しみを体験した後、肉体的な病気にかかったり、感情の激しい動きに悩まされたりするのはよくあることです。妻に先立たれた夫の死亡率、とくに死別後最初の二年間におけるその率が目立って高くなっていることは、いくつもの調査で明らかにされています。私自身が行った調査でも、自分にとって大切な人を失った人は病気にかかる率が上がっていました。また、ほかの研究の結果をみると、離婚や退職、身体の一部を失うなど、ほかの形で「喪失」を体験した場合も病気が誘発されることがわかります。

対象喪失による悲しみがこんなにつらいのは、愛する人、あるいは愛するものや状況から引き離されたため、そして、その愛を失ったために私たちの一部もいっしょに死んでしまったからです。絶望の淵で私たちは決してかなえられることのない願いにすがりつき、いっそう傷つきます。

家族や友人たちからの助けを得られなかったり、社会から色眼鏡で見られたりすると、その悲しみはいっそう強まりほとんど耐えられないものとなります。

■死別の悲しみは人間を成長させる

別離に対する不安の強さは、亡くなった人との絆の強さによって異なります。当然のことですが絆が強ければ強いほど、別れを受け入れることがむずかしくなります。

死別の悲しみが大きいことの一番の理由は、自分が愛し、かけがえのない存在となっていた人をあきらめなければならないということです。愛する人を失うことは相手とのあいだに存在していた一体感と、かけがえのない愛情の源そのものを一度に奪われることを意味します。私たちは絶望、恐怖、孤独の中に一人取り残されます。そして、愛する人を取り戻したいという、決して報われることのない願いが絶え間なく頭に浮かび、苦しみ続けるのです。

死別ははらわたをちぎられるような苦痛を生みます。それは足を切断されるのに似ているかもしれません。足を切断された直後は、むき出しになった傷口の激しい痛みを何とかしなければなりません。傷の痛みを和らげる薬をさがすあいだにも、身体の奥深くまで針で刺すような痛みが襲います。このような最初の痛みがおさまると、傷はゆっくりと回復していきます。そのあいだ、私たちは傷に十分な注意を払い、手当をしなければなりません。それと同時に、私たちは足の一部を失うというこの悲劇に何か意味を見出そうと努力を始めます。体力が少し回復すると、私たちはよろめき、ときにはバランスを失って倒れそうになりながら、残された一本の足で歩くことを学びます。そして何とかふたたび立ち上がるようになり、最後には義足を使うことを学び、どこから見てもほかの人と変わりなくうまく動き回れるようになります。でも外見的には前と変わりなくても、内面的には私たちはまったく別人になっています。つらい体験は人間そのものを変えます。この試練を乗り越えてそこから何かを学び、成長することができれば、私たちは前より強い自分に生まれ変わることができるでしょう。

■フラストレーションが体力・気力を奪う

死別後の悲しみの時期に私たちが感じるフラストレーションの最大の原因は、失った人間をいくら探しても決して見つからないという点にあります。

私たちは人混みを必死で見つめます。自分の愛する者たちの姿がないかと……。探し求める相手にそっくりな後ろ姿を見つけて一瞬「もしかして……」と心躍らせ、次の瞬間に自分がまったくの別人を見ていることに気づくのです。そんなときの失望の深さは計り知れません。

このような経験を繰り返すたび、私たちは新たな怒り、フラストレーション、痛みに襲われます。何も変えることができないという事実を前に、私たちは無力感を感じます。悲しみの時期はこのような失望の連続です。ジェットコースターに乗せられたように、希望と失望とのあいだを何度も行ったり来たりさせられます。死別の悲しみはこのようにして私たちのエネルギーをどんどん吸い取っていくのです。

■社会的な支えの不足が悲しみを耐え難くする

死別の悲しみを耐え難くしている要因の一つは、慰めやいたわりを与えてくれる社会的な支えが不足していることです。たいていの場合、私たちは一人で悲しみに耐えなければなりません。

葬式など死をめぐる儀式は遺族の助けになるはずのものですが、それらの儀式の最中でも、まわりの人に気まずい思いをさせないために、私たちは心の痛みを隠し平静をよそおうことを期待されます。それだけではありません。このような周りからの無言の「要求」以上に深刻な問題は、私たち自身が、他人の前で泣き崩れてみっともない思いをしたくないと考えている場合があるということです。

私は愛する者との死別を何回か経験しましたが、たいていの場合、私は私を慰めるつもりでやってきた人たちを反対に慰める役に回っていました。でもこれは大きな間違いでした。他人から慰められること、あるいは自分が必要としているものを他人に要求することが必要なのだということを、あの頃の私はまだ知りませんでした。私たちがそのことをはっきりと認識していない限り、死別後の悲しみの初期に私たちが無意識に行う悲しみを拒絶しようとするこのような試みは、私たちに「ふつうどおり」の行動を期待する友人や家族によって事実上「促進される」ことになります。

■「遺族」というレッテルが人を追いつめる

死別の悲しみには特別な刻印がついてまわります。つまり、死をこの世で起こりうる最悪の事態ととらえている現代社会では、死が故人のみならず遺族に対しても何らかの罰の意味を持っているかのように受け止められる場合が多いのです。そのため私たち遺族はいけにえとなって、何か罰を受けているような気分にさせられます。まるで天国の最高裁判所から判決を受け、上訴の余地はないとでもいうような……。

タンパ・スタディの参加者の中でも、家族の誰かが亡くなった後に一人孤立したような気持ちになったと言う人は少なくありませんでした。子供を亡くしたある母親は次のように話してくれました。「みんな私を避けていました。まるで私が伝染病か何かにかかってでもいるかのように……」死の烙印は故人ばかりでなく残された遺族にも押され、そのために遺族は何もかも奪われた上につまはじきにされたような気持ちになります。社会で死が「失敗」と見なされている限り、愛する者に先立たれた私たちはある程度の「恥の意識」を経験せざるを得ないのです。

■死に際しての状況が悲しみを複雑にする

愛する人と死別したとき、悲しみ方は人それぞれです。また、死別の状況も人によって異なります。事故や心臓発作で突然に愛する人を失う場合もあるでしょうし、だいぶ前から死が予測できていて心の準備をする余裕がある場合もあるでしょう。悲しみを乗り越えるまでの経過は、その死がどのように訪れたか、どこで訪れたか、あるいは亡くなったのが誰かなどによって異なります。

一般に、子供を亡くした親の悲しみは長く続き、乗り越えるのが困難です。自分たちにとってかけがえのない存在を失ったショックによる影響はそうたやすくは消えません。また、愛する人間が死に至るのを目の当たりにした場合も悲しみが長く続きます。

ヒル夫人は夫が心臓発作を起こしたとき、その様子を台所の窓越しに目撃しました。夫人が夫のもとに駆けつけたときには夫はすでに亡くなっていました。葬儀を終えてまもなく、夫人はひどい関節炎にかかって歩行が困難になり、その後数か月は症状が消えませんでした。夫人にとって悲しみを克服するまでの道のりは長く、きびしいものとなりました。

ときには、死の「状況」が死別後の悲しみをいっそうつらいものにします。どのような場合でも愛する者を失うのはつらいことですが、複雑な状況が重なると心の整理が一層むずかしくなります。苦しみを乗り越えるメカニズムがこわれてしまい、肉体的な機能までもが低下してしまうのです。こういったケースは、戦場で行方不明になった兵士やテロ事件の犠牲者、銃撃戦の巻きぞえをくって流れ弾に当たって亡くなった人、無差別の殺戮に巻き込まれた人などの家族に見られます。

■突然の死は大きなショックをもたらす

死が突然訪れると、ある程度予想できた場合と比べてショックも大きく、その結果引き起こされる身体的な問題も大きくなります。このような場合、自分を納得させられるだけの説明を見つける時間的な余裕もなく、さまざまな想いを整理するためのチャンスも与えられないからです。その結果、愛する者を突然に失ったショックだけがあとに残された者の心を占め、身体にまで深刻な影響を与えることになります。そのために悲しみを乗り越えるプロセスが遅々として進まなくなってしまうのです。身体は愛する者の突然の死から立ち直ろうと自らの回復に努力しているのですが、一度失われたエネルギーはなかなか補充できず、「悲しみを癒す作業」を続けるための精神的・肉体的エネルギーが不足した状態が長く続きます。

■故人との感情的な葛藤が表面化する

人間関係に愛と憎しみなど相反する感情が多く含まれていればいるほど、その関係が死別という形で終わったときの「悲しみを癒す作業」がむずかしくなります。程度の差こそあれ人間関係に相反する感情はつきものです。夫婦であれ、親子であれ、あるいはほかの家族や友人とのあいだであれ、完璧な関係というのはありえないことは誰もが知っています。

死別後の悲しみの時期に問題となるのは、相手が死んだあとに、敵意や罪の意識といったマイナスの感情が表面化することです。人の死に際してそういったマイナスの感情を表に出すことは社会的に受け入れられないことなので、ふつうそのような感情は心の底に抑圧されます。でも、残念ながら消えるわけではありません。抑圧されたままふつふつと煮え続け、ずっとあとになって、つまり私たちが死別による悲しみをやっと乗り越えたと思った頃に表面化することが多いのです。

現実の問題として、どんなに仲のよい夫婦や兄弟姉妹のあいだでも「あんな人いなくなってしまえばいいのに！」と思うことが一度や二度はあるものです。その相手が本当に死んでしまうと、私たちは罪と恥の意識にさいなまれます。その死の原因の一端が自分にあるように感じてしまうのです。このような場合の死別の悲しみは複雑で、心の整理に時間がかかります。どんな人間関係にもつきもののマイナスの感情を持った自分自身を許し、そういった感情を思い出すことも悲しみのプロセスにおいて正常なことなのだと知る必要があります。

■人間性や性格、生き方によって反応が異なる

私たちはひとりひとり異なった人間性を持っています。死別の悲しみに対してもまったく同じ反応を示す人は二人といません。また、死別自体もその一つ一つが性格をまったく異にします。私たちは誰もが異なる人間関係、異なる生活環境を持っているからです。

ふつう私たちは成人するまでに人間性を確立し、それ以後はあまり変わりません。誰か身近な人が亡くなった場合どんな反応をするかは、その人の人間性や性格、それまでの生き方によって決まります。

一般に好ましくないとみなされる出来事や考え方を頭から否定する傾向のある人は、死別の悲しみに対しても同じ反応をします。つまり、自分が泣いたり悲しそうな様子をしているところを誰にも見せないようにします。このように「体面」を繕うことは、不安でどうしてよいかわからない状態におちいるのを防ぐのに役立つ場合もありますが、それと同時に大きな問題を引き起こします。つまり平静を装っている限り、誰からも助けを受けることができないという危険があるのです。他人は私たちに慰めが必要なさそうだと感じると、自分がそれを与えなくてすむことに

ほっとします。そして、私たちの悲しみの時期は終わり、もとの状態に戻ったのだと思ってしまいます。

また、もともと精神的なストレスに弱い人、たとえば子供の頃にだれか大切な人を失ったり、安心して依存できる人がいない状況におかれたり、反社会的な行為に走ったり、強度のノイローゼにかかったことがある人の場合、悲しみを乗り越える道のりはさらに困難なものとなります。「悲しみを癒す作業」はそれ自体がひじょうに大きなストレスの源であるため、ストレスへの対処の仕方を知らない人はそれを切り抜けるのに特別な助けが必要なのです。

■悲しみの克服には人の助けが必要

タンパ・スタディの参加者に、愛する人を失った悲しみを乗り越える際に何が一番役に立ったかたずねると、だれもが「家族や友人」と答えました。悲しみにうちのめされた彼らを支え、最終的にそれを乗り越える力を与えてくれたのは家族や友人でした。家族や友人は悲しみにくれる彼らのそばに座り、共に涙を流してくれました。怒りをぶつける彼らの話にじっと耳を傾けてくれたのも家族や友人です。彼らが悲しみから立ち直り自分の生活を取り戻すまで、慰めといつくしみを与えてくれたのも家族や友人だったのです。

私たちはいま、できる限り多くの人からの慰めと支えを必要としています。人間は群をなして生活する動物に似ています。どんな状況でもたった一人ではうまく乗り切ることはできません。大切な人を失うという非常事態ともなればなおさらです。私たちにはそばにいてくれる他者がかならず必要なのです。

私たちにいま必要なのは安全を保障してくれる人です。なぜなら、いまの私たちには安全であること、安心していられることが最も大切だからです。愛する者を失ったばかりの私たちは、安心していられる状態がいまの自分に何よりも必要だと感じると同時に、現実にはまったく安心できる状況にないことを知っています。

悲しみの時期が始まった当初に感じる不安は、自分の生活が目の前でこっぱみじんになってしまったことから生じた大きな恐怖に根ざしています。この時期の私たちは傷つきやすく不安でたまりません。そのために一時的に人間としての機能が逆戻りしてしまうことがあります。迷子になった子供のようにおどおどと人目を気にするようになってしまうのです。

私たちはいま、生き続けるのに最低限必要な慰めを得るために、他人に頼る必要があります。でもその一方で、自分のそういった反応が子供じみて感じられます。無力な子供のようになっていることが、自分の意識的な行為なのではないかと思うのです。その結果、自分のおかれたこの悲惨な状況を何とか自分で処理しようと、はかない望みを胸に、恐怖を他人の眼から隠そうとするようになります。

でも本当の問題は別のところにあります。つまり、安心して自分を委ねられる相手を見つけない限り、私たちは感情を吐き出すことができない、つまり悲しみを癒す作業を行うことができないということです。

■悲しみから逃げずに正面から立ち向かう

死別後の大きな悲しみから逃れる方法はありません。何かほかのことをやって気持ちを紛らわそうとしても、悲しみが消えてなくなることは決してないのです。悲しみは姿を隠してじっと私たちを待っています。私たちはそのことにいずれ気づくことになるでしょう。怒りや罪の意識、心の痛みは私たちがそれを否定しようとすると、かえって長い間私たちを苦しめます。そういった感情に抵抗したところで、悲しみが襲ってくる時期を遅らせ、死別のプロセスをいたずらに引き延ばすだけです。それよりも、できるだけ早い時期につらい思い出としっかり向き合い、死別の悲しみから自分を解放した方がはるかに楽です。

愛する人を失った人の中には、つらい思い出をいつまでも繰り返し思い出すことが故人を忘れないでいるひとつの方法だと考えている人もいます。少なくとも思い出だけは残っていて、つらかろうが何だろうがそれを思い出すことで故人を忘れないでいられるというわけです。

私たちは悲しみを乗り越えることで大切な思い出までも失ってしまうのではと恐れます。でもこの恐れはまったく見当違いです。悲しみを乗り越えたとき、私たちは亡くなった人の人生について新しい見方ができるようになり、それと同時に自分自身の人生に新たな意味を見出すことができるようになるのです。

■よい思い出を大切にする

悲しみを癒す作業を行っているあいだに、いろいろなことを思い出して考えがとんでもないところへ行ってしまうことがあります。そんなときに頭に浮かぶのは、喜びと苦しみが入り交じり、それと同時に大きな「毒」を含んでいる思い出です。

悲しみを癒す作業は、私たちが愛する者を「じょうずに思い出す」ための作業でもあります。つまりその人の死そのものや、それによって引き起こされた損失に影響されて歪められた最近の過去ではなく、すべてがうまくいっていた頃のよい思い出に焦点を合わせて思い出すことができるようになるための作業です。そのような形で思い出すことができるようになると、故人の人生の意味が次第に見えてきます。

■悲しみのプロセスを学ぶ

大切な人を失ったあとに私たちができることで最も大事なことの一つは、悲しみのプロセスについてもっと多くを学ぶことです。死別の悲しみについて私たちはあまりに知らなさすぎます。そのために、いざそれに直面したときまったく準備ができていません。どのようなことでも適切な情報とある程度の予測を持って立ち向かえば、まったく準備ができていない場合よりうまく対処することができます。このことはさまざまな研究によって裏付けされている事実です。

死を身近に体験することが少なくなった現代社会では、死別のプロセスについて人々に文化的な教育を施す必要があると思います。次に何が起こるかあらかじめわかっていれば、恐れは少なくなり多少とも自分でコントロールできるような気持ちになれるでしょう。

悲しみにくれている人を助けようとするとき最も困難を感じるのは、彼らが先に進むことを拒否する点です。次に何が起こるのかわからないので恐いから先に進みたくないのです。こういった不安は悲しみのプロセスをよりよく理解することによって少なくすることができます。

■悲しみには必ず終わりが来る

「この悲しみが終わる日がいつか来るのですか？」

心理療法を行っているときや「悲嘆と喪失」に関する講演の際に私が受ける質問の中で最も多いのがこの質問です。

死別の悲しみを乗り越えるプロセスが終わるまでにどれくらい時間がかかるか、予想するのはむずかしいことです。愛憎入り交じった複雑な感情、死の訪れ方、故人との関係など、前にも取り上げたさまざまな要因が影響を与えるからです。一か月で終わる人もいれば、何年もかかる人もいます。その際必要な時間の長さに最も大きな影響を与えるのは、故人との関係、死別に関するその人個人の対処の仕方、死によって生み出されたショックの強さなどです。こういった要因の複雑さを考えれば、悲しみの時期がいつ終わるかを予測することがどんなにむずかしいか想像がつくでしょう。本当のところ、それはいつかわからないのです。

でも、それは必ずいつか終わります。

死によって引き起こされたさまざまな変化に適応したり、自分の気持ちに整理をつけたり、あるいは金銭上の問題など付随的な損失を修復したりするためには時間が必要です。急いですべてを片づけてしまおうとすると、すでに十分混乱している私たちの精神状態にさらに拍車をかけることになります。

■悲しみの中に希望を見つける

いまの深い悲しみの中にも希望はあります。希望は私たちすべてに与えられている、成長する能力の中にあります。

悲しみのプロセスの中には学ぶことのできるチャンスがたくさんあります。たしかに皮肉なことではありますが、人間的な成長のことなど頭の片隅にも浮かばないこの時期に、そのためのチャンスが数え切れないほど与えられるのです。たとえば、自分にとって最も大切な人間関係が失われたいまほど、思いやりや愛についてよく知ることができる機会はないでしょう。

死別のプロセスのあいだに絶望を希望に変え、人間的な成長を実現した例としてとくに印象に残っているのはジェニファーです。ジェニファーと夫のトムは結婚六年目を迎えていました。まだ二人とも若く、妻は二十九歳、夫は三十一歳でした。二人のあいだには三歳の子供がいて、二か月後には二人目の子供が生まれる予定でした。トムはエンジニアとして仕事を始めたばかりで四人の家族を養うのに十分なお金が稼げず、他にもアルバイトをしていました。

夜十一時頃、トムはコンビニエンス・ストアに立ち寄りました。トムの元気な姿が見られたのはこれが最後となりました。真夜中頃、店から目と鼻の先のところで、頭を撃たれたトムの遺体が発見されました。強盗にあい、犯人を追跡しようとして殺されたのです。

私がはじめてジェニファーに会ったとき、彼女は悲しみに打ちひしがれていました。でもその一方で、かけがえのない人を失ったにもかかわらず、精神的には平静を保っているようにも見えました。トムについて自分から進んで話し、夫がどんなにいろいろなことを自分に教えてくれたか、どんなにすばらしい心の持ち主だったかを語ってくれました。「トムはいつも強い信仰心を持っていました。私たちは神様に見守られているといつも信じていたのです。どんなことが起こっても、たとえ悪いことが起こっても、それは神様が私たちに大切なことを教えてくださっているのだと言っていました。トムは本当にそう信じていたのです。それで私も信じるようになりました。もし、そのことをいまほんの一瞬でも疑ったら、私はトムが信じていたことに自分が背いているような気持ちになると思います。トムが私に望んでいたようにこれから先の人生もしっかりと歩み、子供たちを育てること、それが私に与えられた道です。」

私はその後もジェニファーの行く末を見守りましたが、ジェニファーは二人目の女の子を無事出産し、その後も夫の考えを信じる姿勢を変えませんでした。さいわい自分の両親が子供の世話を手伝ってくれたので、出産から六か月後、彼女はビジネスの学位をとるために大学に入学しました。

最後に会ったとき、ジェニファーは自分自身についていまどう感じているかを話してくれました。「もし数年前に、この先私の家族にどんなことが起こるか聞かされたとしたら、私は恐ろしくてたまらなかったでしょう。いまだって恐ろしいことに変わりはありません。でも、一度に少しずつ乗り切ることで、なんとかここまでやってきました。先のことを心配し始めたときはいつも、そんなことをしてはいけないと自分を押し止めました。神様が私を見守っていてくださるのだ、いまのこの状況の中にもきっと何かよいことをもたらしてくださる神様の計画があるのだということを思い出すようにしたのです。いまの私はトムが生きていた頃よりずっと強くなりました。彼が生きていた頃はいつも彼に頼り切っていたように思います。トムがいなくなったとき、私は彼の代わりをしなければならないこと、自分で自分のめんどうをみなければならないことを知りました。簡単ではありませんでしたが、なんとかここまでやって来ました。」

悲しみを乗り越える道はかならずあります。平坦な道ではありませんが、そこを通り抜ければなんとかなります。その道の先にある目的地に到達すれば、私たちは今までよりもっと強い人間、もっとうまく自分自身のめんどうをみることのできる人間、もっと思いやりをもって他人のめんどうをみることのできる人間になることができるでしょう。

■悲しみのプロセスには五つの段階がある

悲しみを乗り越えるプロセスはまっすぐな道をどんどん前へ進むようにはいきません。株価の好調な動きを示すような一直線の登り坂を登るわけではないのです。もし、そうならば話は簡単です。でも、現実に私たちがたどる道はもっと激しく上下します。少し気分がよければ上を向きますが、ひどくみじめな気持ちの日には落ち込み、後戻りしてしまいます。袋小路にぶつかってしばらく身動きがとれなくなることもよくあります。そんなときは、しばらくしてからどうにか深い悲しみの淵からはいだし、悲しみを乗り越え生まれ変わるためのゴールを目指してまたゆっくりと登り始めるのです。

死別に関する調査をしていくうち、私は死別の悲しみのプロセスに五つの段階があることを発見しました。つまり、①ショック、②喪失の認識、③引きこもり、④癒し、そして⑤再生の時期です。これらの段階ははっきりとした境界を持っているわけではありません。悲しみを乗り越えるプロセスは流動的で、一つの段階の症状が次の段階の症状と重なり合って現れることも多く、また、一つの段階にしばらくとどまっていることもよくあります。

悲しみを乗り越えるプロセスでは、次の段階にうまく移行できたように思っていたのに、突然思い出がよみがえったりパニックに陥ったり新たな恐怖に襲われたりして、一時的に前の段階に戻ってしまうことがあります。このようなことが起こると、自分がこのまま狂ってしまうのではないかと思ってしまうこともありますが、これはまったく正常なこと、よく起こることなのだと覚えておいてください。何の問題もなく順調に進行することの方がまれなのです。じっとがまんして、いつかはきっと本当につらいこの時期も過ぎ去るのだということを信じましょう。それに、たとえ後戻りしてももう一度やり直さなければならないとしても、最初のスタート地点まで戻らなければいけないわけではないのですから。

次から始まる五つの章で、死別の悲しみのプロセスの五つの段階を一つずつ説明します。読んでいくうち、「いま私はこの段階のこの症状を経験しているところだな」と思い当たることがあるでしょう。全部の症状があてはまるわけではないかもしれませんが、それはおかしなことではありません。というより、ここに説明されたすべての症状を経験する人の方が少ないくらいなのです。でもたいていの場合は、自分にあてはまる症状の数から、いま自分がどの段階にいるか、だいたいの見当をつけることができます。悲しみを乗り越えるプロセスの中で自分がどこにいるのかを知ることができれば、次にどんなことが待っているかよりよく知ることができます。そうすれば、知らないときよりも恐怖が少なくなることでしょう。

死別の悲しみについて一つ大切なことがあります。どうかしっかりと心に留めておいてください。それは、「いつかきっと元気になれる日がくる」ということです。残念ながらその日が来るまでには長い時間がかかり、多くの忍耐が必要です。悲しみの症状やその強さは人によって異なります。二人として同じ人間はいないわけですから、悲しみ方も一人一人違うのがあたりまえです。でも努力さえすればみんなが同じところに到達できます。だれでも前とは違う自分、成長し、より多くの知恵を身につけた新しい自分に生まれ変わることができるのです。

あなたもきっといつか元気になれます。

第二章　第一段階〈ショック〉

自分には心の準備ができていると思っていた。それまでに家族を亡くしたことはなかったので実際にどんなふうになるのかは知らなかったが、自分は絶対だいじょうぶだと思っていた――父を亡くし、一人きりで病院をあとにするまでは……。病院を出た私は突然、「もう二度と父に会えないのだ」という強烈な思いに襲われた。それからショック状態に陥り、その後ずっと長いあいだ感覚が麻痺したような状態が続いた。

四十八歳で父親を亡くした男性

・

大切な人を失ったとき、ほぼ例外なくだれもが示す最初の反応は「ショック」です。死があらかじめ予測されていたものであれ、突然何の前触れもなく起こったものであれ、私たちはショックを受け、「信じられない」という気持ちになります。

死のもたらす「永遠の沈黙」に対して心の準備ができている人間などいません。

三か月ほど昏睡状態にあった父親を失った一人の女性のことを私はいまでもよく覚えています。父親はその前の年に脳卒中で倒れ、麻痺のために寝たきりになりました。家族で話し合った結果、最高の医療を受けられるように父親をジョンズ・ホプキンス病院へ入院させることにしました。治療を始めた直後は症状に改善が見られ、家族は大喜びしました。しかし数週間たつと容態が悪化し、事実がはっきりしてきました。父親に回復の見込みはありませんでした。医者たちにもそれ以上できることはありませんでした。

家族は父親が住んでいた町の病院に父親をつれて帰りました。それからまもなく父親は意識不明になりました。でも、そうなってもまだ家族は奇跡を信じ続けました。あんなに元気で何でもできた人間がこのまま弱ってしまうなんてことがあるわけがない。まして死ぬなんて……。彼らにとって父親の死はあり得ないことに思えたのです。

最後の三か月、家族はつきっきりで父親の世話をしました。現実的にもう希望のないことはわかっていましたが、親子の情から、万が一、一瞬でも父親が意識を取り戻したときに誰かがそばにいてやらなければ……という思いでいたのです。父親は日曜の夕方、六時頃に亡くなりました。私は娘さんから、父親が亡くなったときには家族全員がベッドのまわりに集まっていたという話を聞きました。

娘さんはまた、葬儀などの儀式が行われているあいだ家族全員が「ぼうっとした状態」でいたという話もしてくれました。彼らは父親のいない生活がどのようなものになるか想像すらできず、ひどいショック状態にあったのです。長い準備期間があったにもかかわらず、彼らは父親が自分たちのもとから去ることがあり得るのだという事実を最後まで信じられなかったのです。

死が持つ「終わり」の意味を受け入れるのがこれほどむずかしいのはなぜでしょうか？

死期が近づき、たとえそれが避けられないことだとわかっても、私たちは最愛の人の死を自ら進んで受け入れることができません。自分の世界が突然に変わってしまったことを受け入れることなどできるわけがありません。一夜にして物の見方を根本から変え、焦点を定める方向も変えて、前とはまったく異なる空虚な世界で生きていくことに力を注がなければならなくなるのですから。

■ショックに対する反応は人さまざま

「ショック」というのは私たちが経験する精神的外傷《トラウマ》の大きさを表すために使われる一般的な言葉です。当然ながら、トラウマの大きさはいろいろな要素によって左右されます。どのような過程で死に至ったか、いつ、あるいはどこで死んだか、ときにはその死に方までが影響を与えます。意識不明に陥ったあとだいぶたってから亡くなった前述の例でも、もし死がもっと突然に、事故などによってもたらされたとしたら、家族が受けたショックはおそらくもっと大きかったことでしょう。死がもたらされたときの状況が、ショックの大きさやそれが続く期間の長さに影響を与えることはしっかり心にとめておいてください。

死別の直後に私たちを襲うトラウマの次に悲しみのプロセス全体に大きな影響を与えるのは、ショックに対する私たちのその後の対処の仕方と、この最初の段階での他人からの支援です。ショック期にある私たちは多くの助けを必要とします。人の死にともなうさまざまな儀式を乗り切るためだけでも、私たちは文字どおり手を取って支えてもらわなければならないのです。

ショックに対する反応は人によって異なります。頭がぼんやりして人からの働きかけに反応できなくなる人もいれば、叫んだり、気を失ったり、わめいたり、夢中でしゃべり続けたりする人もいます。中には、何も変わったことは起こらなかったかのようにふるまう人もいます。ただ、たいていの場合、人はショックに対しても人生におけるほかの大きなストレスに対するのと同じような反応を示します。つまり、ショックに対する反応はその人のふだんの振る舞いからそれほどかけはなれたものではないということです。だから、たとえどんな反応をしても、それはその人にとっては正常なものと考えることができます。悲しみは私たち自身を変えるわけではありません。私たちの通常の反応パターンを増幅させ極端なものにするだけです。

■ショック期の特徴

ショック期にはいくつかの特徴があります。誰もがそのすべてを経験するわけではありませんが、さまざまな研究・調査から多くの人が次のような状態を経験することがわかっています。

◆警戒心が異常に強くなる
◆実際に起こったことが信じられない
◆混乱して考えがまとまらない
◆気持ちが落ち着かず、いてもたってもいられない
◆夢の中の出来事のように感じる
◆自分ではどうしようもないという無力感に襲われる

■警戒心が強くなるのは自然なこと

ショック状態に陥ると、私たちの身体は生理的に厳しい警戒態勢をとります。このような身体的反応は、安全が脅かされていると感じたときに起こるごく自然な反応です。もう世界が安全なところとは思えない、だから自然に防御反応を起こして、なんであれ通常と異なること、恐ろしいことに対して警戒を強めるのです。

警戒反応は、自律神経系の一つである交感神経によってコントロールされています。この反応が始まると手足への血液の循環が悪くなり、指先が氷のように冷たくなったり手のひらに汗をかいたりします。また、全身に震えがくるといった症状が出ることもあります。消化器系への血液の循環も悪くなり、食欲がなくなり吐き気をもよおすこともよくあります。さらに、血液中にホルモンが過剰に分泌され、それが私たちを何かせずにはいられない気持ちにかりたてます。

大きなショックのために警戒態勢に入っている私たちは「恐怖反応」を起こします。これは危険に対処するためのエネルギーを私たちに与えるためのもので、恐れる対象があるわけではないのに恐怖を感じるという状態です。これに関しては、C・S・ルイスの著書『悲しみをみつめて(A Grief Observed)』に次のような詳細な記述があります。

「悲しみがこれほどに恐怖に似ているとはだれからも聞いたことがない。私は何かを恐れているわけではない。しかし、この感じは何かを恐れているときとそっくりだ。胃のあたりが落ち着かず、いてもたってもいられない。それからあくびが出たり、つねに唾を呑み込み続けるなど、何もかもがそっくりだ。」

大切な人を失ったときの私たちの反応は恐怖によく似ています。パニック状態に近いこともあります。その結果として、私たちの身体は自分自身を守るための警戒態勢をとります。言いかえれば、恐怖心はこの警戒態勢をとるために必要な感情であって、この時期に私たちが恐怖を感じるのは自然なことなのです。

■現実否認は緩衝材として働く

現実に起きたことを信じない、否認するという行為は、現実と私たちの心のあいだの緩衝材として働き、愛する人を失って悲しみにくれる私たちを助けてくれます。つまり、愛する人を失うという厳しい現実をゆっくりと時間をかけて受け入れることを可能にしてくれるのです。このような緩衝材がなかったら、悲しみのあまりの大きさに、私たちは押しつぶされてしまうことでしょう。

死別の悲しみの初期の段階では、愛する人を失ったこと以外何も考えることはできません。現実を否認し信じないでいれば、死という耐え難い現実から一時的に避難する機会が与えられます。このつかのまの休みのあいだに、私たちは耐え難い苦しみにふたたび立ち向かうエネルギーをわずかながら取り戻すことができるのです。

■混乱した頭もいつかもとどおりになる

愛する人を失った人の多く、とくに悲しみの初期の段階にある人は、頭の中が混乱した状態が続くことが心配だと言います。やらなくてはいけないことを忘れるし、何事にも集中できない、鍵や眼鏡、小切手帳といった大事なものをなくしたり、何につけ決定をくだすことがなかなかできない……このような相談を受けたとき、私は「いまの状態はまったく正常で、そのうちなくなるから心配ありません」と答えます。

愛する人が失われたとき、私たちの世界は粉々にくだけ散ります。感情はまるでジェットコースターのように激しく上下に揺れ動きます。次に下降が始まったらそのまま絶望の淵に落ち込んでしまうかもしれません。これまでつねにそこにあり、頼りとしてきたものがそこにはもうないのです。慣れきった毎日の生活のパターンもありません。これまでの世界をあてにして生きていくことはできないのです。

私たちは物事に対する反応・処理のパターンを変えなくてはいけません。これまで「いつものやり方」で処理してきたすべてのことに関して、決断をくだしたり前に進もうとするときに特別な注意が必要になります。以前とはまったく異なる新しい情報を多量に処理しなければならず、私たちは混乱します。子供を失ったある若い母親はそのときの気持ちを「調子の狂ったコンピューターのようだった」と表現しています。

■何かせずにいられない気持ちになる

死別後の悲しみの初期の時期に私たちが落ちつかない気持ちになり、せわしく動き回るのは矛盾したことのように思えます。全身が固まってしまったように感じられ、座って休みをとる必要があるはずのときに、ふと気がつくと私たちは何かに突き動かされるように動き回っています。これは私たちが「警戒態勢」をとっていることの一つの兆候です。交感神経の働きによって筋肉がふだんより緊張しているため、同じところを行ったり来たり、そわそわと落ち着かない動きをしたり、あてもなく部屋から部屋へと歩き回ったりします。何かを取りに部屋に入ったのに、何を取りに来たのか忘れてしまうといったこともあります。

私はいつも不思議に思うのですが、現代の多くの社会で一般に行われている死者の弔い方では、愛する人に先立たれた人たちのこういった落ち着かない気持ちを解消する手だてがほとんど与えられていません。つまり、すべてが他人の手によって進行されるため、ただ静かに座っている以外、私たちにはすることがないのです。身体の生理機能や頭の中は猛スピードで回転を続けているのに、私たちはすべてを他人にゆだね、膝の上に手を重ねてじっと座っているしかありません。

■現実逃避は回復の時間を与えてくれる

死別の悲しみの第一段階で、私たちは現実とは別の世界にいるような感じを持つことがあります。何もかもが霧がかかったようにぼんやりしていて、実際にすべてがかすんで見えることもあります。このぼんやりした状態の中で、私たちはこれまで経験したことのない、葬式など死別にともなう儀式をやりおえなければなりません。現実に葬式に参列している自分の姿を思い浮かべることさえむずかしいというのに、遺族として故人を悼む人々の先頭に立たなければならないのです。まるでどこか別の場所に立って、動き回る自分を遠くからながめているような気がしたと言う人もたくさんいます。若くして夫を亡くしたある女性はそのときの気持ちを次のように語っています。

とても奇妙な感じでした。私は実際に化粧をしたり髪をとかしたりしているのですが、そのあいだずっと、部屋のドアのところに立って自分がそういった動作をしているのをながめているような感じがしていました。そうでなければ、あんなことが私にできるはずがありません。不可能です。三十八の若さで夫の葬式に行く支度をするなんて……。

自分自身から距離をおくというこの心理状態は、精神的につらい状況に置かれたときに起こる防御作用のひとつです。精神を麻痺させることでつらい現実から一時的に自分を逃避させ、もっとうまく対処できるようになってから現実の自分に戻るのです。

■現実を変えられないことに対する無力感

死は私たちに無力感を与えます。死は人生の中で私たちがコントロールできない出来事のひとつだからです。どんなことをしても愛する人を取り戻すことはできません。失った大切なものを取り戻すことができないといういらだちが、私たちの非力をあざけるように感じられます。私たちは自分では何もコントロールできなくなったように感じます。世界はもはや安心できる場所ではなくなり、次に何が起こるかまったくわかりません。まるで子供に戻ってしまったようです。しかし現実に私たちのまわりにいるのは大人ばかりです。子供時代に感じていたのと同じ、あるいはそれ以上の大きな無力感を感じたとしても当然のことです。

息子が亡くなったあと、私は息子を奪った事故が起こるまでの出来事を何度も繰り返し思い出しました。ああしていれば、あるいはああしていなければ……事態を変えたかもしれない「何か」を必死でさがしたのです。「もし私があの子にボートを使わせなければ……」「家になどいないでみんなでどこかの海岸に行っていれば……」起こってしまったことはもう変えられないのだという無力感は、その後もずっと長く続きました。

タンパ・スタディにやってきたある若い母親は、子供を失ったあとの無力感を次のように語っています。

私たち夫婦には心配事はあまりありません。息子との関係にも後悔するようなことはありません。すべてがうまく行っていたんです。だから、何も頭を悩ますようなことはありません。経済的にも問題ありません。息子の医療費が負担になっているといったことも……。実際のところまったく問題ないのです。問題があるとしたら、私たちの夢のすべてが失われたいま、人生にまったく望みがないように思えるということだけです。

■ショック期の身体的症状

深い悲しみは何層にも重なった現象です。私たちは異なる層に現れるさまざまな症状を一度に感じます。昔は悲しみを感情的な面からだけとらえることが多かったのですが、最近いろいろな調査が行われるようになり、悲しみには身体的あるいは社会的な要素も大きく関わっていることがわかってきました。

悲しみのプロセスの第一段階のショック期の身体的症状には次のようなものがあります。

◆口の中が乾く
◆身体が震える
◆ためいきやあくびが出る
◆身体がびくっと痙攣する
◆身体に力が入らない
◆眠れない
◆泣く
◆食欲がない

このほかに、身体が重く、まるで鉛でできているように感じられることもあります。また、ただ座って一点を見つめていたいと思った次の瞬間、内側からの抑えきれない衝動に駆られて立ち上がり動き回るといった症状が現れることもあります。

驚いたように身体がびくっとするのもよくある症状です。これはとくに事故などの不測の事態による死別の場合によく見られます。息子が事故に遭ったあと、ボートが息子の身体に激突する瞬間を思い浮かべるたび、その衝撃を自分自身が受けたかのように私の身体はびくっと動いたものです。

この段階で現れる症状のうちとくに注目すべきものは、食欲減退と不眠です。この二つの症状はともに、死別後の初期の段階で私たちが経験する大きな精神的外傷《トラウマ》とストレスの兆候と言えます。血液が胃に届かなくなるために私たちはつねに吐き気を感じ、不快感を覚えます。悲しみの力で私たちの身体は大きく揺さぶられているのです。

■ショック期の持つ社会的側面

愛する人を亡くした人は誰もが社会的あるいは対人的な影響を受けます。その影響の程度や種類はその人と地域社会、あるいは友人などからなる小さな社会との関わり合い方によって異なります。

多くの人に共通した社会的・対人的影響としては次のようなものがあげられます。

◆自分の殻に閉じこもる
◆故人のこと以外何も考えられない
◆死にともなう儀式を行う

■自分を守るために殻に閉じこもる

世界がもはや安全な場所ではなくなり、渾沌とした空虚な場所になると、私たちは自分を守るために内へ閉じこもります。新聞やテレビ、友人たちに対する興味を失い、ジェットコースターに乗ったように激しく上下する自分の感情だけを見つめていたいと思います。そして、現実の世界から切り離されているように感じ、ただ故人のことだけを考え続けます。前にも取り上げたC・S・ルイスの著作『悲しみをみつめて』の中には、妻を亡くした直後の気持ちが次のように書かれています。

「世界と自分のあいだに目に見えない膜がかかっている。人の言っていることが理解できない。あるいは、理解したいと思うことができないのかもしれない。ともかく、まったく人の話に興味が持てない。それでも、だれかそばにいてほしいとは思っている。家が空っぽになってしまうのはいやだ。ただし、私には話しかけないでほしい。ただ勝手にたがいにおしゃべりをしていてくれればいいのだ。」

■故人のことばかりが頭に浮かぶ

「彼女のことがいつも頭にある」「彼のことが頭から離れない」……こういった言葉は悲しみの第一段階のショック期に典型的に見られ、第二、第三段階にもひき続き見られます。私が講演したセミナーに出席したある女性は次のように語ってくれました。

ビルのことを思ってばかりいて気が狂ってしまうのではないかと思うことがあります。手術室から出てきたビルの姿が目の前に浮かぶのです。それだけではありません、いろいろな管や機械につながれて死んでいくビルの姿も見えます。たまりません。こういった情景を頭から追い出すことができないのです。まるでビルが癌にかかる前の二人の人生は存在しなかったかのようです。

どんなに努力しても、この悲しみの初期の段階に頭に浮かぶさまざまなつらい映像を消し去ることはできません。どんなことをしていても、どこにいても、つらい思い、つらい情景が情け容赦なくつぎつぎと頭に浮かんできます。そもそもなぜあんなことになったのだろう？　なぜあんなことが起こったのだろう？　どうしたら止めることができただろう？　死の直前にいったい何があったのだろう？……何とか納得のいく答えを見つけようと無駄な努力を続け、私たちは疲れ果てていきます。

■つらい葬儀を乗り切る

死にともなう儀式は私たちに多くを要求します。中でも最もつらいのは、張り裂けそうな胸を抱えたまま、いろいろな手はずを整えるために葬儀屋へ出かけなければならないことです。もしあなたが自分が死んだあとの遺族の苦しみを少しでも軽くしたいと思っているなら、葬儀の手はずを生前にあらかじめ整えておくことです。それは残された遺族にとってどんなに大きな助けになるかしれません。

愛する者を亡くしたとき、私たちはなんの事前の打ち合わせもないままいろいろなことを決めなければなりません——何か決めるなどとうていできない精神状態の最中にです。どんな葬式にするか？　棺はどんなものにするか？　故人にはどんな服を着せるか？　このような質問が次々と浴びせられ、答える用意がないと（用意がある人間などいるはずがありません）、ただ呆然としているしかありません。

アメリカでは遺体は葬儀屋の手によってきれいに化粧をほどこされ棺に納められますが、棺に納められた故人と対面するために二度目に葬儀屋を訪れるときの方が最初のときよりもつらいという人もいます。勇気を奮い起こし棺の前まで歩いていく私たちの心に恐怖があっても不思議はありません。棺の中の故人がどんなふうに見えるか、私たちにはまったく予測がつかないのですから。やすらかな寝顔の故人を見てほっと息をつけるかどうかはその瞬間までわかりません。

大人になって母親を亡くしたある女性は、そのときのことを次のように語っています。

どんなふうになっているか想像もつきませんでした。母は長い間病気をわずらっていたので、すっかりやせていました。髪もなくなっていて、私たちが買ってあげたかつらはまったく似合いませんでした。アップにした髪型を見慣れてきた私たちには奇妙に映ったのです。正直に言って、棺の中の母がどんなふうに見えるか私には想像もつきませんでした。だから、私は姉と姉の夫を先に行かせ、そのあとについて行きました。まったく想像がつかなかったのですから、ある意味であれは本当に恐ろしい体験でした。でも、母の姿を見たとき私はほっとしました。とてもやすらかそうに見えました。口元には笑みさえ浮かんでいました。葬儀社の人たちがまるで眠っているような姿にしてくれたのです。胸元が上下して息をしているのが見えるのではないかと思ったほどです。そんなはずのないことはわかっていました。でもその姿を見たあと、少し気分が楽になったような気がしました。

友人や親戚などが助けてくれるとはいえ、葬式をやり終えるには相当の勇気を奮い起こさなければなりません。この時期私たちはまだショック状態にあり、すべてがなまなましいこの段階を乗り切るためには、愛する者の死を信じない、あるいは状況をぼんやりとしか把握しない……といった苦しみを和らげるための緩衝材がまだ必要です。

葬式は少なくとも、「社会的に認められた」悲しむための場所を私たちに与えてくれます。でも、多くの場合、私たちは世間体を気にするあまり悲しみを表に出せません。のどにつかえた大きな塊を呑み込み、はらわたを切り裂かれるような悲しみのために涙がこみ上げ、嗚咽しそうになるのを何とか隠そうとします。

このとき、感情を抑え込むことなく悲しみを思いきり吐き出すことができれば、それは私たちにとって大きな助けとなります。

■混乱のうちにショック期は過ぎていく

頭がすっかり混乱しているショック期には、その混乱が外の世界に対する絶縁体となって、私たちが状況に順応する手助けをしてくれます。ショックは私たちが苦しみにもう少しうまく対処できるようになるまで、また、死という現実を受け入れることができるようになるまで、苦しみの一部を鈍化し私たちの感覚を麻痺させてくれるのです。

悲しみのプロセスの最初のこの時期は信じられないほどつらいものです。それでも私たちは何とかこの時期を乗り切ります。ショック期は数分で終わることもあれば、数週間続くこともあります。たいていの場合は、葬式が終わった頃に次の段階へ移り、それまで抑え込まれていた感情があふれ出てきます。友人や親戚、ほかの家族の人たちがそれぞれの日常に戻っていくと、悲しみとともに孤独が残されていることに私たちは気づきます。このときに、さまざまな感情が吹き出します。それが大きな火山の爆発のような力を持つこともしばしばあります。悲しみのプロセスの第二段階が始まったのです。

■ショック期を乗り切るために

◆いまの自分には「安心した気持ちでいられること」が絶対に必要であることを認識しましょう。たしかにいまは安心した気持ちになどなれる状況ではありません。いまのあなたが感じている不安は、目の前で世界が崩れ落ちるという恐ろしい体験から芽生えた大きな恐怖に根ざしています。親しい友だち、あるいは親戚や家族にそばにいてもらうといったちょっとしたことでいいのです。少しでも安心できる状態を作るよう心がけましょう。

◆「しっかりしなくては」などと思う必要はありません。感情を抑えることはそれを表に出すよりもずっと多くのエネルギーを必要とします。自分の悲しみを認めようとしない人よりも、悲しみを受け止め、悲しみに導かれるままに行動する人の方が状況によりよく順応できます。

◆まわりの人からの慰めを受け入れましょう。この時期のあなたは不安と無力感で打ちひしがれています。ふだんのように筋道立った考えができません。だからこそ、いまは物理的にも感情的にもまわりの人に頼る必要があるのです。

◆あなたがほしいと思っている慰め、必要としている慰めが十分に得られていないと感じたら、自分から求めましょう。多くの場合、まわりにいる人はあなたの助けになりたいと思ってはいても、傷つきやすくなっているあなたを気遣うあまり、差し出がましいことができないでいるのです。彼らには積極的になるためのちょっとした励ましが必要です。いま大切なのは自分から助けを求めるかどうかではなく、必要な助けを得られるかどうかなのです。

◆自分自身に対して寛容に、忍耐の気持ちを持つようにしましょう。どうしてよいかわからなくなったり、落ち着かない気持ちになったり、興奮したりすることもあるでしょう。また、物をなくしていらいらすることもあるでしょう。どんなときも自分を責めたりせずに、何であれ自分のやったことを受け入れる心の余裕を持ちましょう。ふだんのあなたならやらないようなことをしたとしても、悲しみのプロセスとしてはそれはまったく自然なことなのです。

◆亡くなった人のことを話すとき、その人がまだ生きているかのように話したとしても気にすることはありません。愛する人はまだあなたの心の中に生きています。あなたはまだ亡くなった人の方ばかりを見つめています。現実に起こったことを頭では理解できても、それを心でとらえるにはまだ時間がかかります。

◆もし可能なら、葬式の手はずを整えるのに積極的に参加しましょう。式のやり方について意見を言うこと——例えば友人や親戚の人に弔辞を述べてもらう、故人の好きだった詩を読んでもらう、特別な曲を流してもらうなど——は大きな意味を持っています。何かを決定する場に参加することで、何一つ自分の思い通りにはならないいまの状況に対して、いくらかコントロールする能力を回復した気持ちになれます。それに、あとになって、あなたは愛する人の死に関連した大切な出来事の中で重要な役割の一部を担うことができた自分自身を誇らしく思うことでしょう。

◆いまは将来のことについて大きな決定はしないようにしましょう。死別を経験した直後は考えをまとめることなど不可能です。何かを決めるにはゆっくり時間をかけましょう。

第三章　第二段階〈喪失の認識〉

私は、車の事故でほんの三か月前に夫を亡くした新しい患者と向かい合わせに診療室のソファーに座っていた。五十四歳のその魅力的な女性は、まだ心の傷もなまなましく、悲しみに打ちひしがれた表情で私にたずねた。「この恐ろしい苦しみはいつまで続くのでしょう。はじめは何とかうまくやっていけると思っていました。いろいろな手配も自分でできましたし、家族や友人を慰めることさえしていたのです。それなのに……いったい私に何が起こったのでしょう？　いまの私はめちゃくちゃです。涙を止めることができないのです。」

悲しみのプロセスの第二段階「喪失の認識」の時期に特徴的なのは、毎日ころころと変わる激しい感情の動きです。ある日目が覚めてみると、不安でたまらずベッドから出ることさえ恐ろしくてできない、あるいは、朝は落ち着いていたのに午後になって突然悲しくなり、涙が止まらず自分ではどうすることもできない……といったぐあいです。

悲しみのプロセスの第一段階ではショックが緩衝材として働き、死別によって生じた喪失感のために心がぼろぼろになるのをある程度防いでくれました。第二段階に入ると、この緩衝材が取り除かれ、裸で厳寒の屋外に放り出されたような気持ちになります。

■喪失の認識期の特徴

◆別離からくる不安を感じる

◆心の葛藤がおこる

◆死の事実を忘れる

◆ストレスが長引く

■喪失を認識し始めると大きな不安が襲ってくる

愛する者との絆が永遠に失われたときの苦しみは、手足を失ったときの痛みによく似ています。精神的な意味ではまさに自分の一部を失ったのですから。愛する者への思いは私たちの心の奥底にまでしっかりと根を下ろしています。多くの場合、このような相手との間には深い心理レベルで相互依存関係が確立しています。そのつながりが断ち切られると、血のしたたる傷口が痛々しくさらけ出されます。

この章のはじめで述べたように、この「喪失の認識期」の特徴は精神・感情面での大きな混乱です。頭がおかしくなるのではないかと自分で恐ろしくなることもあります。

愛する者を失ったことで、私たちの世界はまったく安全な場所ではなくなってしまいました。「こうすればきっとこうなる」と期待していたこと、あてにしていたこと、そういったことのすべてが奪われてしまったのです。残された私たちは親に捨てられた子供のようにとても傷つきやすく、恐怖に震えています。

別離から来る不安は危機感を生み、私たちは混乱した世界をコントロールする力を少しでも取り戻そうともがきます。この不安はまた、すぐに代わりを見つければ悲しみが癒されるのではないかという期待を私たちに持たせます。でも、「悲しみを癒す作業」をきちんとやり終えないかぎり、代わりが見つかってもそれは一時的な慰めにしかなりません。

ウォレン・ブラウンは結婚生活四十五年目を迎えていました。妻はよき伴侶であると同時によき理解者でもありました。二人とも画家で、結婚してからずっと一緒に絵を教えていました。ウォレンは二人の結婚生活について次のように話してくれました。「私たちの結婚生活は、仕事に出かけた夫が帰ってきて夕食をとりテレビを見るだけというのとは違っていました。私たちはいつも一緒で、二人の間の距離がとても近い結婚生活を送っていました。」

妻の六十三歳の誕生日、夫はいつものように特別の日に贈る赤いバラを取りに花屋に出かけました。家を留守にしたのはほんの三十分たらずでしたが、そのあいだに妻が自宅のプールで溺れてしまったのです。帰宅した夫はプールに浮かんでいる妻の遺体を発見しました。必死で息を吹き返させようとしましたが、水に沈んでいた時間が長すぎたため手遅れでした。妻はプールサイドで足を滑らせ、頭を打って意識を失ったままプールに落ちたのです。

ウォレンにとってそれからの数日はまるで悪夢のようでした。彼には何が起こったのか十分に理解できませんでした。葬儀が終わってしばらくすると隣人や友人たちはウォレンを夕食に誘い、さらに時間がたつとパーティにも誘いました。数週間後のパーティの席でウォレンは一人の女性と出会い、心引かれるようになりました。その女性はウォレンの気持ちをよくわかってくれ、亡き妻の溺死事故について彼が話すのをだまって聞いてくれました。二人はデートをするようになりましたが、その頃のウォレンは彼女について話すとき、迷わず「身代わり」という言葉を使っていました。ウォレンはその女性が多くの点で妻に似ていると感じていました。彼は大急ぎで妻の身代わりをさがし、別離の苦しみを避けようとしていたのです。

新しい女性によって慰めが与えられるようになっても、ウォレンは妻の持ち物を片づけることができませんでした。そんなことをしたら妻と完全に別れることになると思っていたのです。洗面所の棚には妻の化粧品が並び、服も身の回りのものも妻が置いた場所にそのままにしてありました。新しい自分の人生を踏み出すためには妻の死を受け止める必要があったのですが、ウォレンは妻がまだ生きているかのようにふるまい続けました。急いで身代わりを見つけようとしたのも、自分の人生は何も変わっていないのだという「ふり」をし続けるためだったのです。

残念ながらこのようなやり方はうまくいきません。別の人と絆を確立するためには、「別離の不安」が完全に解消されていなければなりません。愛する者を失った苦しみを経験したあと、この「取り残されることの恐れ」を解決しないままでは、いつまでもどっちつかずの宙吊りの状態でいるしかありません。その状態では、喪失を乗り越えて成長することも自分自身を信頼し愛することもできず、その結果ほかの人を愛することもできないままになってしまうのです。

その翌年、ウォレンは少しずつ体調を崩していきました。女友達との関係もだんだん疎遠になり、結局二年後に心臓発作で亡くなりました。ウォレンはあせって無理をしすぎたのです。悲しみを癒す作業を回避するためにウォレンは自分でも思いもよらないほど多量のエネルギーを消耗し、最後には燃え尽きてしまったのです。

■生活をシンプルにして心の葛藤を少なくする

喪失の多くは心の葛藤をもたらし、それらは私たちに最も解決能力が不足しているこの時期に嵐のように襲ってきます。

タンパ・スタディに参加してくれた人の中で夫を亡くしたというケースでは、一人で住むのは恐いけれど、ほかの人と一緒に住むのにも抵抗があると訴える人がたくさんいました。五十八歳で夫を亡くしたバーバラは二人の子供とその家族を呼び寄せ一緒に住むことにしました。一人で住むのが恐かったのです。でも、二つの家族がバーバラの小さな家に引っ越してくると、新たに同居人となった八人がもたらす騒音と狭苦しさでバーバラはノイローゼ気味になってしまいました。でもそのときにはすでに、彼女はどうやってみんなに出ていってくれと言ったらよいかわからなくなっていました。それどころか、自分がそれをほんとうに望んでいるかどうかもわからない状態になっていたのです。

もう一人の未亡人はタンパにはあまり友人がいないので、遠くの友人を訪ねて旅行をしたいと思っていました。でも、三匹の犬と二匹のネコ、それにカナリアの世話をしなければならず、家からあまり遠くへは出かけられませんでした。その結果、訪ねてくる人もめったにない孤独な毎日を送ることになりました。家から出ずに新しい友人を作ることなどできるわけがないとわかってはいたのですが、夫を亡くしたばかりなのにそのうえ大事なペットまで手放すなどということは耐えられなかったのです。

死別の悲しみの時期に生まれるこのような心の葛藤はとくにつらいものです。なぜならそういった葛藤を解決することが、またなにか別のものを失うことを意味する場合がよくあるからです。すでに耐えきれないほどの苦しみを背負っているのに、これ以上の苦しみなど受け入れられるはずがありません。

私からの忠告は「生活をできる限りシンプルにしておく」ということです。それでも葛藤にであうかもしれません。そのときは、しばらく解決をおあずけにするか、あるいは反対にその場でさっさと解決してしまうよう努力することです。いずれにしても、中途半端な態度でずるずると問題を引きずらないようにすることが大切です。

■無意識に行動してから故人の死に気づくこともある

タンパに住んでいた頃、ある土曜の朝手紙を開けてみるといくつかうれしい知らせがありました。私は母に伝えようとすぐに電話のところへ飛んで行きました。受話器に手をかけたとき、鋭く胸を刺す悲しみと失望とともに、母が亡くなったことに気づきました。母が亡くなってからまだ一か月とたっていませんでした。私はそこに立ち尽くしたまま気のすむまで泣き続けました。

人の死を感情のレベルで受け止めるには時間がかかります。たとえば、夫を亡くした妻は、テーブルに夫のための食器を並べてから夫がもういないことに気づきます。息子を亡くした父親は新しい野球用品はないかと思ってスポーツ店に入りかけ、もうそれを使って野球をする息子のいないことを思い出します。妻を亡くした夫は美しい日没を見たことを思い出し、その様子を話そうとして、話を聞いてくれる妻がもはやそこにいないことに気づきます。

年を取ってから妻を亡くしたブラック氏は、かつて妻が手入れをしていた庭を以前と同じようにきれいにしておくように心掛けていると私に話してくれました。いまでも思いがけなくきれいな花のつぼみを見つけると、胸躍らせて妻を呼ぶことがあるそうです。それからもう妻がいないことに気づくのです。期待に胸を躍らせては失望し、満たされない思いにいらだちを感じるたびに、あらためて死を認識させられ、別離という厳しい現実が新たな痛みを持って私たちを襲います。でも、それと同時に、私たちは少しずつ現実を受け入れていくようになるのです。

■感情を表に出してストレスをためない

深い悲しみがひじょうに多くの精神的エネルギーを消費することは確かです。エネルギーが消耗されると、そのこと自体がストレスとなって私たちをさらに衰弱させます。ただ毎日を生きるだけでも私たちは体力を使い果たし、病気にかかりやすい状態になっています。長期的なストレスが免疫機能を低下させ、感染症の罹患率を高めるという事実も証明されています。また、衰弱のために事故に遭う確率が大きくなるということもあります。

エネルギーの消耗という点で一番問題となるのは身体的なストレスではありません。私たちのエネルギーを最も消耗させるのは、この段階で起こる感情の激しい変化です。はらわたのちぎれるような悲しみの発作にいつ襲われるか私たちにはわかりません。実際のところ、なんであれ引き金となり得るのです……愛する者と自分の二人にとって特別な意味を持つ歌を耳にしたとき、思いがけないところから愛する者の写真や持ち物が出てきたとき……。

泣いたり、怒ったり、罪の意識を感じたり、フラストレーションを感じたりすると多くのエネルギーが消費されます。それでも、感情の爆発を抑えるよりはましです。感情を外に出さないようにする方が、それを表に出した場合より多くのエネルギーを必要とします。感情は鬱積させるより外に出した方が何倍も健康的です。長い目で見れば、感情に身を任せ嵐に吹かれるままにこのつらい時期を乗り切った方がよい結果を生みます。

■喪失の認識期の症状

◆戻ってきてほしいと心から願う
◆思い通りにならないことにいらだちを感じる
◆泣いてばかりいる
◆怒りを感じる
◆罪の意識を感じる
◆みじめな気持ちになる
◆十分な睡眠がとれない
◆死に対する恐怖を感じる

■故人の持ち物が慰めになることもある

愛する者に戻ってきてほしい、自分のそばにいてほしいという願いは、彼らがもうそこにいないと認識し始めるこの時期にいっそう強まります。

夫を亡くしたある中年女性は次のように話してくれました。「とくに強くさびしさを感じるとき、なぜ本当に胸が痛くなるのか私にはわかりません。たとえば、あの人にそばにいて私を抱き締め、話しかけてほしいと強く思うときなどです。あまりにつらくて、叫んだり何かをこぶしで叩きたいと思うくらいです。そんなときは、どんなことをしても気持ちを抑えることができません。」

戻ってきてほしいと切望することは愛する者を取り戻そうとする試みのひとつです。私たちの中の子供の部分が、捨てられたことに抵抗し安心できる状態を取り戻そうとしているのです。

ライナー夫人は結婚以来ずっと夫と共に農場で暮らしていました。夫が亡くなったあと、夫人は夫の古い格子縞のシャツを着ると気持ちが楽になるのに気がつきました。「まるで夫の腕の中にいるように感じるのです」と夫人は語っています。ほかにも、故人が気に入っていた服を一枚、箱や引き出しにしまっておいてときどき取り出して胸に抱き締めていたと話してくれた人もいます。

服などの個人的な持ち物は、どんな形でもよいから故人と接触を持つ必要にせまられたとき、私たちを慰めてくれます。この「接触したい」という気持ちは、私たちがまだ故人を求めていることの表れです。故人の持ち物を手にすることで私たちが慰めを感じるのは、それが愛する者を取り戻し、ふたたび身近に感じることに等しいからです。

■フラストレーションからいらだちを感じるのは正常なこと

この時期、相手を必死で求めているのに見つけられないことからフラストレーションが生まれます。死が人生でかけがえのない愛する者を私たちから永遠に奪い去ったとき、私たちは大きなフラストレーションを感じます。私たちは彼らを取り戻したいと必死に願います。その切なる願いは叶えられることのないまま長く続き、私たちは永遠に解消されることのないフラストレーションの罠に落ち込むのです。夫を亡くしたある女性は次のように語っています。

朝会社に出かけ、昼のうちは結構忙しくしていて彼がいなくなったことを忘れています。夜になって家に戻ると、ジョンが中で待っている……と思って家に駆け込みます。そして、玄関ホールの電灯をつけてからジョンがもういないことを思い出すのです。それから、ジョンの死を知ったときと同じ苦しみを最初から味わいます。彼がいなくなってしまったことに、いったいいつになったら慣れるのでしょう?

こういったフラストレーションは、「見捨てられる恐怖」に関して私たちがまだ精神的に子供と変わらない状態にあることを教えてくれます。私たちが感じている苦しみは、両親においていかれたときの悲しみの名残です。子供の頃はひとりぼっちになるとさびしく、こわくてたまらなかったものです。

私たちが経験するフラストレーションは多くの場合「いらだち」という形をとります。そのいらだちは死別の悲しみのプロセスの正常な部分であることを心にとめておきましょう。

■涙は鬱積した感情を発散させてくれる

涙は何度も打ち寄せる波のように襲ってきます。でも、どんなことが引き金となって涙が出てくるか、それをあらかじめ知るのは不可能です。夫を亡くしたある夫人は自分の気持ちを次のように語っています。

あの一年、私に何が起こっていたのかいまでもわかりません。教会に行って少女の横に座ったとします。少女が「こんにちは、ごきげんいかがですか」と話しかけてきます。かけてくる言葉は何でもいいんです……それを聞いただけで涙が突然あふれて来ます。そして、それを止めることができないんです……一年というものずっとこんな調子でした。

愛する人を失ったあとでも人前で泣くことができないという人もいます。泣くことは弱さの表れだと感じているために、恥ずかしい気がするのです。だから、一人きりになるまで涙をこらえます。タンパ・スタディに参加していた女性の一人は、夫が亡くなったあと自分の子供にすら泣き顔を見せませんでした。だれの前だろうがしっかりしていなければと思っていたのです。でも、そんな彼女もこう打ち明けてくれました――「一人きりで一晩中泣き明かすことがありました」と。

とりとめもなく涙が出るとき、泣くことが愛する者の死に自分を適応させるのに役立つということを頭の片隅にとめておくのは大切なことです。涙は鬱積された感情を健康的に発散させてくれます。この発散こそ何よりもいまのあなたに必要なことなのです。涙は心の中で沸騰を続けるやかんの蒸気を吹き出させてくれます。それによって、私たちが内側で、あるいは外側に向かって爆発するのを防いでくれるのです。

泣くことはまた、私たちが手助けや支えを必要としていることをほかの人に伝える役目も果たしてくれます。死別の悲しみについて私が話を聞いた人のほとんど全員が、人から心の支えを得られたことがひじょうに助けとなったと語っています。友人に電話をかけ、必要となれば助けが得られると確かめられるだけでもいいのです。友人たちがいなかったら死別の悲しみを乗り越えることはできなかっただろうと言う人はたくさんいます。

■怒りを適切な形で発散させる

悲しみのプロセスの一部として怒りは自然な感情で、フラストレーションや無力感、絶望などに必ずついてまわります。程度の差、自分で意識しているかいないかといった差はありますが、ほとんどの場合私たちは心の中で「怒り」を感じます。

愛する者を失い悲しみにくれているとき、絶望と不安の大きな原因となる怒りは六つの源を持っています。つまり、敵対心をともなう怒り、八つ当たり的な怒り、罪悪感をともなう怒り、内部に閉じこめられた怒り、無力感から生まれる怒り、適切な怒りの六つです。

◆敵対心をともなう怒り

必要な助けや励ましを家族や友人から得られないと、私たちは仲間外れにされたように感じたり、裏切られた、あるいは見捨てられたと感じます。そうなったときには、「もっと助けてくれ」とまわりの人に訴えさえすればいいのですが、そうはせずに、いらだちや敵意の気持ちを持って家族や友人に接するようになる場合があります。

◆八つ当たり的な怒り

愛する者の死に何の責任もないのに、ただ身近にいるからというだけの理由でその人に怒りをぶつけて八つ当たりすることがあります。相手は医者や看護師だったり、葬儀社の責任者だったり、牧師だったり、神だったりさまざまです。

私たちには、自分をこれほどまでに傷つけたこの恐ろしい悲劇に関してだれかを責める「必要」があります。ときには、健康に注意しなかったから、危険を甘く見たから、あるいは私たちを見捨てていったから、私たちにこんな苦労をさせたからといった理由で亡くなった本人に腹を立てることもあります。こういった思いはごく自然なことですし、当然とも言えます。ほかにだれも責める相手がいない状況の中で、私たちには怒りをぶつける八つ当たりの対象が必要だとも言えるのです。死をもう少ししっかりと受け止めることができるようになれば、このようないわれのない怒りはおさまっていきます。

◆罪悪感をともなう怒り

どんな人間関係でもよいことだけということはありえません。だれだって妻や夫、子供、親、友人などに腹を立てたことが何度かあるはずです。人間関係に山や谷があることはごく正常で自然なことですが、愛する者を失ったあとの悲しみの時期にはこういったいやな思い出が私たちを苦しめることがよくあります。

家族を失ったあと私はいつも、怒りにまかせて相手に浴びせた言葉を思い出し罪の意識を感じました。そんな言葉はもうずっと前に忘れていたはずなのに、どこからかぽろりとこぼれ出てくるのです。愛する者を失ったあとの悲しみの時期に、「人間関係はごくうまくいっていた」「よい思い出ばかりだ」と自分に思い込ませようとするとかえって大きなストレスとなりますし、感情の健康的な発散を妨げることにもなります。

◆内に閉じこめられた怒り

現代社会において怒りは反社会的だと見なされています（とくに女性の怒りに対してそういった見方が強いようです）。そのため私たちは怒りを表面に出さずに、内側に向けることがあります。内側に向けられた怒りは喘息、関節炎、潰瘍、高血圧などの身体的症状を引き起こすことがあります。また、悪夢や絶望感、ふさぎ込みの原因ともなると言われています。ここでいちばん注意しなければいけないのは、内側に向けられた怒りは私たちが悲しみを乗り越える邪魔をし、新しい人生を歩き始めた私たちにブレーキをかけるということです。怒りは内側に向けるよりも外側に向けた方がずっとよいのだということを心に留めておきましょう。

◆無力感から生じる怒り

愛する人の死を受け入れなければならなくなったときに感じるフラストレーションと喪失感にともなう無力感は大きく、私たちは「自分には何もできない、何の力もない」という感じを強く持ちます。こんなとき私たちはその無力感に対する怒りを外に向けて直接的に表現する代わりに、泣いたり異常に興奮したりすることで間接的に吐き出そうとします。これは怒りを内側に閉じ込めるのと同じことです。このような怒りに対するよい対処法は、カウンセラーや信頼のできる友人と話をして怒りの感情を外に出し、発散させることです。そうすれば、多少とも自分自身のコントロール能力を取り戻す手助けになります。

◆適切な怒り

ひどい状況にあるときは、怒りを表に出すことが最も適切な対処法です。泣き叫んだり、ベッドの上で枕を叩いたりするのもいいでしょう。耐えきれない喪失感や無力感を外に吐き出すための場所、たとえば特定の部屋や屋外の一定の場所、そしてそのための時間、そのための何らかの方法を見つける努力をしましょう。怒りを外に発散させるこの作業は一人でやってもよいのですが、信頼のおける友人といっしょにするのも効果的です。私の場合、枕をずいぶん叩いたものです。枕はぼろぼろになりましたが効き目はありました。

このようにして怒りを発散させても、もちろんしばらくするとまた「治療」が必要となります。でも、少なくともそれまでしばらくのあいだは驚くほど楽な気持ちでいられます。

不注意や積極的な暴力といった形で愛する者の死に直接的に関与した人間がいるときは、その人に怒りを向けることが適切だという場合もあります。殺人や飲酒運転による事故の犠牲者となった場合などがそれにあたります。「飲酒運転撲滅のための母の会（Mothers Against Drunk Drivers）」といった組織でボランティアとして働くなど、目的意識をもって怒りを発散させる方法は自分の心の回復にも役立ち、それと同時に社会の役にも立ちます。

死別の悲しみの時期に怒りを適切な形で表現し、うまく処理するのはむずかしいことです。なぜなら、私たちは他人から一挙手一投足をじっと観察されているように感じているからです。すべてをきちんとやり、よい手本とならなくては……と思ってしまうのです。しかし、この時期にいちばん大切なのは私たち自身です。こういったときこそ、私たちは他人の思惑など気にせず自分で自分の面倒をしっかりみる必要があります。他人ではなく私たち自身の必要こそが最優先されるべきなのです。自分の面倒をしっかりみてこそ、他人の手本となることができるのではないでしょうか。

■罪悪感は日の光をあてて消滅させる

残念ながら、罪の意識は悲しみのプロセスにはつきもののようです。たとえ私たちが親、子供、伴侶として模範的な人間で、可能な限りの世話をしていたとしても、愛する者を失ったあとには、「ああしたのがいけなかったのでは……」「ああしてあげればよかった……」といった思いが次々と頭に浮かびます。罪の意識にはいろいろな種類がありますが、そのうち最も打撃が大きい、つまり最も私たちを消耗させると思われるのは次の二つです。

◆すべてに対する罪悪感

息子が事故で亡くなったとき、私はすべてのことに罪悪感を感じたのを覚えています。なぜもっと早く帰宅するように言わなかったのか？　あの前の週、あの子が私を怒らせるようなことをしたとき、なぜもっとやさしくしてあげなかったのか？　なぜあの子にコンタクトレンズを作ってやらなかったのか？　そうすればもっとよく見えたはずなのに（水上スキーをするときにはどうせコンタクトレンズをはずすことになったでしょうが、そんなことは私にはどうでもよかったのです）……私は際限なく思い起こし、疲れ果てるまで自分を責めました。

タンパ・スタディに参加したある女性は、病気の症状はまったく外に現れていなかったにしても、夫が病気にかかっているのに自分が気がつかなかったこと、もっと早く何か変だと気づくことができなかったことで苦しみ続けました。

何も言ってくれなかったのですから私にはわかりようがありません。もっと注意して夫のことを見ていれば疲れている様子に気づいていたかもしれない……そう思ってよく罪悪感を覚えます。でも、あの人は前から「疲れた」と言うのが口癖だったのです。駅で働いていたのですから疲れて当然です。でもそれでも思うんです。もっと気をつけていればわかったのではないかと……。でも、実際、夫の身体の状態についてゆっくりと考えてみたことなど一度もありませんでした。考えたところで私にわかるはずはなかったのです。あの人は私に気分が悪いと訴えたことは一度もなかったのですから。だから、私には責められる理由は本当はないのだと思います……。

罪の意識はいろいろなことから生じます。長いあいだ罪の意識を抱えていると、そのために悲しみのプロセスの進行が抑えられ、この「喪失の認識期」にいつまでも足止めさせられることになります。そうなると、回復のためにエネルギーを使うどころか、罪の意識にもてあそばれるばかりで貴重なエネルギーを何の役にも立たないことに費やしてしまうことになります。

◆生き残った者の罪の意識

現代の西洋文化では死が人生で最悪のことと考えられています。愛する人が亡くなったとき、私たちは自分がまだ生きているということだけで罪の意識を感じます。いまでも覚えていますが、ジムが亡くなったあと、「あの子はもう二度と食べることはできないのだから」と思うと何も食べる気が起きませんでした。美しい夕日を見ることも自分勝手に思えました。あの子は二度と見ることはないというのになぜ私が……。

「生き残った者が感じる罪の意識」は子供を失った親の場合にとくに強く見られます。子供の方が先に逝くということがどうしても理解できないからです。老いた者から死んでいくという自然界の秩序が逆転してよいわけがありません。子供を身ごもった瞬間から、両親の多くは子供の安全、育児、養育に責任を感じます。子供を失うことは個人としての「失敗」であり、簡単には受け入れることができません。与えられた仕事を怠ったように感じるのです。

罪の意識によって私たちは自分を価値のない人間だと感じたり、恥ずかしいと思ったり、自責の念に駆られたりします。これらの感情は長く続き、その結果、一生がだいなしになることもあります。罪の意識の解消法としていちばんよいのは、信頼できる友人やカウンセラーと気持ちを分かち合うことです。いまの状態から抜け出したいと思っているなら、自分の気持ちを外に出し、光をあててじっくりながめてみることが大切です。たいていの場合、自分の気持ちを否定せずに受け入れていれば、そのうちにだんだん薄れていきます。

罪の意識はナメクジみたいなものだと思います。暗くてじめじめしたところでしか生きられないのです。つまみ上げて、日の光がふりそそぐ道ばたにおいてやればやがてひからびて死んでしまうでしょう。

■恥の意識は悲しみを乗り越えたときに消える

恥と罪の意識は違います。罪の意識は「おまえは何か間違ったことをした」あるいは「やるべきことをやらなかった」とあなたを責めます。一方、恥の意識は「おまえこそが間違いそのものだ」と責めるのです。

死別の悲しみによって私たちは疎外感や被害者意識を持ち、ほかの人とは違っているように感じます。人間を超えた何らかの裁きの力によって自分たちが選び出され、何のいわれもなく罰を受けさせられているように感じ、そのことを恥だと感じるのです。

私たちのものの考え方の基本理念や理想は、育った家庭や社会で教えられたこと、そこで目にするさまざまな「例」をもとに組み立てられています。この基本理念にしたがって行動していると私たちは心地よく感じます。それは「自分は何かに所属している」「自分は自分を超えた何か大きなシステムの一部なのだ」という安心感が持てるからです。だれだって一人ぼっちの心細さを味わいたいなどとは思いません。

愛する者を失ったことで私たちは孤独感や、自分は他人とは違うのだという感じ、あるいはもう自分の人生を思う通りに動かせないのだという感じを持ちます。そして、愛する者を失ったことを自分に与えられた罰のように受け止め、社会が自分を見る目を恐れるようになるのです。

子供を亡くしたある母親は次のように私に話してくれました。「まるで山の頂上に立ち、風にゆらゆら揺られているような気持ちでした。これ以上高いところでは植物は生息できないという境界線を越えて、一本だけ立つふしくれだった古木のように吹きさらしで、いまにも倒れそうな感じでした。」この母親はまた、社会に対して犯した罪、それもいわれのない罪のために何か大きな力によって罰せられているように感じたとも語っています。

愛する者に先立たれた人間に共通して背負わされる重荷があります。それは「死」の烙印です。その烙印のために私たちは孤立させられ、身を守るものをすべてはぎとられたように感じます

罪の意識は人に話すことによって和らげることができます。恥の意識に対処する方法はただ一つ、深い悲しみを最終的に乗り切ることだけです。つまり自分の人生に対するコントロールを取り戻し、自意識や目的意識を強く持つようになり、死を罰とみなすマイナスの思考を反転させてはじめて恥の意識から解放されます。

■必要な睡眠をとるためには医師の助けも必要

喪失の認識期に入ってもまだ十分な睡眠をとることができないことがよくあります。この時期の睡眠は断続的で不規則なのがふつうです。私たちはまだ、頭の中をなんとか整理し、起こった出来事を理解しようともがいている状態にあります。突然の自動車事故で夫を亡くした若い未亡

人は次のように語っています。

　夜中に二度も三度も目が覚め、三十分から二時間ほどそのまま起きています。とくに何かが心配だからというわけではありません。ただ眠れなくて目が覚めるのです。で、当然のことですが目が覚めればいろいろ考えてしまいます……眠らなくてはいけないと自分に言い聞かせ、眠りにつくまで……それからまた同じことを繰り返します……眠っては目を覚まし、また眠っては目を覚ますのです。

　この時期は、睡眠を最も必要としているのにそうすることが最もむずかしいという矛盾した時期です。誰もが「よく身体を休めて睡眠をとりなさい」と忠告してくれます。でも、私たちは依然として多量のエネルギーを消費し体内にはアドレナリンが過剰に分泌されているので、つねに緊張状態にあってリラックスするのがむずかしく、十分な休息や睡眠をとることは不可能な状態にあります。

　薬の助けを借りることに抵抗のある人もいるかもしれませんが、私個人の考えでは肉体的な限界ぎりぎりまで自分を追いつめ完全に消耗しきってしまうよりは、軽い鎮静剤や催眠剤をのんで休みをとるようにしたほうがいいと思います。医師に処方された薬を多少服用しても、そのために悲しみのプロセスの進行が遅れたり心や体に害があるといったおそれはまずありません。

■死別の体験は死への恐怖を生む

愛する人を亡くしたあとの悲しみの時期には、ふだんよりも恐怖心が強くなります。この恐怖は実に奇妙な側面をもっています。つまり、私たちはこの時期、「自分に何が起ころうとかまわない」という気持ちになっているのに、その一方で「何かが起こってひどい目にあうのでは……」と恐れるのです。このような恐怖の一因は、愛する人を失ったために以前よりも死を身近に感じるようになったところにあると思われます。

私たちは愛する人とともに自分の一部も死んでしまったように感じます。今でも覚えていますが、ジムが亡くなったあと私は毎日車でタンパ・ベイ・ブリッジを渡りながら次のように思いました。「このまま車が橋の欄干を越えていってしまえばいいのに。そうすれば少なくともこの苦しみからは逃れられるのだから」と。それなのに、ほかに何かするときはとくに安全に気をつけるようにしていたのです。自分のこのような反応にどんな意味があるのか、当時の私にはまったくわかりませんでした。でも、その後、私は次のように考えるようになりました――愛する人を失ったことで私たちはおそらく生まれてはじめて、自分たちが死に対して無力であることを認識させられるのだと。つまり、私たちは愛する者の死によって、死がほかの人だけでなく自分たちにも起こり得るし、いつか必ず起こるものなのだということを知るのです。

■喪失の認識期の持つ心理的側面

◆神経が過敏になる

◆現実を信じようとしなかったり、否認しようとする

◆故人の存在を感じる
◆幻覚のような夢を見る

■過敏な反応をする自分を受け入れる

悲しみのプロセスの初期にはひじょうに神経が過敏になり、他人が言ったことに対してふだんよりも性急に、否定的な反応をとることがよくあります。このような自分の反応を私たちはなかなか受け入れることができません。なぜなら、ふつう人間は自分が「いい人」――偏見のない判断力を持ち、忍耐力があり、愛すべき存在――であると思いたがるからです。家族や親しい友人に対してあまりよい反応をしないと、自分自身がいやになります。

長く苦しい闘病生活ののちに夫を肺癌でなくしたアルマは、看病のために疲れ切っていました。その時期、彼女はほとんど見境なくだれにでも、とくに近所の人に食ってかかっていたそうです。

隣の人がお悔やみを言いに来てくれたとき、なんであんなにぶしつけな態度をとったのか自分でもわかりません。彼女は「お気の毒でしたね」と言っただけだったのに、その言葉が私をひどくいらだたせたのです。まず、彼女が一週間ものあいだ顔を見せなかったことに腹が立っていました。次に、「気の毒に」なんて思われたくないと思いました。ふだんの私はもっと穏やかですし、そんなことではイライラしたりしないはずでした。

悲しみのこの時期には自分自身にきびしくすべきではありません。私たちはなんとかこの悲劇的な現実を受け入れようと、無意識のレベルで大きなエネルギーを使っています。この時期にはふだんよりずっと傷つきやすくなっています。愛する人を失ったことで受けた傷はまだなまなましく、むき出しのままです。悲しみのプロセスを少しずつ先に進んでいけば、いつかはきっと、もっと身体の力を抜いて自分自身の人生に対するコントロール能力を取り戻すことができます。

■ときには現実を否認することも必要

死のように決してもとに戻すことのできない出来事が現実に起きたとき、それを信じるのはむずかしいことです。「何とかすれば愛する者を取り戻すことができるはずだ」という考えが頭から離れません。私たちは頭では生や死を理解しています。でも、実際に愛する者が失われると、その人を取り戻すためにありとあらゆる方法を考え出します。心臓疾患で突然に夫を亡くした年輩の女性は、この「現実の否認」の状態について次のように語っています。

ときどきひどい気分になるんです。もう二度と夫には会えないのだという現実が襲ってきて……はじめは霧の中を歩いているような感じがします。それから、これは本当に起こっていることではないのだ……という感じがして何が何だかよくわからなくなります。でも、結局は、もうこの状態を変えることは決してできないのだということがわかってきます……それがわかったところで、事態は少しもよくなるわけではありません。

ときとして現実を否認することがあっても、それはまったく正常です。つねに悲しみと対峙していることなどだれにもできません。それはあまりにつらすぎます。一歩後退して曖昧模糊とした「不信」の状態に立ち戻ることによって、一時的な休息が与えられます。こうして少しのあいだ重荷を降ろし、それからまた悲しみを乗り切るためのつらい作業に戻っていけばよいのです。

■故人の存在を感じることは慰めとなる

喪失の認識期にはほかの時期よりも強く故人の存在を感じるようです。視野の外周にちらつくように故人の姿が見えるという現象を経験する人はたくさんいます（私はこれを「ちらつき現象」と呼んでいます）。ハッとしてその方向をまっすぐに見ると、そこには何もないのです。母が亡くなったあと、私はこのちらつき現象を何度も体験しました。そのたびに、私は母の存在をはっきりとそこに感じました。

故人が戸口に立っている姿や、好きだった椅子に座っている姿を実際に見たと話してくれた人もたくさんいます。妻を亡くしたブラウン氏はそんな体験を次のように語っています。

たとえば窓を洗っていると……いつも二人でやっていたんですよ……私がこっち側、妻が向こう側というふうにね……すると、窓の向こう側に妻の姿が見えるんです。あるいは、こんなふうに座っていてふと顔を上げると目の前に座っていたりするんです。

このような体験が恐怖をもたらすことは決してありません。それどころか、ある種の慰めをもたらすことが多いようです。

■夢や幻覚も慰めとなる

悲しみのプロセスにおいて、幻覚のような夢を見るという体験はめずらしいことではありません。そのような夢はたいてい、千々に乱れた私たちの心に静けさをもたらしてくれます。妻を亡くしてタンパ・スタディに参加した男性は、家庭内のごく日常的な状況の中にいる妻の夢を何度か見たと話してくれました。そんな夢を見たあとは気持ちが楽になったそうです。妻のいないことはわかっていても、少し安心した気持ちになれたのです。「それはまるで妻がときどき私を訪ねてきてくれるような感じだった」とこの男性は語っています。また夫を亡くしたある女性は夢を見たときの感じを次のように話してくれました。

ジョージが亡くなってからまだ一か月とたっていませんでした。夢の中のあの人は大好きだった茶色の革の上着を着ていました。いまでもはっきり覚えていますが、あの人は大きな笑みを浮かべながら正面玄関から入ってきて、「ずっといやでたまらなかった仕事をやめてきたよ」と私に言ったんです。本当にうれしそうでした。そのあと目が覚めましたが、あの人が現実にはそこにいないことを実感するまでにしばらく時間がかかりました。涙がとまりませんでした……あの人がやっとしあわせになれたのだと思ってうれしかったのです。でも、涙がとまらなかったいちばんの理由は、あの人がいないことが本当にさびしかったからです。

結婚して五十二年目、ジョナス氏は肺炎で倒れました。肺気腫を患っていたため特別の注意が必要とされ、二十四時間態勢の看護が施されました。それでも容態は悪くなるばかりでとうとう亡くなりました。その後夫人は家の中で実際に夫の姿を見るという体験を何度かしました。夫の幻覚が口をきいたこともありましたが、夫人にはそのとき夫がだれに向かって話をしているのかわかりませんでした。夫人は自分の体験について次のように語っています。

ある朝、私が目を覚ますとあの人がはっきり見えたのです。本当にはっきりと。で、私は思いました。たぶん、あの人の夢を見ていて、夢を見ていることを忘れているのだわって……だって、あの人の姿は本当にはっきりしていて、まるで私のすぐそばにいるようだったのですから。そう、あの人は私の心の中ではっきりと見えました……まぼろしなんかではありません……私は声に出して言いました。「何てことなの、あの人は逝ってしまったのよ」と……あの人が逝ってしまったことはよくわかっていました……でもあのときのあの人は本当にはっきりしていて、まるで現実そのものでした。あの人は何かを言っているようでした。いったいあれは何だったのでしょう……そう、何というか……私はどこかに行きたいのだけれど、一人では行きたくない……といった感じでした。で、彼がこう言うのです……おまえ一人で行く必要はないよ……私がいっしょに行ってあげるからと。そんな感じでした。

タンパ・スタディに参加した人の中には予知的な夢を見たと話してくれた人が何人もいます。この種の夢をこれまでに何度も見ているという人もいます。夫を亡くしたある女性は次のような話をしてくれました。

私は自分でも恐ろしくなるような夢を何度も見ています。何かについて夢を見て、それが「変だな」と思うと夫や子供に話します。すると、それが現実に起こるのです。たとえば、ある夢の話ですが……私の夫は前に結婚していました。離婚してから九年後に彼は私と知り合ったのです。前の奥さんはそのときまだ生きていました。結婚したとき私たちにはそれぞれ二人の子供がいました。ある朝、目が覚めてから私は夫にこう言ったのです。「たぶん、こういうことは言わない方がいいのだろうけれど、昨日の夜ジェーンの夢を見たわ」と。ジェーンというのは前の奥さんです。それから、私はジェーンが夢の中でどんなふうにして亡くなったかを彼に話しました。それから二日後、私が彼の娘と電話で話しているとき娘に緊急の電話が入ったので私は電話を切りました。そのあと娘がまた電話をしてきて、お母さんが亡くなったと教えてくれたのです。

この女性は夫が亡くなる前にも夢を見ています。

私は娘にこう言いました。「こんなこと、本当は言うべきではないんでしょうけれど、昨日の夜あなたのお父さんの夢を見たわ。私たちは並んでじっと立っていたのだけれど、二人とも裸だったの」それから二日後に彼は亡くなりました。誰かの夢を見るたびに同じことが起こるんです。そのたびに全部書き留めておけばよかったと思います。

悲しみのプロセスのうち、喪失の認識期に最もよく夢を見るようです。よく「訪れ」と呼ばれることの種の夢は、別れを告げるチャンスを故人に与えているように思えてなりません。

■喪失の認識期を乗り切るために

さまざまな感情が次から次へとわきあがるとき、私たちが耐えきれる量には限度があります。最後には私たちは疲労困憊し、感情の勢いはおのずと収まっていきます。この疲労困憊の状態が悲しみのプロセスの第三段階のはじまりです。第三段階は人々の前から身を引き、大切なエネルギーを蓄えるための時期です。第二段階から第三段階への変化は一夜にして起こるものではありません。感情の勢いがゆっくりと弱まっていくのを感じる一方で、ときに激しい感情の爆発があったり、感情に押し流された行動をとるという状態がしばらく続きます。そして、そのうち疲労に耐えきれなくなった私たちは鎮静状態に入り、そこから次の段階へと移行していきます。

喪失の認識期における最も重要な仕事は苦しみを受け入れること、悲しみや怒り、罪の意識などの感情を抑え込まないようにすることです。喪失を認識することは痛みをともないます。その痛みは否認してしまった方が一見楽な気がします。でも、それにあえてふたをせずに喪失を認識することが大切なのです。

この段階を乗り越えるために次のようなことを心に留めておきましょう。

◆愛する者を失った痛みはしっかりと受け止めなければならないものなのだということを認識しましょう。この苦しみをのがれる方法はありません。

◆この時期になると人からの助けが次第に少なくなっていくことを覚悟しましょう。人はそれぞれの生活に戻り、リズムを取り戻していきます。彼らはあなたを忘れてしまったわけではありません。ただ、彼らの忙しい生活の中には、長く続く危機的状況にずっと付き合っていくだけの時間はないのです。

◆気持ちを隠そうと努めるのはやめましょう。自分から進んで人と悲しみを分かち合うようにすれば、きっと心の支えを得ることができます。

◆泣くことを自分自身に許しましょう。泣くことは鬱積した緊張を和らげる最良の方法です。涙が出てきたらいつでも泣いていいのです。突然やってくる嵐のような涙の発作はあなたを消耗させるでしょうが、長い目で見た場合きっと元気を取り戻すのに役立ちます。

◆怒りをぶちまけましょう。あなたには怒るだけの正当な理由があります。あなたは何もかも失い、孤独で、不満に思っていることがたくさんあります。悲しみのプロセスの中であなたが感じる怒りは正当かつ正常なものだということを知っておいてください。怒りを爆発させたっていいのです。ふつうならイライラしたりしないことに自分が腹を立てているのに気づいて驚くことがあるかもしれません。でも、自分にきびしくして感情を抑え込んではいけません。怒りも悲しみのプロセスの一部、つまり愛する人を失った喪失感、心の葛藤、混乱などが原因で引き起こされる感情の嵐の一部なのですから。

◆誰か信頼のおける人にあなたの気持ちを打ち明けましょう。もしかしたら、ほかの人もあなたと同じような罪の意識を感じているかもしれません。その気持ちを分かち合えば、このような気持ちでいるのは世界で自分一人だという思い込みに陥らないですみます。
◆自分を恥じる気持ち、みじめに思う気持ちを胸の中に納めておかずに外に出しましょう。罪の意識と同様、恥の意識も外に吐き出されると小さく縮んでしまいます。恥の意識は私たちの心の核により近いので罪の意識より話しにくいかもしれませんが、信頼できる友人にこういった感情を話すのを躊躇しないようにしましょう。
◆あなたが失った愛する人について話しましょう。同じことを何度繰り返し話してもいいのです。このような繰り返しが悲しみの時期にはとても大切なのですから。どちらにしてもほかのことは考えられないはずですから、何度も繰り返し話すことで自分の気持ちに忠実になれます。繰り返し頭に思い浮かぶことを口に出して言ってみることは、あなたにとってよいことです。故人について何度も繰り返し話すことは、愛する人を失ったことをあなたが受け入れていくための最も健康的な方法であり、喪失の認識の時期を短縮させることにつながります。
◆悲しみのプロセスにあるときはほかのどんなときより神経が敏感になっていることを心にとめておきましょう。他人のちょっとした一言や無神経な仕打ちのために傷つくことがあるかもしれませんが、そのためにひどく落ち込んだり、他人を遠ざけてしまったりしないようにしましょう。あなたはいま人の助けを一番必要としているのですから。
◆そばにいてくれる友人に感謝の気持ちを伝えましょう。彼らがそばにいてくれるのをあなたが喜んでいると知らせる必要があります。ちょっとしたことでいいのです。スミレの花を一輪、ワインを一瓶、詩集を一冊、カードを一枚送ってあげましょう。心の支えは一方通行では成立しません。他人を思いやる努力はあなたの気持ちを上向きにする助けにもなるでしょう。
◆身体を動かしましょう。いまあなたの身体は過剰なアドレナリンを分泌しているので、その発散場所が必要です。ただし、やりすぎないように気をつけましょう。身体を動かすことは鬱積された感情が発散できないときに内側にたまる緊張をほぐすのに役に立ちます。でも、いまは身体が弱っていて、ただ一日を生き延びるためだけで、あなたはエネルギーのほとんどを使い果たしていることを忘れないようにしましょう。あくまでも適度な運動を心がけてください。
◆バランスのとれた食事をするように努力しましょう。まったく空腹を感じないのにそんなことを言われても……と思われるかもしれませんが、いまあなたの身体は多量のエネルギーを消費しているため十分な栄養が必要です。ここは他人の助けを借りましょう。もし一人きりで食事するのがいやならば、そのことを人に言いましょう。めんどうでなければ家での軽い食事に友人を招くのもいいでしょう。総菜屋や出前を利用するのもひとつのアイディアです。食事に招くのは気が重いというときは、お茶やワインに友人を招くのもいいでしょう。そうすれば、お茶やワインのあとでちょっと何かいっしょに食べるということになるかもしれません。
◆同じ体験をした人が助け合う「自助グループ」をさがしましょう（ただし、グループで活動する気持ちの準備ができたならばの話です）。こういったグループのメンバーは励まし合ったり、適切な情報を分かち合ったり、悲しみを乗り越えるための実際的なアドバイスをしたりしてたがいに助け合います。一人ぼっちで他の人とは違うように感じているいま、こういった会のメンバーによる支えは何物にもかえがたい貴重なものとなるでしょう。教会などが主催する「学習会」

は、実体はこのような自助グループだという場合が多いようです。(グループに参加するのは好きではないという人もいると思います。この方法は自分には向いていないと思ったら無理にすることはありません。)

◆「この苦しい時期がいつまで続くのだろう……」などと先のことを考えるのはやめましょう。悲しみのプロセスの続く期間は人によっても状況によっても違います。永遠に続くものではないということだけを信じて乗り切りましょう。大切なものを失ったあと、世界は陰気で寒々しい場所に思えます。いまは愛する者が失われたことを認識する——完全に認識する——プロセスが苦しみを生んでいるのです。この苦しみを乗り切るための近道はありません。でも、この苦しみは永遠に続くものではありません。そのことを胸に、ゆっくりと前進し続けましょう。

◆自分は頭がおかしくなりかけているのだと思い込んではいけません。そんな風に思えるだけで、実際はそうではありません。いまのそんな気持ちはきっといつか消えてなくなります。

第四章

第三段階〈引きこもり〉

去年の十一月頃、ほんとうにひどい時期がありました。それまではかなりうまくいっていたのです。泣いたりなんかせずに……でもそれから一週間ほどたって突然やってきたんです。ただもう落ち込んで……なぜだかはわかりません。自分に言い聞かせました――「いまはもう元気になっているはずなのよ、かえって悪くなるなんてとんでもないわ」と。でも、気分は落ち込むばかりでした。横にならずにいられないときもありました。しょっちゅう休まなければなりませんでした……ただ、ものすごく疲れるのです。気分がすぐれなくなるといつも休んでいました。何か病気にかかったのだろうと思いました……それから、少しずつそんな状態も過ぎていったような気がします……でも、それには長い時間がかかりました。

夫を亡くした七十二歳の女性

悲しめるだけ悲しみ、一生のうち出せる限りの涙を全部出し切ったと思ったとき、私たちは絶望にひじょうによく似た状態を経験します。これが第三段階の「引きこもり」の時期です。すべてを消耗しきってしまう前に、いまわずかに残されたエネルギーを大切にとっておくための時間が私たちには必要なのです。前の「喪失の認識期」に経験した激しい感情の動きのために、私たちは多量のエネルギーを奪われ肉体的にも精神的にも疲れ切っています。私たちの身体は休息と回復を絶対的に必要としています。

■「引きこもり」の時期が必要なわけ

「引きこもり」というのは聞きなれない言葉かもしれません。例をあげて、それがどのようなものかお話ししましょう。

ナンシーの母親は脳卒中の発作を起こし、まもなく亡くなりました。六十九歳のそのときまで母親はずっと健康そのものだったので、だれもそんなことが起こるとは予期していませんでした。予兆となる症状もなく発作は突然激しく襲ってきました。

麻痺のために母親は右半身が動かなくなり、話をするのがひじょうに困難になりました。でも、意識ははっきりしていました。医師も含め、そばにいただれも彼女が死ぬとは思っていませんでした。みんな、「健康だし身体が丈夫だから、きっとよくなる」「いつも前向きに生きてきた人だから今回もきっと乗り切る」と言い合いました。でも、実際はそうなりませんでした。発作が起きてから七十時間後、ナンシーの母親は息を引き取りました。手術などの大がかりな延命措置はとられませんでした。母親は数年前にリビング・ウィル（不治の傷病の際に延命措置をとらないことを希望する意志を表明する遺言書）を書いていたのです。母親のことをよく理解していたナンシーには、母親が発作後の麻痺のために半身不随となったまま闘病生活を送りたいとは願っていないことがわかっていました。

ナンシーは母親の死に関してほとんど罪の意識を感じることはありませんでした。でも受けたショックは大きく、「母がいない世界で私はいったいどうやって生きていったらいいの?」と泣きながら問い続けました。「私はいつも母に頼ってきました。母のおかげでいろいろな面で安心していられたのです。とくに精神的な面で母が安定を与えてくれていたのはたしかです。」

ナンシーは母親を失ったことを何か月も嘆き悲しみました。遺族のための自助グループにも参加し、悲しみや苦しみを何度もほかのメンバーと分かち合いました。涙は際限なくあふれ出てきました。ナンシーは自分が母親の死を永遠に乗り越えることができないのではないかと心配し、友人たちも同じように感じ始めました。

母親が亡くなってから九か月ほどたち、「もう悲しみを乗り越えなくては」とナンシーが感じ始めてからずいぶんたった頃、次第に気力が衰えていきました。仕事に出かけ、ちょっとした家事を片づける以外は何をする気にもなれませんでした。いつも眠くてたまらず、未来に対する絶望感がつねに頭を離れませんでした。ナンシーはひどくふさぎ込み、そこから逃げ出す力が自分にはないような気がしていました。

ある日ナンシーが私に電話してきてこう言いました。「落ち込んでばかりです。よくなり始めたかと思うと次の瞬間にまたすぐひどい気分になるのです。いつも眠くてたまりません。疲れ切っている気がします。本当に恐いんです。ふつうはこんなふうじゃないんです。いつもはもっと元気なんです。」

ナンシーが経験したこのような状態はごく自然です。ナンシーは自分の鬱状態を心配していますが、それよりもむしろ眠気や疲労感といった身体的症状の方が重要な意味をもっています。これらの身体的症状は、ペースを落としてエネルギーを蓄える必要があることをナンシーに教えていたのです。

ナンシーは喪失の認識期にエネルギーを使い果たしていました。過剰に分泌されたアドレナリンが身体機能に働きかけ長期にわたってナンシーを行動に駆り立てた結果、エネルギーのタンクが空っぽになってしまったのです。鬱状態のように感じられたのは、実際は休息の時期、つまり新たな再生のために必要な冬眠の時期に入りかけていたからです。もしナンシーが自分の身体の伝えるメッセージに耳を傾けずにもっと無理をしていたら、本当に病気になっていたかもしれません。

■引きこもりの時期の特徴

◆引きこもりと休息を必要とする
◆落ち込みからさらに絶望に近い精神状態になる
◆他人からの助けが少なくなる
◆自分の無力を感じる

■一人きりになって休むことが必要

この段階は悲しみのプロセスの中で最悪の時期と言ってよいでしょう。私たちは自分が「鬱状態」にあるように感じます。これは死別の悲しみが始まってからこれまでに経験したどの感覚とも異なっています。何事にも関心が持てず、疲労と絶望感だけが残ります。この時期になると以前よりも長い間一人でいてもだいじょうぶになります。ほんの少し前までは友人たちにできるだけ長くそばにいてもらいたいと思っていたのに、その友人たちから遠ざかりたいと思うようになります。また、自分自身と他人に対し「自分は絶望などしていない」ということを証明しようとして、肉体的な限界を超えて自分を酷使することもあります。

■喪失を認識したとき大きな絶望を感じる

私たちは愛する人に戻ってきてほしいと何度も願います。心から切望し、代わりに何でもしようと交換条件を出し、どんなにささいなことでもよいから、故人がそばにいることを教えてくれる印を見つけだそうと目を光らせます。でも、これらの努力はすべて無駄に終わります。

私たちは頭では愛する者の死を理解しているのですが、感情的にはまだ納得していません。愛する者の死を認めることはあまりにつらいことだからです。私たちの人生にとってまだ必要な存在であるその人を、私たちは求め続けます。そして、いくら求めてもそれが手に入らないという状態が長く続くと憂鬱になり、何よりも欲求不満がたまっていきます。そうなると激しい疲労が私たちの心と体をむしばみ始め、絶望が頭をもたげます。心の重荷がどんどん重くなっていくにつれ、私たちは自分たちが無力で、この絶望的で悲劇的な状況を変えることは決してできないことを自覚していきます。

この時期は自分の内側にこもり、愛する人を失ったことを真正面から見据え、ともに過ごした時を振り返る時期です。愛する人が亡くなるまでのあいだ私たちがともに生きたあの時代はもう二度と戻ってきません。これは変えようのない厳然たる事実です。その事実を認識したときに感じる絶望こそが、この時期に私たちが感じる絶望の根源なのです。

■他人からの助けは早い時期になくなる

誰かが亡くなると、たいていの人が自ら進んで遺族に温かい手を差し伸べます。でも、残念ながらこのような状態は遺族がそれを必要とするあいだずっと続くわけではありません。一般に死別の悲しみから立ち直るのに必要だと考えられている期間は実際よりも大幅に下回っています。どういうわけか「死別の悲しみは六か月ほどで終わり、悲しんでいた人もそのときまでにはふつうに戻る」という考えが一般に行き渡っているようです。でも、この考えはまったく間違っています。

大切な人を失った悲しみから立ち直るには何年もの年月がかかり、そのあいだずっと支えが必要です。この期間の長さは故人との親密度など、第一章で取り上げたさまざまな要素によって異なります。いずれにせよほとんどの場合、まわりの人が遺族に与えてくれる時間、エネルギー、慰めなどはすぐに先細りとなっていきます。

友人や家族たちは私たちが実際に悲しみを克服するよりもずっと前に、それが終わると思い込んでいます。私たち自身も、次第に状況に耐えられなくなり、意識的にそこから早く脱出しようとします。でも、悲しみのプロセスは無理に早めることはできません。いくら急いで克服しようと努めても、必要なだけの時間をかけなければだめなのです。

■人生には自分ではどうしようもないことがある

私たちはこれ以上何も自分にできることはない、あるいは何をしたところで状況を変えることはできないという事態におちいると、「自分ではどうしようもない」という無力感に襲われます。私の場合、「状況を自分でコントロールできる」と感じることが人生においてひじょうに重要な意味を持っていました。そのため、息子が亡くなったあとの無力感は、私の悲しみをいっそう耐えがたいものにしました。さらに、その無力感からくる大きなフラストレーションが私を絶望におとしいれました。

これから先はもうどんなことも意味を持たなくなったのだと私は確信していました。息子を失ったという事実はどんなことをしても変えることはできません。ジムは逝ってしまい、私が何をしようと取り戻すことはできない……私はすべてを奪われ、空っぽになってしまったように感じました。まるで、空気の入った実物大のビニール人形から次第に空気が抜けていき、最後にぺちゃんこのビニールのかたまりとなって床にころがっているようでした。

死別の悲しみから私が最初に学んだことは、人生にふりかかるさまざまな出来事の結果は自分ではコントロールできないものだということでした。コントロールしようとする気持ちをなくせば、それと反比例するように、より多くの自由を得ることができます。その自由とは、自分の人生を生き、まだ自分のまわりに残っている人たちを愛するための自由です。このことをはっきりと知るためには時間がかかります。いまでもまだ私はそのための努力を続けています。

■引きこもりの時期の身体的症状

◆身体に力が入らない
◆疲れる
◆眠くてたまらない
◆免疫力が低下する

■エネルギーの消耗から脱力感を感じる

悲しみのプロセスのこの段階では、身体にまったく力が入らず風邪にでもかかったかのように感じることがあります。私たちはふだんの生活ではエネルギーを消耗しきるという経験をあまりしないため、自分がこのような状態になると恐怖や当惑を感じます。愛する人を亡くす前は、そんな状態になるのは病気になったときだけだったからです。

いまでも覚えていますが、私もソファーの端に腰掛けて何時間も宙を見つめて過ごしていた時期があります。何かしようなどとは考えもしませんでした。数か月後には何とか少しずついろいろなことができるようにはなりましたが、心ここにあらずという感じでした。掃除機を出したあと、それを手に取ることもせずにそこに座り込んでじっと見ているだけのこともあったとあとで聞かされました。それまで元気よく健康な生活を送ってきた人間にとって、このような脱力感はすでに十二分に感じている無力感に拍車をかけます。

■疲労のために何もできなくなる

タンパ・スタディの参加者のほとんどが、とくにこの時期に大きな疲労を感じたと語っています。ごく簡単な作業でもそれをやりとげるための力が出ないのです。そのためにいらだちがつのる場合もあり、それが怒りへと発展することもよくあります。

メアリーの夫は雨の夜、仕事から帰る途中で自動車事故に遭って亡くなりました。メアリーは自分の家の前を通る救急車のサイレンを聞きましたが、もちろん夫が事故に遭ったなどとは思いもしませんでした。病院から電話があって駆けつけたときにはもう遅く、夫は亡くなっていました。メアリーは次のように話しています。

一年半たったいまでも、まだあの夜の音が頭から離れません。あの音が頭の中をぐるぐる回り続けているんです。毎日仕事に出かけ、元気にふるまい、ミスをせずに仕事をこなさなければなりませんが、ときには大声で叫び出したくなることがあります。いったい私にどうしろというんです？　夜、家に帰るともう私は何もできません。コーンフレークをボールに入れて食べ、そのままベッドに入ってしまうこともよくあります。一日を過ごすだけで疲れ切ってしまうんです……私にはわかりません……いくらかでも私の身体に力が戻ってくる日なんて来るのでしょうか。

■できるだけ多くの睡眠をとる

前の「喪失の認識期」までは私たちは眠れないで困っていました。人間の身体に自然に備わった警報システムが活発に活動し、アドレナリンを分泌し続けたからです。危険がそこにある限り、私たちの身体は警戒態勢を続けます。

引きこもりの段階になると、睡眠に関してこれまでと大きな違いが出てきます。いくら眠っても十分に睡眠をとった気持ちになれないのです。自分の身体の中で起こっていることを知らずにいると、このような変化を不必要に心配することになります。つまり、自分が睡眠を逃避の手段として使おうとしているのではないか、あるいは完全な鬱状態に陥りつつあるのではないかなどと心配しがちです。でも、実際にいま起こっていることはまったく反対のことなのです。眠くなるのは早急に休養を必要としているというシグナルを身体が出しているためで、私たちはこの回復のプロセスに身を委ねる必要があります。

将来を有望視された若い検事が突然に亡くなったとき、彼の妻は大きなショックを受け、誰も彼女を慰めることはできませんでした。妻は夫が亡くなってから一年近くたつまで、悲しみのプロセスの第一段階の「ショック期」を抜け出すことができませんでした。次の「喪失の認識期」も同じくらい長く続きました。「引きこもりの時期」に入ったとき、彼女は完全にエネルギーを消耗しきっていました。睡眠時間が長くなり、午後昼寝をしたあと夕方六時か七時頃またベッドに入るということもたびたびでした。それまであまり眠らなくても平気だった彼女は、このような睡眠パターンの変化に不安を感じました。いつも子供たちが眠るまで起きていたのに、それができなくなったことで自分は子供の面倒を十分に見ていないのではないかと感じるようになりました。この罪の意識が悲しみをいっそう深くしましたが、ほとんど依存症とすら思えるほどの睡眠への欲求を自分でコントロールすることはできませんでした。

健康に問題があるのではないかと思った彼女はかかりつけの医者に徹底的な健康診断をしてもらいましたが、どこも悪いところはありませんでした。その後、眠気が自分の心と身体の回復のために必要な正常な反応なのだと知るようになり、それからは長時間の睡眠が必要となったときも罪の意識や不安を感じることはなくなりました。

私たちはみな休息のための十分な時間を自分に与える必要があります。自分に制限を課して欲求を抑えてはいけません。もちろん、健康診断を受けて健康上の問題がないかどうか確かめることは大切です。

■免疫機能の低下によって病気にかかりやすくなる

深い悲しみはストレスの大きな原因となります。悲しみによって生まれたストレスは血圧や脈拍、血液中の化学物質の構成などに影響を与えます。

深い悲しみの時期が長く続くとさまざまな病気にかかりやすくなります。長期間ストレスにさらされていると副腎皮質ホルモンの分泌が増え、その過剰なホルモンが身体の免疫機能を抑圧し病気にかかる可能性を大きくするのです。ときには重病にかかって死ぬことさえあります。

死別の場合、その一連のプロセスは次のように進みます。身近な人が亡くなると私たちは不安になり警戒心が強くなります。もうどこにも安全な場所はなく、人生が自分の力ではコントロールできなくなったように感じるのです。そのために自分の中に防御壁を築き、何に対しても異常なほど警戒します。

次に抵抗の時期が来ます。この時期に私たちは目の前にある状況に何とか適応しようと試みます。私たちの身体は自らを立て直し、いくらかでもバランスを取り戻そうと抵抗を続けます。でも、悲しみのストレスが長く続く場合はいつまでたっても回復の機会が与えられません。このようにしてエネルギーを消耗し続けると、状況への変化に適応するために通常私たちが使っているエネルギーの源が枯渇してしまい、病気にかかりやすくなり、ときには死を招くことがあります。

愛する人を亡くしたあと、自分の身体に特別な気遣いをする必要があるのは以上のような理由からです。でも、私たちはここで矛盾に直面します。つまり、この時期には身体からどんな危険信号が出されようと、自分のことを気遣う気持ちになどなれないということです。私たちが考えることはただ一つ、愛する人のことと、いまは完全に失われてしまった過去の人生のことだけなのです。

■引きこもりの時期の持つ心理的側面

◆進展がないように感じられる
◆繰り返し思い出す
◆「悲しみを癒す作業」を行う
◆転換期が近づく

■進展は感じられなくても回復は進んでいる

この段階に差しかかった私たちは、まったく状況に進展が見られず、待ちぼうけをくわされているような気持ちになります。まったくの足踏み状態です。世界はどんどん先へ進んでいくのに、私たちは痛みをかかえたまま取り残され、この悲劇的な喪失から、何か自分を納得させられる意味は見つけられないかともがき続けます。私たちの世界はめちゃくちゃです。

この「冬眠の時期」に私たちの心に最も深い傷を負わせるのは絶望です。私たちは恐怖のために死別の悲しみからの回復の速度を速めようと試みることがよくあります。でも、いくらやってみてもそんなことはできるはずもなく、欲求不満だけがつのります。悲しみを癒す作業を急いですませることはできないという事実を変えることはできません。

私たちのことを心配して、「もっと忙しくしたほうがいい」と言ってくれる友だちがよくいます。「そうすればきっと気が紛れるわ。買い物したりして一日楽しく過ごしましょうよ」彼らはそんなふうに言います。でも、ほんとうに乗り気にならない限りは、こういう誘いは断った方がいいでしょう。私たちのエネルギーはすでに使い果たされているので、この時期にそれ以上無理をすることは危険です。私たちにはまだ多くの休息が必要です。

愛する者を失ったことで私たちは世界に対する信頼を失い、不安でたまりません。自分の一部が失われたいま、残っているものには何の意味もなく、何もかもが的外れに思えます。生きていることと自体がもはや何の意味も持たないように思えるのです。でも、たとえこのように立ち止まっているように思えても、その一方で私たちは確実に回復に向かって変化しつつあります。

■思い出の反芻によって次第に現実を認識していく

故人への思いはほとんど絶え間なく、繰り返し襲ってきて私たちを苦しめますが、この反芻作用は悲しみを癒す作業の中で大切な役目を担っています。前に「悲しみを癒す作業」とは愛する者の死を受け入れる、つまり死別以前の状況を取り戻すことはできないのだという事実を受け入れることだというお話をしましたが、人生が前と同じに戻ることは決してないことを受け入れるためには、そのことを繰り返し知る必要があります。

私たちの心はすばらしい働きを持っています。それは、心が「対処したくない」と思ったことを自然に排除する機能です。愛する者の死をすぐに実感することができないのはこのためです。

愛する者が永遠に失われたことを感情的に理解するには時間がかかります。でも、どんなに切望しようと何度夢に見ようと、愛する者が死んでしまったという現実は変えようもなく、容赦なく私たちを襲います。こうして繰り返し現実を突きつけられていくうち、私たちは次第に愛する者の死が絶対的なものだという事実に正面から向き合うことができるようになるのです。

愛する者の死の実感は私たちの心の中でゆっくりと芽を出します。かつては愛する者と分かち合っていた生活を今度は一人で送るうちに、私たちは故人と切り離された自分自身の人生の新たな出発点を見つけ始めます。死が現実に起こったことであり、もはや変えることのできない永久のものなのだということを実感してはじめて、私たちは再出発するためのスタート地点に立つことができるのです。

私たちはこれまで当然と思っていたことやものが、もはやそこにないことを知らなければなりません。この何もない場所から新たに出発し、何とかして世界を意味と目的を持ったものに作り変えなければならないのです。

■「悲しみを癒す作業」によって現実を認識する

どうしても止めることのできない「思い出の反芻作業」は悲しみを乗り越えるために不可欠な作業です。悲しみのプロセスの第一、第二段階で、苦しみを避けるための近道はないことをお話ししましたが、この反芻作業を避ける近道もありません。「喪失の認識期」にあって感情を吐き出すことが必要であったのと同じように、この「引きこもりの時期」にあっては、この「悲しみを癒す作業」が大きな意味を持ちます。ここでいう悲しみを癒す作業は、繰り返し同じことを思うこと、焦点が定まらないままあれこれと際限なく考えることなどを指します。この作業を行うことによって、これまでの状況が永遠に失われたのだということが最終的にわかってきます。人生はもう二度と前と同じ状態には戻らないのです。

悲しみを癒す作業は「死とよみがえり」を私たちに体験させてくれます。この作業を行うなかで、私たちは古い人生に別れを告げる一方で新しい人生の足場を固め始めます。

■かすかな希望とともに転換期が訪れる

待ちに待った「転換期」がゆっくりと近づき始めます。地獄のような毎日の中で、もう一日たりとも耐えられないと思い始めたそのときに、何かが少し変わります。実際に何か新しい出来事が起こる場合もありますし、単に朝、目を覚ましたら前の日より少しだけ希望を持てるような気がするといった場合もあります。いずれにしても、長い間待ち続けた悲しみのプロセスの転換期がとうとうやってきたのです。このときをきっかけとして、それまでは「いつかやってくる」などとは決して信じられなかった悲しみの克服のときに向かって、私たちはゆっくりと確実な歩みを始めます。

転換期は「引きこもりの時期」の終わり頃にやってきます。私たちが自分の人生を新たな気持ちで生きていこうと決心したとき、ほんのかすかですが希望の光が見えてきます。でも、その反対に、新しい人生に適応していくだけのエネルギーが自分にはないと思い込んでしまったら、おそらく状況は長く変わらないでしょう。そうなると、私たちは愛する人が永遠に失われたわけではなく、ちょっと旅行に出ていていつかは戻ってくるのだとでもいうように、現実を否認した行動をいつまでも続けることになり、転換期の訪れが遅れます。

■引きこもりの時期を乗り切るために

この段階で私たちに与えられた課題は死別の現実を受け入れ、悲しみにともなうさまざまな心の葛藤に終止符を打つことです。それらの心の葛藤のうち最も苦しい葛藤は、新しい人生を始めようと決心するときに訪れます。新たに出発する決心をするか死別の悲しみにいつまでもひたっているか、どちらかを選択するのはひじょうにつらいことです。

この時期を乗り越えるためには次のようなことを心がけましょう。

◆他人から距離をおくことを自分に許しましょう。「愛する者を失ったことを受け入れる」という大変な作業をするには、心と身体の回復のための静かな時間が必要です。悲しみを癒す作業は、まわりに人がいたりほかのことに気をとられていてはできません。悲しみを消化するためには精神の集中が必要なのです。

◆自分にはエネルギーを温存する必要があるのだということを認識しましょう。身体が回復するとともに「癒し」が始まります。死別によるショックと喪失によって引き起こされたストレスについていろいろわかってくると、死別の悲しみが手足の一部を失うのによく似ていることに気がつきます。あなたは手足を失ったすぐあとに自分に無理やり何かをさせるなどということはしないでしょう。きっと回復のために十分な時間をかけるはずです。心の傷も同じです。

◆必要なだけ眠るように心がけましょう。眠くなるのは、もっと休養が必要なことを身体があなたに告げているのです。うたた寝やちょっとした昼寝でもかまいません。わずかな睡眠でも回復のための大切な時間となります。

◆思い出の反芻作業は自然にまかせましょう。死に至るまでのさまざまな出来事、ともにすごした何年もの年月、二人のあいだの人間関係のよい面、悪い面、胸のうちに納められた数え切れないほどの思い出（よい思い出も悪い思い出も）……そういったものを何度も繰り返して思い出すことはごく自然なことです。そうしているうちに、きっと最後には死を受け入れ故人を逝かせてあげることができるようになるでしょう。

◆この時期を利用して写真を見返しましょう——ただながめるのではなくじっくり見つめ、それぞれの写真にまつわる思い出やその写真の持つ深い意味について考えましょう。アルバムに貼っていない写真があったら、残らず全部アルバムに整理するのもよいでしょう。人生を記録し振り返ることは、人生に対する新しい見方ができるようになる手助けをしてくれます。

◆何か元気が出るようなことをしましょう。おいしいものを食べたり、上等なワインを飲むのもよいでしょう。花を買ったり（スーパーで売っている小さなデイジーの花束でもよいのです）、特別な香りの紅茶を楽しんだり、いい香りのする入浴剤を入れた温かいお風呂にゆっくりつかったり、身体に適度な刺激を与えてくれるシャワーに長くあたってリラックスしたり……何でも好きなことでいいのです。いつかやってみたいと思っていたリラクゼーション・マッサージを試してみるのもいいかもしれません。回復の初期にあるあなたは、どんなものであれ身体と心によいものをたくさん必要としています。

◆今日一日をなんとか過ごせば、残された苦しい時期が一日減る……そう信じながら一日一日を乗り越えていきましょう。

◆あなたが悼んでいるのは愛する者の死だけではありません。これまで何年も続いてきたあなた自身の人生の死も悼んでいるのだということを認識しましょう。

◆愛する者を失ったのだからという理由で、あなたがつい甘えて受け入れていた「依存的な行動」にそろそろ注意を払い始めましょう。まず、そのような行動を促すような行動、態度を慎むことから始めましょう。

◆疲労感があったら無理をせずに休みましょう。異常に疲れるようだったら健康診断を受けましょう――たとえ疲労感がなくても、健康診断を受けておくことは悪くない考えです。

◆生活をシンプルにしましょう。何でもできる限り簡単な方法ですませるのが一番です。

◆家庭内の状況に変化が必要なのだということを認識するための第一歩として、家の中の家具の配置換えをしてみましょう。それがきっかけとなって、ほかの変化ももっと簡単に受け入れられるようになるかもしれません。

◆頭がおかしくなっているわけではないのだと自分に言い聞かせましょう。だいじょうぶです。ただときどき頭がおかしくなってしまったように感じられるだけです。そう感じることは正常なことです。

夫が亡くなって二年ほどたってから、日記に自分の気持ちを綴り始めました。感情を「吐き出さ」なくてはいられなくなったときに書くようにしていましたが、二か月ほど毎日のように書き続けたあとはほとんど書かなくなりました。日記を書くことは、他人の気持ちを傷つけたり他人にいやな思いをさせることなく、私の感情を外に吐き出すためのよい方法でした。また、「もう一度人生に戻り」つつあることを私に教えてくれたのも日記でした。

夫を亡くした三十七歳の女性

ムーア夫人は有名な内科医の夫と三十五年前に結婚しました。彼女は医者の妻としての自分の役割がひじょうに気に入っていました。自宅の近所での地域活動も友人との付き合いも、医者としての夫の地位を中心として回っていました。夫人の毎日の予定はすべて夫の予定に合わせて組まれていました。夫の帰りを待って夜遅くまで夕食をとらずにいることもありました。最後には眠くなって、一人でベッドに入ることも……。それでも、夫の帰りが遅いことに腹をたてたりは決してしませんでした。「主人はとても人付き合いのよい人なのです」というのが夫人の口癖でした。

一月はとくに忙しい日が続いていました。ムーア医師はいつものように病院へ出勤するために午前五時三十分に家を出ました。往診をして回ったあと診療所に着いたのは九時四十五分でした。コートを壁に掛け、白い診察着に着替えようとしたとき、心臓発作に見舞われました。突然で致命的な発作でした。同僚の医師たちによる蘇生のための必死の努力も無駄でした。発作の影響は大きく、それをとめることはできませんでした。

同僚で親しい友人でもあったフェルプス医師が、夫人に訃報を告げる役目をかってでました。フェルプス医師がムーア邸の玄関に車を寄せたとき、夫人はちょうど昼食会に出かけるところでした。医師の表情から夫人は何か悪いことが起こったことをすぐさま悟りました。でも夫人はしっかりした女性で、最初のショックを乗り切るとすぐに自分を取り戻し、フェルプス医師に慰めの言葉さえかけたのです。

夫人は葬儀を無事に終えました。友人たちは彼女の気丈な態度にびっくりしました。夫人自身、自分のやっていることに驚いていました――いまこれをやっているのはほんとうに自分なのだろうか、それともほんとうの自分はこういったすべてをやっている自分をただ見ているだけなのだろうか……。

でも、その後の死別を乗り切る時期となると話は別でした。最初の一年は何とか乗り切ることができました。ムーア夫人はしっかりした女性で、自分が悲しんでいるところを他人に見せることは決してありませんでした。二年目はもっとたいへんでした。そして、三年目に差しかかる頃には夫人は自分が何をしているのかわからなくなりました。ボランティアの仕事はひどく重荷になってきて、かつてあれほど愛していたさまざまな義務が、いまでは悩みの種になっていました。とくにカップルが同席している場所にいると、なんだかいごこちが悪く感じられました。友人と共に過ごす時間がどんどん少なくなり、友人と会っていても、夫婦で過ごした休暇や旅の話を聞くのがつらく感じられました。なぜ自分が夫を失い一人で取り残されているのか、その理由がわからなかったのです。夫人の世界はすべてが崩れ去りました。

何とかしなくてはと思いあまった夫人は一人で旅行することにしました。この二年ほどいっしょに旅行してきたグループは変わりばえがせず、いっしょにいても退屈なことが多くて、一人でいる時間の方が大切に思えたのです。五月のある日、娘にだけ行き先を告げ、夫人は南西部に向かって車を走らせました。

グランド・キャニオンをはじめあちこちの景勝の地を一週間ばかり見物して回ったあと、夫人は二週間ほど牧場に滞在しました。そこで彼女は自分自身を取り戻し、人生を見つめ直しました。この二週間が死別の悲しみのプロセスの転換期になると同時に、彼女自身の人生にとっても大きな転換期となりました。家から遠く離れたこの場所で、夫人は結婚生活を送っていたあいだ自分の人生がどんなものだったか、新しい視点から見直すことができるようになりました。あの頃は夫がいなければ生活の中心をどこにおいてよいかわからなかった……夫なしには彼女のアイデンティティはなかったのです。あまりに長い間「ムーア医師の妻」だったために、本来の自分であるマギー・ムーアであるためにはどうしたらいいか忘れてしまっていました。

牧場で彼女は気がつきました――この三年間、自分は過去を空しくこだまさせるからっぽの貝殻に過ぎなかったと。これからは自分自身の人生を生きなくてはいけない。自分がだれであり、残りの人生で何をやりたいのかを見つける必要がある。そういった自覚が彼女の突破口、死別の悲しみのプロセスの転換期となりました。

癒しの時が始まったのです。

■癒しの時期の特徴

◆転換期に達する
◆コントロールを取り戻す
◆役割から解放される
◆新しいアイデンティティを確立する
◆自分自身を人生の中心にすえる

■転換期は知らないうちにやってくる

死別の悲しみのプロセスには転換期がありますが、私たちがいつそこに達したか特定するのはむずかしいことです。変化を示すはっきりした印があるわけではありませんし、突然気持ちが軽くなるわけでも、急に活動的になるわけでもありません。ただ前よりほんの少し力が出せるような気が少しずつしてくるだけです。

これまでより少しだけ多くのことをやってみる気になる……それが転換期の訪れの印です。ほんの数か月前にはひどく疲れやすかったのが、それほどではなくなってくるのです。そのときのことをみんな次のように言っています――「何かが違うことに気がつきました。前ほど疲れや絶望感を感じなくなったのです。」「とくに変化には気づきませんでした。ただ、物事に対する姿勢にほんのわずかですが変化があったように思います。ほんの少し気が楽になったように感じたのです。」五十七歳の夫を肺癌で亡くしたトラガー夫人は、自分が転換期に達したときのことを次のように語っています。

「これがそうだ」と言えることはとくに何もありません。あれはちょっとした変化で……劇的でもなんでもありませんでした。徐々に起きたんです。一夜にして起きたわけではありません。ある朝目が覚めて突然、もうこんなことはやめよう、あのこと（死）を考えるのはやめにしよう、苦しむのはもうやめよう……などと言い出したわけではないのです。ただ、つらい気持ちと一日中付き合う方法に変化があったのだと思います。あの人のことを考える時間が少なくなったわけではありません。少なくではなく、違ったふうに考えるようになったのです。私はたいてい、生きていたときと同じようにあの人のことを考えます――しあわせな思い出に包まれたあの時代そのままに。

外的な出来事が私たちの悲しみのプロセスの方向転換に役立つこともあります。たとえば、休暇をとったことで新しい見方ができるようになったり、新しい仕事に就くことでまわりの環境が変わったり、学校に戻ることでまったく異なる環境に飛び込んだりといったことです。落ち込んでいたそれまでの生活から私たちを引きずり出し、違った日常に置いてくれること、あるいは新しい人に出会う機会を与えてくれることならどんなことでも、私たちが世界を見る見方を変えてくれる可能性があります。

何かとても腹の立つような出来事が持ち上がり、腹を立てたことで私たちの気持ちに変化が起こり、そのおかげで転換期に到達するという場合もあります。ブレイク夫人は夫を癌で亡くしたあと家から出ようとしませんでした。友人や近所の人が食料の買い出しに行き、やらなければならないさまざまな仕事を彼女に代ってやってあげました。夫が亡くなってからほんの数週間後に私が訪ねたときには、カーテンはすべて降ろされ、夫人は部屋着をひっかけたままの姿でした。「ちゃんとした服を着るのはやめたんです。だれにも会いたくないし。ただここにいたいだけです。」彼女の気持ちはとてもかたくなでした。

一年ほどたった時、ブレイク夫人は病院の支払いに関する社会保障の手続き上の問題に巻き込まれました。彼女は確かに支払いをすませたのに、社会保障事務所は払っていないと言うのです。ある日、社会保障の係の人といつものように電話でやりあった夫人は、その日はとくにいらいらしてひどく腹が立ったので、服を着替え、車を運転して町の反対側にある社会保障事務所まで出かけました。そして、自分の手で問題をすっかり解決したのです。

家に帰るために車に乗り込むまで、夫人は自分が何をやっているかはっきり認識していませんでした。彼女は自分自身に対して感じていた怒りを外に向けることで、一時的に気持ちを方向転換させることができたのです。外に対する怒りのために自分自身を忘れたとき、その怒りと「これを解決するぞ」という決意とが彼女を行動へと駆り立てました。そして、そのことが悲しみによって抑圧されていた感情を解放したのです。それ以後、彼女はもっと頻繁に出歩くようになり、いろいろなことをこわがらなくなりました。

■人生に対するコントロールはゆっくり戻ってくる

大切な人を失ったあと自分の人生に対するコントロールを取り戻すなど、考えられないことのように思えます。そのために大きな変化が必要な場合はとくにそうです。変化に適応するのはどんな状況においてもそれだけで大変なことです。心の傷が治りかけでまだ自分自身を取り戻せないでいるいま、それがほかのどんなときよりも克服しがたい障害に思えても当然です。

私たちはどんなことでも、自分が何かを決定するとそれがもとで事態がもっと悪くなるのではと心から恐れています。そのため、まったく行動しない状態に陥りがちです。何も行動せずにいまの状態を維持する方がなぜか安心していられるからです。でも、そうすると、恐れている「事態の悪化」よりも大きな問題である「行き詰まり状態」を作り出すことになります。

たいていの人は、まだその準備ができていないから、自分の生活に対するコントロールを取り戻そうとしても失敗するに決まっていると思っています。失敗すればさらに無力感が増すことにもなります。

白血病で子供を失った若い母親は、以前の仕事に戻ると同時に学校にも戻ることに決めました。

彼女は自分の力で悲しみに終止符を打つことができると堅く信じていました。これ以上苦しみ続けるのはいやだと思ったのです。でも、残念ながらこの試みは彼女には荷が重すぎました。彼女は残された子供たちや夫、同僚に対していつもいらだちを感じました。ストレスが続き、彼女は「引きこもりの段階」で経験する絶望の淵へとふたたび落ち込んでしまいました。自分が犯した間違いに彼女が気づいたのは専門家の助けを借りるようになってからでした。

コントロールを取り戻すには時間がかかります。それに、いちどきには戻ってきません。たいていはほんの少しずつ戻ってきます。悲しみが癒えていくプロセスはゆっくりとしたものであることを心に留めておいてください。それは決して一夜にして変化するものではないのです。

■家庭のなかでの役割が変化する

家庭には一人一人に割り当てられた役割があります。母親、父親、長子、末子、そのほかこまかい役割が一人ずつに割り当てられているのです。そして家庭が家庭として機能する、あるいは家庭としての安定を保つために、それぞれの役割に仕事と責任が割り当てられています。このような役割を通して、家族のメンバーはそれぞれに違った形でほかのメンバーと結びついています。このバランスはひじょうに微妙です。同じバランスを保ち続けるには、家庭というシステムがまったく傷つかず、何も変化せずに続いていくことが条件となります。メンバーのだれかが抜けるなどの理由でこのバランスが変化すると、再調整が必要になります。そうなると、役割の中にはほかのメンバーが肩代わりしたり、あるいは完全になくさなければならないものもでてきます。

我が家では、子供たちがみな小さかった頃、スーパーマーケットでカートを押して買い物するにも一つの決まったパターンがありました。まず、四人の家族と一匹のグレートデーンのための買い物には二つのカートが必要です。それから、たとえばコーンフレークなどのシリアルの棚の前ではかなりの時間をかけます。それは家族のそれぞれが好きなシリアルのほかに、ジムのためにいくつか異なる種類のものを買うのがつねだったからです。うちでは冷たいミルクをかけたシリアルをおやつ代わりに食べていました。とくにジムは学校から帰ったときや、ベッドに入る前にシリアルを食べるのが好きでした。

ジムが事故で亡くなった後、買い物に行くのがとてもつらくなりました。とくにシリアルの棚には近寄らないようにしました。そこへ行くと涙が止まらなかったからです。買い物を終えることができずにそのまま外に出てしまったことも何度もあります。誕生日カードの棚も同じことです。ずらりと並んだカードを見ると、もう二度と「息子よ、誕生日おめでとう」と書かれたカードを買うことはないのだという思いに胸がつぶれました。

ジムが亡くなったことで私のアイデンティティは変化しました。私の一部が死んだのです。私はもう十七歳の息子の母親ではなくなっていました。実際のところそれと同時に、私は大人数を抱える家族の世話をする主婦でもなくなっていました。上の二人の娘のスーとサリーは家を離れて独立していましたし、ジムは二度と戻って来なかったからです。あの頃は私の人生で最悪の時期でした。この時期を生き延びるためには、自分の世界観を根本から見直さなければなりませんでした。当時は気づいていませんでしたが、私はまったく別の人間になりつつあったのです。自分の世界のあらゆる側面で変化が必要なのだということを、私はゆっくりと時間をかけて学んでいきました。

■他人に依存しない自分自身を取り戻す

愛する人を亡くしたときに私たちが直面する重大な転換期は、思春期に経験する転換期によく似ています。子供時代を脱し大人になりつつある自分に慣れていく過程で、私たちは背伸びして自立を気取ってみたり、まだ親を必要とする子供の状態に戻ったりといったことを繰り返します。そして、大人としての新しい生活にともなう責任を受け入れ、親よりもむしろ自分自身に、あるいは自分自身の決定に依存するようになったとき、はじめてほんとうの意味で大人となります。思春期以後に訪れる人生のさまざまな転換期も、同じような過程をたどります。

ところが、死別の悲しみのために私たちは子供に戻ってしまいます。自信を失い、自分ではコントロールできなくなった世界に恐怖心をいだきます。あやふやな判断をしたり過ちを犯すよりは、どこかに隠れて何もしないでいる方が楽に思えます。でも何もしないでいることは停滞を意味し、そこに成長の可能性はありません。

『カウンセリングと心理療法の理論と実践（Theory and Practice of Counseling and Psychotherapy）』の中で、ジェラルド・コリーはこのことについて次のように書いています。

「私たちの多くがかかえている問題は、人生におけるさまざまな葛藤を解決しようとするとき、自分自身を信じて自分の内面を探り、その中から答えを見つけようとするのではなく、自分の世界で重要な意味を持つ人々の中に指針や答え、価値、信念を見出そうとする点にある。その結果、他人の期待にそった自分になることと引き換えに自分を相手にゆだねてしまう。つまり、自分の存在の根を彼らの存在の中に移し替え、自分自身が自分にとって他人となってしまうのだ。」

悲しみのプロセスにある私たちに課せられた最大の課題は、自分自身のために必要なものを基礎として新しい生活を切り開いていくことです。愛する者に先立たれた人の多くは、自分自身がまるで他人のように感じられ、気持ちを紛らわせてくれるものを次から次へと求めて、ただやみくもに手探りし続けます。そのような状態を経過した後、死別の悲しみは私たちに自分自身をふたたび取り戻す機会を与えてくれます。

■自分が安定できる「軸」を見つける

自分自身を新たに組み立てる仕事を始める前には、自分自身を人生の中心にすえるというプロセスが必要です。そうしない限り、私たちには「自分」が本当にどう感じているのか、「自分」には本当に何が必要なのか、あるいは「自分」は本当は何がしたいのかなどといったことがわかりません。自分自身を中心にすえることは利己的になることや、自己中心的になることとは違います。それは、自分自身が安定できる軸を見つけることを意味します。私たちには、他人ではなく「自分の」必要や価値に基づき、他人に頼ることなく「自分で」決定をくだすことができるのだということを信じる必要があります。そうするためには、自分自身のことをできる限りよく知らなければなりません。

死別の悲しみは私たちの意志に関係なく訪れたものです。そうなってほしいと望んだわけでもないのに、勝手にそうなってしまったのです。でも、この悲しみにどう対処するかとなると別問題です。それは私たち自身で決めることです。これまでと同じアイデンティティにつながれたまま過去の中に生き続けることも、新たな人生を探索し始めることも、いずれの選択も可能です。でもあわてて動き始めてはいけません。その前に、自分自身の軸、ほかのだれのものでもない自分だけの「中心」を見つけなければなりません。

自分の人生の中心は自分であるということをはっきり自覚できていないと、人生の大切さもわかりません。自分を人生の中心にすえれば、危機的な状況や問題の解決に積極的に関わりあっていく自信が持てるようになります。そのことはまた、自分が人生の中で「いるべきところにいる」という感じを与えてくれるのにも役立ちます――他人に頼るのではなくて自分の足でしっかりと立つだけの力を持っているという感覚です。

オニール夫妻による名著『転換のとき』(Shifting Gears 邦題『四十歳の出発――二度目の人生論』)(河出書房新社)の中で、二人はこのプロセスについて次のように書いています。

「自分を中心にすえることは自転車に乗ることに似ている。自転車に乗る場合にはバランスの中心がどこにあるかを知ることが大事だが、それと同様に自分を中心にすえる場合には自分の軸を見つけることが大切だ。自転車に乗るのは簡単だ。だれにだってできる。だがバランスがとれるようになるまではひたすらにペダルを踏み続け、ころぶ危険も冒さなくてはならない。

そのプロセスを代りにだれかほかの人にやってもらうわけにはいかない。バランス感覚は自分で自分の中に見つけなければならない。だが一度それを習得すれば決して忘れることはない。乗り方をマスターすればどこへでも好きな方向へ自転車を動かすことができる。同じように自分自身の軸を見つけることができれば、自信が持て、自分を信じることができるようになる。そうすればもっと柔軟性が持てるようになると同時に、決定したり行動したり危機を乗り越えたり成長したりといったことに自分自身で積極的に取り組むことができるようになる。」

■癒しの時期の身体的症状

◆身体が回復し始める
◆元気が出てくる
◆眠れるようになる
◆免疫機能が回復する

■ストレスが弱まるとともに身体が回復し始める

生物学的に言うと、私たちの身体はこの時期に「自然治癒」を始めます。この時期には、これまで私たちが延々とさらされてきたストレスが少しずつ弱まっていきます。いくらか休息をとった身体は、少しずつ前向きな姿勢をとれるようになっていきます。そして、このようなプラスへの変化が新たなエネルギーの源となり、癒しのプロセスをさらに促進させるのです。私たちは生まれ変わりの時期、悲しみのために背中にのしかかっていた肉体的、精神的重荷をおろす時期が来たことを感じ始めます。

■やる気がでてきたら適度な運動が必要

健康が回復してくると当然ながら前より多くのエネルギーが身体にたまってきます。この時期には栄養のある食事をとることと適度な運動を続けることが大切です。体力がついてくれば、いま人生に必要とされている変化を思い切って取り入れることができるかもしれません。私の場合、何もしないでじっとしていたせいでなかなか体力が回復せず、もっと力を出せたはずの時期をはるかに過ぎても無気力感を感じていたように思います。

■睡眠パターンを元に戻すために努力する

強いストレスは安眠を妨げます。死別後の悲しみのプロセスでとくにつらい初期の段階には、私たちを行動へとかりたてるホルモンを身体が分泌し続け、ゆっくりと眠らせてくれません。でも時がたちストレスが弱まってくると、睡眠パターンが正常へ戻っていきます。

長期にわたって睡眠パターンが乱されていた場合、それを元に戻すのに努力が必要な場合もあります。ヨガやリラクゼーション、自己催眠などのテクニックを学ぶと、自分をリラックスさせ、眠気を誘うのに役立ちます。このような方法を習得することは、自分自身に対するコントロールを取り戻すことにもつながります。そうすればさらに安心した気持ちになれるでしょう。

■免疫機能が回復し、病気にかかりにくくなる

ストレスが弱まり少し安心した気持ちになってくると、それによって体力の回復が促進されます。そのため、この時期にはこれまでよりも身体の故障が少なくなります。免疫機能も強まり、風邪やインフルエンザにもかかりにくくなります。

大切な人を亡くしたあとの悲しみの時期を乗り切ることは、多くの点で老化のプロセスを逆行するのに似ています。老化では健康の基本となる身体機能が徐々に低下していきますが、それとは反対に、この時期の私たちは時間がたつほど身体・精神機能が回復していくのを感じます。「時がすべての傷を癒す」という言葉は精神だけでなく肉体にもあてはまります。

■癒しの時期の持つ心理的側面

◆自分と故人を許す　◆円を完成する

◆忘れる　◆未来に新たな希望を持つ

◆意味を探す　◆現実的な見方をする

■自分自身と故人に許しを与える

「医者に行くようにジョンに強く勧めなかったことで、私は自分自身を決して許すことができない。」

「あの五月の初め頃、アリスが学校から帰ってきたときにすでに兆候はあったのに、なぜ私はそれを深刻に受け止めなかったのだろう？」

「あんな雨の日になぜ、一週間前に免許をとったばかりのボビーに車を運転することを許したのだろう？」

右のようなケースはどれも、愛する人の死の原因を自分に求め、自身を許すことができないでいる例です。同じような後悔の気持ちを味わったことのある人は、その思いがどんなにつらいものかわかるでしょう。自分がやった行為、やらなかった行為に関して自分自身を許せるようになるまで、後悔の念は何か月も、時には何年も私たちを苦しめます。たいていの場合、「癒しの時期」に入ってやっと私たちはこの苦しみの源である後悔の念から解放されます。

「許すこと」には二つの意味があります。一つは自分自身を許すこと。つまり、愛する人の死に責任があったと自分を責める罪悪感、怒り、恥の意識などの感情を乗り越えることです。また、自分が生き続けていること、つまり死なずにいることも許さなければなりません。

二つ目は亡くなった人を許すことです。つまり、私たちを置き去りにし、これほどの苦しみを与えたことについて故人を許す必要があるのです。先立った愛する人を許すことは自分自身を許すことよりむずかしいことです。なぜなら、多くの場合このプロセスは無意識のレベルで起こるからです。孤独と何ともやりきれない気持ちが私たちの予備のエネルギーまで使い尽くし、許す気持ちが出てきた頃には私たちは疲れ切っていて何が起こったのかわからないということもよくあります。

許しはゆっくりと、少しずつやってきます。許すことができるようになったとき、それはあなたにとって大きな救いとなるでしょう。

■忘れることはじょうずに思い出すこと

「忘れる」ことは「手放す（死を受け入れ故人を逝かせてあげる）」ことを意味しています。でも、愛する人を「手放す」ことなどできるわけがありません。これは悲しみのプロセスの中で最もむずかしいことの一つです。

だれかと強く結びついている場合、その人を「手放す」ことはあまりにつらく不可能に思えます。それは私たちの心の奥に潜む最大の恐怖――見捨てられることの恐怖――を思い起こさせるからです。私たちは子供時代に受けた心の傷をふたたび経験させられます。死別の悲しみが恐怖とひじょうに似ているのはこのためです。見捨てられることへの恐怖の記憶は私たちのだれもがつねに持っています。でも、この恐怖に打ち勝ち、過去に対して、つまり愛する人といっしょにいたいという決して報われない願いに対して別れを告げないかぎりは、悲しみのプロセスを最終的なゴールへと導くことはできません。

結婚生活四十五年目、フォレスター氏は大腸癌で亡くなりました。フォレスター夫人は最初の一年間は悲しみのためにただ泣いて暮らしました。夫を亡くしてから十四か月たったいま、夫人は泣いてばかりいないで何とか悲しみを克服しようと努力しています。そのための最善の方法は夫の持ち物を目につかないところに片づけることだと最近気がつきました。そうすることは夫の死を否定することではありません。でも、夫のことを思い出させるものがそばになければ、泣くことも少ないということに彼女は気がついたのです。

あるとき夫人の友人が、なぜ夫の写真を飾っておかないのかたずねました。夫人は「あの人のことを忘れようと努めているからよ」と答えたそうです。夫人はさらに次のように私に話してくれました。

そうすることが人間として冷たいことなのかどうか、それはわかりません。でも、ともかく私は本当に夫を忘れようと努めたのです。いやなことをくよくよ考えるのは私の性に合いません。写真も全部しまってしまいましたし、夫のものは何一つ目につくところにはありません。だからといってだれかほかの人といっしょになりたいとか、そういうことではないのです。わかっていただけると思います。そうすることが悲しみを乗り越えて生き続けるための私のやり方なのです。

泣くのをやめようと決心したときがフォレスター夫人にとって悲しみのプロセスの転換期となりました。「夫を忘れようと努めている」という彼女の言葉の本当の意味は、夫を取り戻したいという空しい望みを捨て、最初の一年間のようにただ夫をなつかしがってばかりいるのをやめることにありました。夫人は幸せいっぱいの四十四年間の結婚生活を忘れようとしていたわけではありません。その思い出は彼女にとって何物にも代えがたい貴重なものです。でも、夫人は悲しみのもたらす苦しみから解放されたい、自分を過去に閉じこめたままにしておく空しい願望から自分を解き放とうと決心しました。夫のものを片づけたとき、心の中でフォレスター夫人は未来の新しい生活を見つめ始めていたのです。

たとえある程度忘れることができたとしても、いろいろなことが思い出されて胸が締めつけられるような思いをすることがまったくなくなるわけではありませんし、誕生日などの特別な日につらい思いをすることがなくなるわけでもありません。もしあらゆる記憶を消してしまったとしたら（そんなことができたとしたらですが）、愛する人とともに過ごしたすばらしい時間の意味をすべて消し去るだけでなく、故人の人生の意味自体を消し去ってしまうことになってしまいます。実際のところ、忘れるということは「じょうずに思い出す」ことを意味しているのです。

一つのものを「手放す」ことは新しい出会いに目を向ける、あるいは未来を信じるといった姿勢も意味します。それができると新しい人生——これまでとは別の喜び、別の心の支えのある人生——に対する期待が生まれてきます。

■死の中に意味を見出す

息子のジム、あるいはほかの家族の一員を亡くし悲しみのプロセスが始まったばかりの頃に、だれかが私に「死の中にも何か意味を見出すことができる」などと言ったとしたら、私は決してそれを信じなかったでしょう。大切な人を失った直後に、そのつらい経験の中に慰めを見出すことができる人などいるわけがありません。人の死から何か意味を見出すことができるようになるためには、その前に、その人が私たちにとって、あるいはほかの人たちにとってどんな意味を持っていたかを知る必要があります。でも、悲しみの初期の段階ではそんなふうな見方はできません。私たちは答えのない「なぜ?」という質問を頭の中で繰り返すばかりで、袋小路に陥っています。

でも、そんなふうにして立ち止まりながらも、一つの死から何か意味を見つける探索の旅は続きます。その旅は私たちが適切な結論に達し、その中にある程度の心の安らぎを見出すまで終わることはありません。

この心のやすらぎは、故人にちなんだ活動をすることでもたらされる場合がよくあります。マーガレットは夫が亡くなった癌病棟でボランティアの仕事を始めました。自分なら同じような状況にある家族を慰めることができると思ったからです。また、十七歳の美しい娘を交通事故で亡くしたキャリーは、悲しみをこらえながらも「思いやりの友(Compassionate Friends)」の支部を組織し、同じような体験をした遺族を慰めるために自分の体験談をしてあげました。このような例はいくつもあります。人を助けるために自分自身を捧げるとき、私たちは愛する故人を永遠のものとすると同時に、自分の人生に新しい意味を与えることができます。

愛する人を亡くした人はすばらしい長所を持つようになります。それは同じような苦しみを味わっている人たちに対して前より思いやりを持つようになることです。

パウエル氏は妻が亡くなるまで葬式に出たことがありませんでした。葬式など意味がない、ただ「縁起でもないもの」と思っていたからです。夫人が亡くなったあと、氏の葬式に対する見方が変わりました。妻の葬式に出席してくれた人や、短い手紙を置いていってくれた人全員に心から感謝しました。そういった人たちによって自分が支えられているのを感じ、また、自分の妻がどんなふうに人々に愛されていたかを知ることでひじょうに心が慰められました。彼はいまでは、愛する人を亡くした遺族の助けとなれる機会があれば決してそれを逃さないと言っています。愛する者を失って傷ついているとき、他人からの親切や思いやりを感じることがどんなに大切なことか、彼は身をもって学んだのです。

故人となった愛する人の人生がどんな意味を持っていたかを探ることによって、大きな心の安らぎがもたらされることもあります。故人の写真を全部集めてアルバムを作ったり、思い出に残るものを集めてスクラップブックを作ったりするのもよいでしょう。そうすればその人の人生におけるさまざまな出来事を年代順にながめ、より完全な人間像を得ることができます。アルバムやスクラップブックを作るための写真や思い出話を故人の友人から集めるというのもよいアイディアです。それはまた、友人と思い出話をするよい機会となるでしょう。

この時期に入って心と身体が回復しいろいろなことができるようになっても、まだ私たちは故人について話す、つまり故人にまつわる思い出話やちょっとしたおもしろおかしい出来事などを繰り返し誰かに話して聞かせる必要があります。悲しみのプロセスの第四段階のこの時期に入っても、悲しみを癒すための一番の薬は故人について話すことです。話を聞いてくれる友人、気持ちを分かち合える友人、彼らこそ私たちに与えられた最も貴重な贈り物です。

死別を体験した人の中には、魂のレベルでのさまざまな結びつきから貴重な贈り物を受けたという人もいます。神、あるいはそのほかの人間を超えた力を信じる気持ちを新たにし、そこから与えられる愛を信じることで、ほかの場所では見つけることのむずかしい心の安らぎが得られるという場合もあります。

■円を完成して真の癒しを得る

「円を完成する」というのは「傷を閉じる」ことを意味します。つまり「真の意味での癒し」です。おそらく傷跡は永遠に残るでしょう。でも、ぱっくりと開いた傷口はいつかふさがります。原始的な社会では死別後の新しい結びつきを象徴する儀式や慣習がよく見られます。家族が手をつなぎあったり、儀式的な食事を共にしたり、木の葉を燃やして地上を去る魂を象徴する煙をあげたりすることで「円を完成する」のです。どの儀式の場合も、目的は死者と生者とを分けることにあります。儀式のあと、残された遺族は新たな人間関係を結んで生きていくことを許されます。

残念ながら私たちの生活する現代社会には、愛する人を亡くした人にこのような未来への架け橋を与えてくれるような儀式はほとんどありません。たしかに葬式はありますが、この儀式は一つの生の終わりに完全にピリオドを打つには早すぎます。ふつうはそれはたんに悲しみの始まりを示すにすぎません。ですから、円を完成する作業はもっとあとになって、もっと象徴的な意味合いの少ないやり方で行わなければなりません。愛する人を亡くす前の人生には関わりのなかった新しい友人たちと付き合いを始めるといったようなこともその一つの方法と言えるでしょう。
アルマと夫のジムは結婚生活の大部分を中西部の小さな町ですごしました。ジムは若くして会社の共同出資者となり家族に不自由のない暮らしをさせてきました。四人の子供はみな大学を卒業し、次男のジョージは父親の会社を手伝っていました。アルマは地域で活動をするクラブや組織にいつも積極的に参加していました。二人はいつも人との付き合いで忙しく、友人たちの間でもひっぱりだこのカップルでした。

ジムが病気だという知らせはみんなにショックを与えました。あんなにがっしりした体格で病気一つしたことがないのに……。ジムが悪性の黒色腫《メラノーマ》をわずらっているという事実はだれにとっても受け入れがたいものでした。あいかわらず元気だし、本人だって気分は上々だと言っているのに……。でも病気は急速に進行し、ジムは四か月後に亡くなりました。

町はショックに包まれましたが人々は大きな愛をもって事態に対処し、アルマの支えとなりました。アルマは前と同じように人々に受け入れられ、夫が亡くなる前に関わっていた活動を続けました。だれもが夫の死に際してのアルマの態度を立派だと思いました。彼女は毅然としていて勇敢で、ほかに愛する人を亡くした人があればその人たちを慰めることさえしました。子供たちもそばにいて母親を励ましました。最初の年、アルマはあらゆる面で支えを受けながらすごしました。

結婚している友人たちと共通の話題を持たないことにアルマが気づき始めたのは夫が亡くなって三年目に入ってからでした。友人たちが話題にするのは夫婦で過ごした休暇のことや、夫婦同伴で出かけた出張旅行の話、そのほか二人でやったいろいろな出来事についてばかりでした。アルマは地元のコミュニティ・カレッジで講座をとったり、選挙運動にボランティアで参加したりして一人でできる活動を生活に取り入れるように努力しました。ある政治集会でアルマは州都からやってきた弁護士に出会いました。選挙戦略について話しているうちに二人はたがいに気が合うことに気づきました。その弁護士は長い結婚生活のあと二年前に離婚していて、いまは異性と友人関係を持つ以上の興味はないと言いました。アルマの気持ちもまったく同じでした。

そのうち、二人は週末にデートをするようになりました。二人でいるととても楽しい時を過ごせました。アルマは忙しくなってきたので、古くからの友人の誘いを前と同じようにどれもこれも受けるわけにはいかなくなりました。友人の妻の方だけと昼食を楽しむことはありましたが、夫婦での社交生活には前ほど興味が持てなくなっていました。意識の上でははっきりと認識していませんでしたが、アルマはそのとき円を完成させようとしていました。いまの自分の生活を分かち合うことのできる新しい友人のグループを見つけつつあったのです。古くからの友人を完全に断ち切ることはしていませんでしたが、彼女の新しい生活は過去ではなく現在に根をはったものとなっていきました。

人生を分かち合うための新しい方法を見つける必要性はゆっくりと姿を現します。アルマの場合は夫が亡くなってから三年目に表面に出てきました。五年、十年という年月がかかる人もいます。新しいライフスタイルに足を踏み入れることには恐怖がともなう場合もありますし、うまくいかずに失望することもあります。私たちは何かを目指して行動を起こすとき、失敗の危険をとりのぞいてくれるような（そして、努力の結果を自分がもっとよくコントロールできるようにしてくれるような）「保障」を求めます。でも、人生にそんな保障付きの安全策などありません。

もし前に進みたければ、大きく深呼吸して、新しい人生に向かって一人で足を踏み出すしかないのです。

■未来について考えるようになると希望が出てくる

たとえその考えが不明瞭で確信の持てないものであれ、未来について考え始めるようになると、「もしかしたら希望が持てるかもしれない」という気持ちがわいてきます。これは私たちが死という悲劇的な出来事を乗り越えて、愛する人と共にした思い出を温かい気持ちで振り返ることができるようになったことを意味します。

■理想化から現実へ

悲しみのプロセスの初期には、故人を理想化することが苦しみを乗り切るのを助けてくれましたが、この頃になるとそういった見方に代ってもっと現実的な見方が前面に出てきます。

愛憎入り交じる心の葛藤のさなかでバランスを取り戻す必要のある初めの頃には、故人の人間像の理想化はひじょうに助けになりますが、その一方で、それはもっと完全な形での人間像を形成するのをさまたげます。理想化している限りは、故人の長所だけでなく短所も認めることができないからです。現実的な考え方ができるようになってはじめて、悲しみのプロセスの最後の段階である再生（復活）へ進む準備が整います。

す。

■癒しの時期を乗り切るために

癒しの時期に注意して見つめたい変化や、実行するように心がけたいことは次のようなことです。

◆自分の中のエネルギーが少しでも増えた感じはしないか、いつも注意していましょう。どんな小さな兆候も見逃さないように。そういった兆候が少しでも見つかると、いつか悲しみが終わる時がくるかもしれないという希望の光が見えてきます。

◆自分がふがいなく思えても、腹を立てたりあせったりせずに気を長く持ちましょう。悲しみが癒えるのには時間がかかります。そのプロセスを早めたいと思う気持ちはわかりますが、何をしようとそれはマイペースで進んで行きます。

◆自分で何か決めてみましょう。でも、完璧であろうとしてはいけません。間違いを犯すこともあるかもしれません。でも、一般的に言って自分の直観を信じて行動したときの方がそうでないときより多くのことを乗り切れるものだということを心に留めておきましょう。

◆捨てなければならない「役割」があることを認識しましょう。たとえば、妻の役目を捨てなければならないとしても、その代わりにあなたは新しい「自分」というアイデンティティを受け入れられるようになるかもしれません。あなたが続けたいと思っている役割は何か、やめることのできるはずの役割は何かを見極めましょう。人生における自分の立場をすっきりと単純なものにすると同時に、あなたが行わなければならない決定も単純化することが大切です。

◆自分中心になることを学びましょう。「自分中心になる」というのは、他人の必要だけでなく、ときにはそれより優先して自分自身の必要について考えるべきだということです。自分自身を愛することを学んではじめて、あなたは他人を本当に愛することができるようになります。

◆身体に十分注意を払いましょう。規則的に運動をすること。ウォーキングやジョギング、エアロビクス、何でもいいですから必ずスケジュールを決めてやるようにしましょう。運動を続けることはあなたの身体のコンディションを整えるのにとても役に立ちます。

◆正しい食生活を続けましょう。脂肪を避け、バランスのとれた食事を心がけること。そういった食事が習慣となれば健康面での心配はなくなります。

◆「悲しみを乗り切るためにはすべての思い出を捨てなければ……」などと考える必要はありません。思い出はその人が生きていたこと、あなたの人生で大切な意味を持っていたこと、あなたと人生を分かち合ったことの証です。あなたの成長の糧となる思い出はいつまでもとっておきましょう。それらの思い出は、これからあなたが始めなければならない新しい生活の妨げにはなりません。むしろあなたを強くしてくれるはずです。

◆興味のもてる相手をさがして積極的に付き合いましょう。多くの人と関わっていくうち、きっと一人か二人、本当に気の合う友だちが見つかります。

◆新しい趣味を始めましょう。いつかやってみたいと思っていたことを始めるのもいいでしょう。近くのコミュニティ・カレッジで講座をとるのもいい考えです。私は最近フェンシングの講習を受けました。競技に参加する気はまったくありませんし、もう二度とフェンシングの剣を手にすることはないかもしれませんが、基本的な姿勢や動きを教えてもらい、とても楽しいときを過ごしました。

◆無理をしないこと。成り行きにまかせることも必要です。何事も少しずつやり、生活をシンプルに保ちましょう。

◆悲しみから一時的な「休暇」をとることを自分に許しましょう。それが自分にとって「無理をする」ことにならなければ、友人と時を過ごし、笑い、楽しむ機会を作りましょう。楽しいときを過ごしたからといって故人に対して裏切り行為をしている気持ちになる必要はありません。一時的に休むことで悲しみの作業を完結させるためのエネルギーが得られます。

◆故人の死に意味を見出しましょう。それが完全にできたときはじめて、あなたは愛する人を「逝かせてあげる」ことができます。

◆精神を集中させる時間を持ちましょう。瞑想、沈黙、祈り、心理療法など、自分の内面に目を向けるのを助けてくれることなら何でもいいのです。新しいアイデンティティに向けて足を踏み出すためには、そのアイデンティティがどんなものか見つける必要があります。自分の内面に精神を集中したからといって簡単に答えが見つかるわけではありませんが、真のあなたを発見するための大切な旅の出発点が見えてくるかもしれません。

第六章　第五段階〈再生〉

立ち直るあいだに自分自身について多くのことを学びました……その中で一番ためになったのは、自分でやっていけることを発見したことです。それまで、できるとは夢にも思っていなかったことができたり、問題を処理したりすることができる、それもてきぱきとまるで仕事を片づけるように処理できることに気がついたのです。また、家庭という安全な避難所に閉じこもるのではなく、外の世界に目を向けるようにもなりました。ジョージがいまの私を見たらほんとうにびっくりすることでしょう——もしかするとほんの少し誇らしく思うかもしれません。いえ、きっととても誇らしく思うにちがいありません。

五十二歳で夫を失った女性

悲しみに満ちたこの旅路が始まったとき、私たちは自分がここまで到達できるとは夢にも思っていませんでした。愛する者を亡くしたとき、自分の人生も終わってしまったように思えました。後には何も残っていませんでした——未来も希望も活力も。ただ生きるためだけにすべてのエネルギーを使い果たしていました。それどころか、生き続けることすら意味を持たないように思えたものです。暗闇が空から降りてきて、それが永遠に続くように感じられました。

でも、私たちが気づかないうちに変化は起きていました。私たちはゆっくりと、愛する人が失われたあとの世界を受け入れ始めていたのです。その死によって、私たちは自分にとって大切な人を失うと同時に、その人の存在を通して自分のまわりにできあがっていた多くの「社会的」要素も失いました。でも、そういった傷も少しずつ癒されていきました。

私たちは以前よりほんの少し強くなったように感じ始めています。自分を大切にする心も芽生えつつあります。私たちは自分が望むと望まざるとにかかわらず、逝ってしまった人の代りとなるものを見つけてきました。新しい趣味、ボランティアの仕事、大学、あるいは興味を分かち合うことのできる新しい友人……そういったものを見つけて何とか時を過ごしてきました。自分ではまだ気がついていないかもしれませんが、とうとう悲しみのプロセスの最後の段階——「再生の時期」へと移行する準備が整ったのです。

私たちは愛する人を失う前と同じ人間でしょうか。いいえ、まったく違います。愛する者を失った苦しみと空しさが私たちに残した傷は永遠に残ります。でも、どうしようもない苦しみ、報われないとわかっていながら故人を取り戻したいと願う気持ち、限りなく続く「なぜ……」という問いかけ……これらは次第に力を弱めています。誕生日など何か特別な日にはまだつらい思いをするでしょうし、ときにはさびしくてたまらなくなることもあるでしょう。でも、時間がたつにつれ、先にあるものに向かって前進しなければならないことを私たちは無意識のうちに受け入れていきます。

悲しみのプロセスは死と再生のプロセスに似ています。故人と共有してきた人生の中断と共に、私たちの一部も死にましたが、それと同時に、生まれ変わるための準備も始まりました。私たちは生まれ変わり、新しい人生を満たすための力を与えられ、新たな人生を生きていくのです。

■再生期の特徴

◆自己認識を新たにする
◆自分自身に対する責任を受け入れる
◆喪失をかかえたまま生きることを学ぶ

■生まれ変わった自分を認識することから新たな出発が始まる

著書『トランジション――人生の転機（Transitions）』（創元社）の中でウィリアム・ブリッジズは、悲しみのプロセスの最後にやっと訪れる「新しい始まり」について次のように語っています。「休息のためのどっちつかずの状態が終わりすべてが解決されてはじめて、それまでの人生の消滅とその後のあてのない旅によって変化した新しい自分を始動させることができる。」ブリッジズは新しい自分の始まりを現代の機械文明になぞらえて興味ある観察をしています。つまり私たちはキーやスイッチを使って機械を始動させるのに慣れてしまっているので、物事がすぐに思い通りに始まらないと「どこかがおかしいのだろう」と考えてしまう傾向があるのです。

大切な人を失ったあとには、これまで持っていた内面的な世界を別の世界へと変化させるための移行の時期が必要です。私たちには自分が体験した喪失のあらゆる側面を消化するための時間が必要なのです。それが終わってはじめて、何か新たに得るものが先にあるということを受け入れられるようになります。

悲しみの中には強さが隠されています。その強さは、時間はかかりますがいつかは訪れる新しい自己認識から生まれます。私たちは自分でも気がつかないうちに変化します。ほかに選択の余地はほとんどないという現実に直面し、歯を食いしばって時が過ぎるのを耐えていくうち、不本意ながらも目の前の状況に対処することを学んでいきます。そうすると新しい選択の道が見えてきて、選択の自由が与えられていることに気づきます。このようにして、ほかのだれのためでもない自分のためだけの道を選ぶ自由を受け入れたとき、思いがけずすばらしいことが起こる場合があります。

スージーは結婚後わずか八年で交通事故のために夫を亡くしました。ハイスクール卒業後すぐに結婚したため、スージーは父親のもとからそのまま夫のもとに嫁ぎました。結婚後まもなく二人の子供ができました。夫のジョージが亡くなる前、スージーは近いうちに自分が働きに出ることになるなどとは思ってもいませんでした。でも夫が亡くなってから、家計を支えるため収入の道を見つけなければならなくなりました。スージーはそのときのことを次のように話しています。

本当にいやでした。家から出て仕事を見つけるなんて……。自分にも嫌気がさしていました。それまで自分があんなにいやに思えたことはありませんでした。まったく自信がなかったのです。でも何とかやりました。やらなければならなかったのです。生計が立たなかったのですから。でも、外に出たことが私の転機となりました。運よく最初に応募したところで雇ってもらえました。はじめは緊張しましたがそれがほぐれたあとは、職場の人たちととても仲良くなりました。確かに運がよかったと思いますが、運が勝手に舞い込んできたわけではありません。自分から出ていってやってみなければこうはならなかったでしょう。夫の死を通して何かを学んでいたからこそ、そうすることができたのだと思います。

スージーの場合、ジョージが亡くなる前には自分がそれを持っていることすら気がつかなかった内面的な強さから、自分にも何かできるという新しい感覚が生まれてきました。夫の死は彼女の人生で最悪の出来事でした。スージーはこの二年間を振り返って、自分がこんなふうに精神の安定を維持し勇気を発揮できたことを誇りに思っています。スージーは夫の死という、あまりに悲しく二度と立ち直れるはずのない出来事に自分が対処できるなどとは夢にも思っていませんでした。また二人の元気のいい男の子を一人で育てることができるなどとも思っていませんでした。でも、彼女はその二つをやり遂げたのです。

■自分自身に対する責任を受け入れ、感情的にも自立する

実存主義者たちは、私たちには自分の人生と運命に対する責任があると主張します。人間は孤独から逃げることも、完全に自由になることもできないと彼らは言います。この考えをもとにす

ると、「いずれにせよ私たちは最終的には一人きりなので、大切な人を失う前にある程度の自立心を確立していないかぎり、一人取り残されたときに恐怖と不安で押しつぶされる」ということになります。自分一人で自分の人生に意味を与えなければならないことに気づかされた私たちは、「置き去りにされる」という子供時代の最悪の恐怖に突然再び襲われるのです。

多くの人は自分の面倒は自分で見られると自信を持っています。たしかに物質的には私たちは自立しています。着る物も住むところも自分で見つけられますし、身体を健康に保つことも、社会的に要求されるさまざまなことを処理することもできます。ところが、死別の悲しみに耐えなければならないときに最も大きな問題を引き起こすのは、物質的な自立ではなく感情面での自立の欠如です。（とくに男性は感情的な自立を確立するのがむずかしいようです。）

感情面での必要に関して、私たちはそれを自分で満たすのではなく他人に満たしてもらいたいと思う傾向があります。このように期待することはごく自然と言えるでしょう。私たちはまず、両親と自分とを同一視し、次に配偶者、子供ができるとその子供と自分とを同一視します。プラスの感情であれマイナスの感情であれ、私たちの感情は同一視した相手の気持ちや、私たちに対する彼らの反応の仕方によって左右されがちです。自分にとって大切な人たちに自分自身を預けてしまっていると言ってよいでしょう。

私たちは自分がいい気分でいられるように、そして彼らが自分のもとから去ってしまわないようにと、彼らを喜ばせる努力をし続けます。彼らにいやな思いをさせると、置き去りにされ、一人ぼっちになってしまう危険があるからです。感情的に必要としているものを自分で満たす方法を学ぶことは、自分を他者依存の状態から解放することにつながります。実際のところ、それは人生で最も大きな自己解放の経験となります。

最終段階に達した私たちは、新たに見つけた「自由」の持つプラスの側面に焦点を合わせることを学ばなければなりません。悲しみのプロセスのはじめには、このような必要があると認識することすらむずかしいものです。悲しみのプロセスではすべてがそうであるように、この作業にも長い時間がかかります。私たちはまず孤独感や空しさ、すべてが意味を失ったような感じ、罪悪感、孤立感などと戦わなければなりません。そのような時期を経てはじめて、そういった感情に押しつぶされることはないのだということがわかってきます。このような対決を経て、私たちはより強くより自由になっていくのです。

自分の人生に対する責任を受け入れることはかならずしも簡単なことではありません。とくに、それまで他人に完全に依存していた場合は大きな困難がともないます。でも、悲しみのプロセスの中で何度も孤独を体験していくうち、私たちはゆっくりと学んでいきます——生き延びるためには自分の面倒を自分で見なければならないということを。いまはもうそれを代わりにやってくれる人はいないのですから。

■故人とまったく同じ「身代わり」はいない

大切な家族の一人を失うことは、それまでそこにあるのが当然と思っていた大切な「頼みの綱」を失った状態で生きる方法を学ぶことを意味します。「頼みの綱」とは、私たちの人生に意味と目的を持たせてくれた夫や妻、私たちの愛と慈しみの対象であった子供、それまでずっと人生の手本であった両親などです。新しい人生を始めるためには、彼らの死によって生じた穴を埋めるための代わりのものを見つける必要があります。でも、まったく同じ役目をしてくれるものを見つけることは不可能です。それに気づかずに、ただやみくもに身代わりを求めると悲劇を招くことになりかねません。

夫や妻を亡くした人が故人とそっくりな人を探そうとしたり、子供を亡くした親がすぐに新しい子供をもうけて、その子を亡くなった子供と同じように育てようとしたりする場合があります。でも、当然ながら、そのような気持ちで代わりの人を探しているとひどく落胆したりみじめな気持ちを味わうことになります。それは、まったく同じ人間は決して見つからないし、新たに作り出すことも不可能だからです。このような落胆を繰り返すのを避けるためには、悲しみのプロセスを乗り切り、新しい生き方のできる段階に達しなければなりません。「再生」の段階まで行き着けば、私たちの内面に起きた変化を考慮に入れた上で、もっと賢明なやり方で代わりの人やものを探すことができるようになります。

■再生期の身体的症状

◆元気が戻ってくる
◆精神的に安定する
◆身体に気をつけるようになる

■少しずつ元気になって、新しい世界に足を踏み入れる

「再生の時期」になると、私たちは悲しみの始まった頃に失われたエネルギーがやっと戻ってきたことに気づきます。いつ終わるともしれなかった悲しみのプロセスを振り返ってみると、いままで生き延びてこられたことがほとんど奇跡のように思えます。悲しみは多くのものを奪っていきました。でも、いまは少しではありますが力が戻ってきて、未来への希望の兆しが見え始めました。『詩集（Collected Poems）』の前書きでD・H・ロレンスは次のように書いています。

「その年、私のまわりのすべてが崩れ去った。残されたのは死の神秘と人生につきまとう死の影だけだった。当時私は二十歳だった。母の死を境として私のまわりの世界が消滅し始めた。美しく虹色に輝きながら、無へと化していった。その過程は私が自分自身を消滅させる直前、つまりひどい病気になってしまうまで続いた。そのとき私は二十六歳になっていた。それから世界がゆっくりと戻ってきた。あるいは私自身が戻ってきたのか。しかし、私が戻った世界は前とは違うまったく別の世界だった。」

私たちも現実の世界に戻る道を歩み始めました。でも、その世界は前とは違う世界です――選択の余地があるならば決して選ぶはずのない世界、愛する者の欠けた世界です。私たちはいま、この新しい世界で何とか生きていくためのエネルギーを、ほんの少しですがこれまでよりは多く手にしています。

■心の安定と共に人生も安定してくる

この時期になると、悲しみが始まったばかりの頃の気が狂ってしまいそうな感情の爆発は収まり、自分自身に対するコントロールが少し戻ってきたように感じられます。実際のところ、生物学的には私たちの身体は回復と再生に十分な時間をすでに過ごしています。

私たちは新しい力を感じ始めています。その力はおそらく愛する人を亡くす前には自分が持っていることすら知らなかった力です。折れた骨は治ったときに前より強くなるといいます。悲しみの場合も同じです。心の痛み、混乱、そのほかさまざまな問題を乗り越えてきたという事実は、あなたが実際には自分が思っているより強いということを教えてくれています。故人にとっての記念日や共に過ごした休暇の時期など、特別なときにはまだつらく悲しい思いをするかもしれません。でも、これまでずっと感じていたような強い絶望感や無力感はなくなっているはずです。私たちの人生は混乱した時期をくぐり抜け、穏やかで秩序ある安定した時期へと移行を始めたのです。

■身体を強くして新たな危機に備える

私たちはこれまでずっと眠れない夜を過ごしてきました。胸がむかむかして食欲もありませんでした。悲しみのプロセスの半ばに訪れる疲労困憊の状態も経験しました。あのときは腕を持ち上げることさえできませんでした。いまでもときにはこういった症状に悩まされることもあります。でも、それ以外のときは、肉体的に以前より強くなったように感じるようになりました。この段階に入っても、これまでと同様栄養のバランスのとれた食事と適度な運動が必要です。将来また受けるかもしれない心の傷に押しつぶされないように自分を強くしておくためです。

自分の身体に気をつけることにはほかの利点もあります。つまり、自分で自分の面倒をみることができるようになると、それがさらなる自信につながるという利点です。

活動的なことをしないでいる状態がしばらく続いたあと、体を強くするための方法を新たに学ぶことは生き残るために不可欠です。それに、フィットネスクラブに入ったり、エアロビクスのクラスをとったり、ウォーキングやジョギングを日課とすることは、どんな人にとってもよいことですし、悲しみを乗り越えるためだけでなく長い目で見ても身体にとてもよいことです。

■再生期の持つ心理的側面

◆自分自身のために生きる

◆孤独を前提として受け入れる

◆「記念日」に訪れる悲しみに耐える

◆人と積極的に交わる

◆外の世界に焦点を合わせる

◆悲しみの長いプロセスを理解する

■自分自身のために生きることを学び、人間的に成長する

自分以外の人間のことをいつも思い、その人のために何かをしてあげることに人生の大部分を費やしてきた人間にとっては、「自分自身のために生きる」ことがひどく退屈に思えます。亡くなる前に愛する人が長く患っていて、その看護をしてきた場合は、「手持ち無沙汰症候群」に見

舞われることもあります。「自分の患者」のあらゆる必要を満たすことに専念してきたために、それをするのが人生の一部となってしまっているからです。そのような場合、「もう何もすることがない」「人生に何の目的も見出せない」といった気持ちになりがちです。自分自身のために時間を使うことはエネルギーの浪費に思えてならないのです。それどころか、どうやったら自分のために時間を使うことができるのか、その方法すらわかりません。

人生の大半を他者――配偶者や子供、親――のために生きてきた場合、自分自身のために生きる方法を学ぶには、まず自分自身の必要を満たすことから始めなければなりません。つまり、前の章で取り上げたように、「自分自身を中心にすえること」を学ぶ必要があるのです。そして、自分の肉体的・精神的な必要を満たすために、考え方やエネルギーを内側に向けなければなりません。そのためには、気を散らすさまざまな要因を排除し、もっと静かな内なる世界へと導いてくれる行為・活動が役に立ちます。瞑想、祈り、心理療法、読書、学習、そのほか何でも自分にあったものを見つけて、やってみましょう。

著書『愛を無駄にするなかれ(Love Must Not be Wasted)』の中で、イザベラ・タヴェスはこのことについて次のように書いています。

「悲しみが始まったばかりの頃は――そのときにはおそらくそんなふうにはとても思えないだろうが――まだ楽だ。涙や胸を裂く痛みが自然にわき上がってくるし、人々は理解を示してくれる。それに『ショック状態』という緩衝材もあるし、非現実感に助けられて勇気も持てる。次にやってくる段階、もとに戻るための長い道のりはもっとむずかしい。この時期には、自分自身にリハビリテーションを施すこと、未来への展望を持って自分の人生を再構築すること、生まれ変わることができるように過去の自分を破壊することが要求される。これらはひじょうにむずかしいことだが、より解放された新しい人生を築くという挑戦をここで受けて立てば、その報いとして人間的な成長がきっと与えられる。」

私たちはいま、もとに戻るための長い道に差しかかっています。それはたしかにこれまでより困難な道です。

家族のだれかを失うと、そのたびに私は「この悲しみを乗り越えることなど決してできない」と思いました。そして、最近になってやっと、愛する人を失うとそのたびに違った意味で私は変わるのだということに気づき、自分がやらなければならないことが何か本当にわかってきました。私たちは悲しみによって変化させられます。でも、その変化を恐れてはいけません。そこには必ず成長があり、私たちは自分がなるべき姿に次第に近づいていくのです。

ここで一番むずかしいのは、その成長の方向を自分の好きな方に曲げたりせずに自然に任せることです。かつての私は自分自身だけでなく、まわりの世界に関してもいつも主導権を握っていないといやなたちでした。ですから、この「成り行きにまかせる」というのは私にとってとてもむずかしいことでした。自分の性に合わなかったのです。自分がすべてを監督しないとうまくいかない、放っておいたら何もかもめちゃくちゃになってしまうと信じていたからです。でも、いざ自然にまかせてみると、驚いたことに世界はめちゃくちゃになるどころか、私自身、自分ともっとうまくやっていけるようになりました。自分をせきたてたり、自分に多くを要求することもなくなり、ものごとをコントロールしようとするのをやめ、新しい自分が生まれてくるのを好奇心をもって見守るようになったのです。新たな悲しみが訪れるたびに私は新しい何かを学び、いつもなりたいと思っている本当の自分に向かって一歩ずつ前進してきたような気がします。

どうして私がこのような経過をたどったか、その理由を説明するとしたら、ただ一つ次のように言えると思います。

私が失った人たちはそれぞれに私にとってとても大切な意味を持っていました。ですから、私はその人が求める人間になろうとしていました。みんなに愛され、喜ばれる人間になろうとしていたのです。そのときには、そうすることが私自身を喜ばせることでもあると思っていました。愛する者を失うと同時にその役割が奪われ、役を演じることができなくなったとき、私は自分自身にやさしくなれることに気づきました。そのためにとくに努力したわけではありません。ただ、自然にリラックスできるようになっていったのです。その後私は以前よりも解放され、自分がいつもなりたいと思っていた人間に近づいていきました。

人間的な成長のために愛する人の死が「必要だ」というわけでは決してありません。でも不幸にして大切な人を失ったとき、私たちには二つの選択肢が与えられることを覚えておいてください。一つは喪失を乗り越えて成長する道、もう一つは悲しみに押しつぶされ心を閉ざしてしまう道です。

■悲しみが戻ってくることはあるが短期間で終わるようになる

いろいろなことが思い出されてつらい思いをする瞬間はこれからもあります。おそらくいちばんつらいのは、誕生日や結婚記念日、命日などの特別な日、あるいは個人的に何か特別な意味のある日でしょう。悲しみを乗り越えたと思ってしばらくしてから思いがけず悲しみが戻ってくると、私たちはいったい何が起きたのだろうと驚き、そしてがっかりします。一時的ではあるのですが、一瞬にして足元が崩れてしまったように感じるのです。

そういった体験を語ってくれた人はたくさんいますが、その中の一人は次のように言っています。「結婚記念日の朝、目が覚めるとまた前のように気分が悪く、空しい気持ちになっていました。まず頭に浮かんだのは、またあの苦しみが最初から始まるのか……という思いでした。あの悲しみをまた最初から経験し、それを乗り越えなければいけないなんて耐えられないと思いました。終わりのない深みにはまってしまったのだと思い、ほんとうに怖くなりました。」

特別な日に新たな悲しみに襲われるこの「記念日反応」は、私たちが生きている限り続きます。それは私たちがまったく予期していなかったときにふいに訪れ、私たちを驚かせます。意識の上ではその特別な日を忘れていたとしても、無意識のうちに覚えていることもあるからです。そんなとき、予期せぬ悲しみが襲ってきます。あるいは、思いがけないところから思い出の品が出てきて、こうした反応が引き起こされることもあります。たとえば、戸棚の奥にしまってあった野球のグローブや引き出しの底にころがっていたパイプ、そのほか故人について特別なことを思い出させるさまざまな物や出来事に出会ったときです。でも、このような「悲しみのぶり返し」は前のように長く続くものではなく、比較的短期間に過ぎ去ります。このことを頭に入れておくと、そういった反応が襲ってきたとき恐怖に襲われることが少なくなるでしょう。

■自分を人生の中心にすえると同時に外に目を向ける

新しいスタートを切るためには、前の段階で取り上げたように「自分自身を中心にすえる」だけでは十分ではありません。自分を中心にすえることは、自分が必要としているものや自分の能力を認識するのに役立つという点で重要な第一歩です。でも、ただ自分を中心にすえただけでは、すりきれた古い荷物をさげて新しい旅立ちをするのと同じです。私たちには「いまの」自分の必要を満たすための新しい荷物が必要です。「外のものに焦点を合わせる」というのは、悲しみの世界から外の世界へと再び目を向けることです。その過程で私たちは新しい旅に必要な荷物を選んでいきます。

「自分自身を中心にすえる」ことと「外のものに焦点を合わせる」ことは補完的に作用し合います。自分自身を中心にすえることは自分を知るのに役立ちますが、それぱかりをしていては自己中心的になるだけで、必ずしも自分の行動に百パーセント責任をとることができるようになるわけではありません。一方、外のものに焦点を合わせるだけでは、ほかの人の考えに引きずり回されるばかりで、自分があるべき姿ではいられなくなる危険性があります。つまり、外の世界ばかりに耳を傾け、自分が必要としているものや自分の気持ちにはまったく注意を払わなくなってしまうのです。

外のものに焦点を合わせることは、神経を集中するための第一歩となります。新しいさまざまな目標に向かってスタートを切るためには神経の集中が不可欠です。特定の人物や出来事、物事に全エネルギーを投入することにより、私たちは自分を混乱させるさまざまなことを締め出します。そうすれば前よりも時間をかけずにいろいろなことが決められるようになりますし、時間やエネルギーをもっとうまく使えるようになります。その結果、さまざまな目標を達成することができるようになるのです。

新しい人間として機能し、新しい（つまり前とは違う）人生を生きていくためには、「自分を中心にすえる」という戦略と「外の世界に焦点を合わせる」という両方の戦略を用いなくてはなりません。つまり、自分を中心にすえることで自分の必要としていることや望んでいることをもっとよく知ると同時に、外の世界での出来事や目標に焦点を合わせることで自分自身に行動を起こさせるようにしなければいけません。

■孤独を悲しみのプロセスの一部として受け入れる

孤独は死別の悲しみの副産物です。愛する者を失った私たちは「自分はほかの人とは違う」と感じます。そして、「こんなふうに感じているのは私だけだ」と思い込みます。ですから、自分のまわりの世界からはじき出されたように感じても当然です。故人をなつかしむあまり、そして、彼らに戻ってきてほしいと切望するあまり、私たちは深い孤独に陥ります。

私たちが切望しているのは故人が戻ってきてくれることだけではありません。私たちは愛する者の死に付随して失われたさまざまなものにも思いを残しています。たとえば配偶者を亡くした場合、私たちは快適な結婚生活、夫婦としてのライフスタイルなどが失われたことを惜しみます。子供を亡くした場合は、子供が与えてくれていた前向きの力——子供の存在によって家庭に持ち込まれていたあふれるようなエネルギーや成長の喜び——が失われたことを惜しみます。いまでは人生が輝きを失い、意味のないものに思えてなりません。親を亡くした場合は、自分がもはや「だれかの子供」ではなくなったことを惜しみ、これまでの生きてきた自分の大部分を失ったように感じます。

孤独は悲しみのプロセスの一部です。私たちは失ったすべてのものに関して嘆き悲しみます。一つのことが終われば私たちはいやおうなしに次のことのはじまりに組み込まれていきますが、新しいスタートのための準備が完全にできていなくて、まだ前のことにしがみついている状態、つまり、なかなか状況が進行しないどっちつかずの状態は孤独に満ちています。

新しい人や場所、考え方、経験などに対して自分から積極的に取り組んでいけるようになれば、希望という新しい地平線が開けてきます。ここで一つ覚えておいていただきたいのは、この段階に至るまでには多くの時間とエネルギーが必要だということです。私たちはこの困難な転換期を乗り越えるあいだ、自分自身に対してやさしく、忍耐強くしてやらなければなりません。

■人と積極的に交わることがいちばんの孤独解消法

人と接触することは孤独の解消に必ず役立ちます。でも、大切な人を失ったあとにはとくに、人と交わることはひじょうにむずかしいものです。悲しみのせいで私たちは自分自身についても、また自分のまわりの世界に関しても不安を感じるようになっています。つまり、愛する人が自分を残して逝ってしまったために、ほかの人も同じようにするのではないかという大きな恐れを抱いているのです。「それならば、はじめからだれも信じない方が安全だ」と私たちは考えます。

自分自身のための新しい人生を始めようと決心し、自分自身を人生の中心にすえ、自分が求めるものが何かわかってきたら、次に必要なのはその決心を実行に移すためのエネルギーと新しい友人たちからの支えです。タンパ・スタディに出席した人たちの話の中にも、長い悲しみのプロセスのあいだに友人たちなどによる「サポート・システム」が変化していった、あるいは消滅していったという例がいくつもありました。

成長した子供が親を亡くした場合は友人関係を含め、生活にあまり変化がなかったと言う人が多いようです。すでに自分の生まれ育った家のある地域から離れて生活している場合が多いからです。子供を亡くした親の多くは、子供の友人の親たちは次第に遠ざかっていったと語っています。共通の興味の対象であった子供がいなくなったからです。配偶者を亡くした場合は、それまで夫婦で付き合いをしていた友人たちの輪は閉ざされます。夫あるいは妻を亡くした人はまるでよけいな「五つめの車輪」にでもなったような気持ちを味わうことになるのです。

ホワイト氏は妻を亡くしてから一年あまり、ほとんど一人きりで過ごしました。「四十年間結婚生活を続けていたが、自分から積極的に人との交際を始めるにはどうしたらよいのかまったく知らなかった」とホワイト氏は語っています。当然ながら彼はとても孤独でした。十二月の初旬、私は遠方に住んでいる家族を訪ねるように強く勧めました。ホワイト氏がまたクリスマスをさびしく過ごすのを見るにしのびなかったからです。彼はしぶしぶながら切符を買うために地元の旅行代理店へ出かけました。そこで応対に出てきた女性は彼の顔見知りでした。妻とバードウォッチングをやっていた頃、同じグループにいた女性だったのです。ホワイト氏はその女性も夫を亡くしたことを知りました。二人はまもなく付き合い始め、結局は結婚しました。ホワイト氏は自分が「積極的に人と交わる」のになぜあれほどの時間がかかったのか、いまでは不思議に思っています。

ストレスに関する研究の先駆者であるハンス・セリエは、ストレスと闘うためには「利他的な自己中心主義」をとることが必要だと語っています。簡単に言うと、ストレスと闘うには隣人愛が必要だということです。セリエはさらに、そのような愛は、万一のストレスに備えてつねに密かに蓄えられるべきだとしています。これはいいアドバイスだと思います。

私たちは大切な人を失うような万一の事態に備えて保険をかける意味でも、自分から積極的に他人とつきあう方法を覚えておく必要があると思います。タンパ・スタディの参加者に、悲しみのプロセスをくぐりぬけるあいだにいちばん助けになったのは何かとたずねたことがあります。圧倒的に多かった答えは「友人、家族、隣人。そのほか時間をさいて話を聞いてくれる人ならだれでも」というものでした。生命保険や疾病保険には毎年大金をかけるのに、愛する人を失うといった精神的な痛手に対するこの保険のことは忘れられていることが多いようです。隣人愛を蓄えておくというこの保険から支給される「保険金」は、死別の悲しみを乗り切る際に大きな役に立ちます。

■悲しみを乗り切るまでの時間は人によって異なる

悲しみのプロセスを乗り切るにはどれくらい時間がかかるのでしょうか？

これまで述べてきた五つの段階を通過するのにかかる時間を予測するのは、思春期の子供が完全に大人へと成長するのにかかる時間を予測するのに似ています。一般的な目安となる時間を設定することはできますが、実際にかかる時間は人によって異なります。一か月ですべてのプロセスを終える人もいれば、何年もかかる人もいます。その長さは故人との関係、本人の性格、ショックの大きさなどによって大きく異なります。

これまで説明してきたように、それぞれの段階で私たちがどんなことを経験するかはだいたいわかっています。でも、一つの段階を終えて次の段階へと進むまでにどれくらい時間がかかるかは予測できません。実際は一つの段階の終わりがはっきりせずに次の段階と重なり合っていることも多いのです。それに、短期間ですが前の段階へ後戻りする場合もあります。悲しみのプロセスは順調に先へ先へと進むなどということは決してありませんし、その過程で何が起こるか、何一つ予想することはできません。つねにでこぼこのいばらの道なのです。

■再生期を乗り切るために

新しい自分の誕生と共に「悲しみを癒す作業」は完了します。この時期には自分自身と自分の未来のために次のようなことをするとよいでしょう。

◆最愛の人が亡くなってからたとえどんなに長い時間がたっていても、遠慮せずにその人のことを話し続けましょう。あなたには新しい生活の一部としてその思い出を持ち続ける権利があります。

◆健康や身体によいことをやり続けましょう。栄養のある食事をし、運動を続けることが大切です。そうすれば、あなたが新しい世界に移行していくにつれてさらに多くのエネルギーが得られます。そして、その新しい世界があなたに合っていれば、そこでの生き方があなたの新しい生き方としてしっかりと根を下ろしていくことでしょう。

◆自分が変化したことを自覚しましょう。他人があなたを以前の役割に押し戻そうとしてもそれに屈してはいけません。また、以前の役割に戻りたいという無意識の願望が自分の中にあることも忘れないようにしましょう。そうならないようにつねに用心が必要です。「自分がやらなければいけないことなのに……」と罪の意識を感じるようなときは注意しましょう。「役割を果たさなければ……」という義務感が頭をもたげてきた兆候です。あなたを以前の役割に引き戻す悪い芽は早いうちに摘んでしまいましょう。

◆故人とのことでまだ完全に解決していないことがあったら、気がかりの原因を徹底的に取り除くための行動を起こしましょう。そのためには悲しみの作業の最後の段階のこの時期が最適です。自己流の儀式によって気持ちに終止符を打つのもいいですし、信頼できる友だちとそのことについて話し合うのもいいでしょう。ともかく、未解決のまま心の中にしまいこまないことです。

◆新しい自分のアイデンティティを確立していく際、自分によけいな制約を課すのはやめましょう。「あの人にどう思われるだろう」などと人の目を気にせずに、したいことをしていいのです。そして、それをしながら「自由の感覚」を味わいましょう。ときには羽目をはずすことも楽しいものです。

◆自分にそのための心の準備ができたと感じたら、どんな形でもよいですから悲しみのプロセスに終止符を打つ「儀式」を行いましょう。この長くつらかった時期の終わりを何となくあいまいに終わらせてしまわずに、何らかの区切りをつけることはとても大切なことです。そもそも、現代社会では悲しみのための儀式が少なすぎます。自分自身のやり方を見つけましょう。（第十一章にいくつかアイディアを紹介しておきました。）

◆悲しみのプロセスのあいだにあなたが得たものを思い起こしてみましょう――新しい友人、他人へのより大きな思いやり、新しく修得した技術、新しく発見した興味。得たものを数え上げてみたら、つらい思い出が多少はやわらぐかもしれません。

◆自分の新しいアイデンティティを自覚し、自分が必要としているものを要求することを恐れないようにしましょう。自分自身であること、自分の選んだ方向へ進むこと、この二つはあなたに与えられた権利です。

◆自分は人生で最悪の事態を乗り切ったのだということをしっかり心に刻んでおきましょう。あなたは人生で最も困難な「置き去りにされる状況」を乗り切ったのです。これからあとは未知の恐怖に怯えることはありません。あなたはすでにそれを体験し、戻ってきたのですから。

◆これからもまったく予期していないときに、「記念日反応」に襲われることがあるかもしれません。そのことを肝に銘じておきましょう。それはまったく思いもかけないときに突然やってきて、また大きな悲しみがあなたを襲います。でも、恐れる必要はありません。スタートに逆戻りしているわけでは決してないのですから。

◆ときにはまだ孤独を感じることがあっても、それを受け入れましょう。孤独は悲しみを乗り越えるまでに避けることができないものなのですから。また、以前の自分の役割が失われたことを悲しんだり、いろいろなことが元通りになってくれるように願ったりすることもまだあるでしょう。そういった感情もありのままに受け入れましょう。そうすれば必ずいつか過ぎ去ります。

◆自分から積極的に他人と交わるようにしましょう。これは新しい人生を確立する際に最も必要なことの一つです。他人に手を差し伸べるとき、あなたは自分に慰めを与えるだけでなく相手にも慰めを与えることになります。あなたからそれほど遠くないところに、友人からの慰めを必要としている人が何千といるはずです。他人に手を差し伸べることはたがいにとってすばらしい結果を生みます。

◆悲しみのプロセスの進行を早めようとするのはやめましょう。悲しみのプロセスの終わりを予測しようとするのもやめましょう。自分のできる範囲でゆっくりと進んでいけばよいのです。自分自身にプレッシャーをかけることは悲しみを一層深めるだけです。

飛翔

夜明けが突然私をゆさぶる
ナイフのように鋭い喪の痛みが私を襲う
それから、まだ夢見心地の中で私は思い出す
　　あの子はもういない

朝一番のつらい思い出が
窓の外の敷居の羽ばたきとさえずりにさまたげられる
私は耳をすます
　　あの子の声が聞こえる

シーツの下には、あの子を産んだときの痛みにも似た
身を裂かれるようなあのいつもの痛みがある
ゆっくりと力が流れ込んできて私をベッドから窓へと運ぶ
私は耳をすます
翼を持つ新しい友たちが歌っている

前より心にやさしく響くその歌——「飛翔」
黒い翼はそのときを待って細かく羽ばたく
すばやい、儀式にも似た毎日の飛翔がまた始まる

メアリー・ハウレン・ハワートン

第七章　子供を亡くした親の悲しみ

これ以上つらいことはありません。私のかわいい娘が……まだ年端もいかないあの子が死ぬなんて早すぎます。あの子は大学へ行き、結婚して、子供を持つはずだったんです……そう、私の孫になる子供を……私より先に死んじゃいけなかったんです。あの子は私を看取らなくちゃいけなかったんです。順序が逆です。

三十四歳で子供を失った母親

子供の死はほかのだれの死にもましてつらく、その悲しみは長く続きます。「究極の悲劇」と言ってよいでしょう。子供を失うと私たちは身体の一部を切り取られたような気持ちになります。肉が削れ、むき出しになった傷はなかなかふさがりません。その傷は何度も化膿を繰り返し、そのたびに回復が遅れます。さらに、子供の死にともなってさまざまなものが失われ、そのことが傷を一層深くします。その痛みは耐え難いものです。そして、たとえいつか傷口が癒えたとしても、その部分を失ったまま生きる私たちは孤立し、人とは違うように感じます。どこかしらぎこちなく、納得のいかない生き方しかできなくなるのです。義足や義眼を使うように、失われた部分をほかのもので補うことはできません。私たちは時間をかけて悟っていきます——この最悪の喪失感をかかえたまま生きていく方法を学ばなければいけないのだということを。

ジムが事故で亡くなったあと、「あなたはなんて強いの。私だったら子供が死んでしまったらきっと生きていけないわ」と何人もの人から言われました。私はそれを聞くたびに腹立たしく思ったものです——「ほかにどうしろというの？　一歩ずつ足を前に出して進むしかないじゃないの！」と。実際のところ、積極的に自殺を考えるタイプの人間でない限り、そうやって先に進む以外、私たちに選択の余地はありません。「積極的に」とあえて言ったのは、実際に行動に移さないにしても、子供を亡くした親の多くは悲しみのあまり、自分の身がどうなろうとかまわないと思うことがよくあるからです。死んでしまえばこの苦しみから逃れられるという一心でそう思うのです。ただ、大部分の人は積極的に自分を傷つけるような極端な行動にはでません。

■子を失った悲しみがこれほどまでにつらい理由

子供の死はなぜこんなにも耐え難い悲しみをもたらすのでしょう。
なぜこんなにも大きなショックを与えるのでしょう。

◆一般に子供が死ぬことがまれだから

親が子供の死を経験することはまれです。そのような状況を身近に見聞きすることも少ないでしょう。もちろん体験学習をするチャンスなどありません。ですから、それが実際に自分の身にふりかかったときのショックは計り知れないほど深いものになります。そういった状況に陥ったときどう行動したらよいのか、どう反応したらよいのか、またどう乗り越えていったらよいのか、私たちにはまったくわかりません。

医療の発達した現代社会では子供の死はまれにしか起こらないので、私たちは自分にそんな事態がふりかかってくるとは夢にも思っていません。百年前は年寄りよりも子供の方が多く死んでいました。治療法のわかっていない伝染病がいくつも存在する一方、今日のような衛生観念はありませんでした。現代では予防医学の発達により、死亡率に関しては年寄りと子供の地位が逆転しています。人間が死ぬのに変わりはありませんが、今では幼くして死ぬ子供は以前よりずっと少なくなっています。

◆親子の絆が強いから

親子のあいだの絆ほど深い人間関係はほかにはありません。その関係は単に血のつながりというだけではありません。生涯を通じて、私たちは感情的にも深く子供と結びついています。私の場合、子供は愛情の対象であっただけでなく、夫とのあいだを結び付ける強い力にもなっていました。子供たちが夫と私を深く、しっかりと結びつけていたのです。

親子の絆は胎内に宿った子供について親がさまざまに思い描くことから始まります。つまり、生まれてくる子供の姿形はどんなだろうか、どんな性格の子供だろうか、どんなことをするのだろうか……と思い描くところから始まります。母親は胎児の成長を身をもって感じます。胎児が動き出すようになると想像はさらに大きくふくらみます。子供の名前を考えたり、夫とともに子供のことをあれこれ思い描いているうちに、次第に赤ん坊の人間としての存在がはっきりしてきて、赤ん坊のことを考えるのがますます楽しくなり日毎に親子の絆が強まります。

次に、赤ん坊が生まれると同時に父親と子供との関係が始まります。それと同時に、協力して赤ん坊の世話をする両親のあいだの「何かを共有している」という思いが以前より深くなります。もちろん、一方で愛憎の入り交じった感情がわくこともあります。育児のために疲れ果て、子供が負担に感じられていやになることもあるでしょう。とくに、子供の世話のために何日も眠れない日が続いたりすればそんな思いにとらわれるのも当然です。でも、矛盾しているように思われるかもしれませんが、状況が困難であればあるほど親子の絆は強くなり、両親は新しく自分たちの生活に飛び込んできたこの小さな生き物に対し「保護してやらなければ」という気持ちと責任感をより強く感じるものです。

◆親は子供を自分と同一視する傾向にあるから

子供が呼びかけに反応し始めると、私たちの喜びはさらに増します。私たちに向かってにっこり笑いかけ、手を広げて抱きかかえられるのを待つ子供……そんな子供の姿は私たちに特別な喜びを与えてくれます。どんなに小さなことでも何か子供ができるようになると、とても誇らしく思います。親は子供のなかに自分自身を見るようになり、自分の未来を子供の未来と重ね合わせて見るようになります。つまり、子供が自分の未来そのものとなるのです。

親にとって子供は自分の血肉をわけた存在です。そのため、親は子供が生まれ落ちたその瞬間から自分自身を子供の中に見るようになります。つまり、子供の目鼻だち、体つき、髪の色、性別などの中に自分との共通点を見つけようとします。配偶者の連れ子や養子縁組をした子供の場合でも、いっしょに暮らすうち子供は親の仕草や行動の仕方を学習していきますから、親はたとえ血のつながりのない子供であっても、子供の中に自分の姿を見ることができます。

子供が幼いあいだ、親は子供が自分の子供時代を再現しているように感じます。子供が成長するにつれ親と子の関わりも成長・変化していき、親は子供の中に自分の長所や欠点が育っていくのを見ます。「子は親の鏡」というのは多くの点から正しいと言うことができるでしょう。

子供が亡くなると、私たちは子供の存在が失われたことを悲しむだけでなく、子供とともに自分の一部が失われたことを悲しみます。残された部分だけでこれから先を生きていくことを学ぶのは、片足を失ったあとで歩く方法を学ぶのに似ています。子供の死が「幻肢痛」（切断された手足がまだあるような感じがして、あるはずのない場所が痛む）という表現で説明されることがあるのは、このような側面を持っているためです。肉体的には前と変わりありませんが、私たちの内面は完全に破壊されています。自分が自分であることの感覚が著しく損なわれてしまうのです。どのようなものをもってしても、この損失を埋めることはできません。

◆子供は親を未来につなぐ存在だから

子供の誕生は希望や夢、期待をもたらしてくれます。そのほかに、血のつながりを維持する遺伝子という形で私たちを未来へとつないでくれます。タンパ・スタディに参加した若い父親のジョージはそういった「血のつながり」の感覚について次のように語っています。

それは自分の一部をあとに残していくような感じです。いわば「唯一残せるもの」です。ふつうの人間は世界に足跡を残すことなどできませんし、誰もが有名になるわけではありませんし、死後も人々に読んでもらえる本を残すわけでもありません。子供は自分の一部を残すための確実な方法です。でも、私にはそれがもうないのです。

子供が死ぬと私たちは自分の不死性が失われたように感じます。未来が突然に途切れたように思うのです。

◆子供が社会とのパイプの役目をしてくれるから

子供を持つことは一種の通過儀式、年をとっていく印のようなものです。子供を持ったとき、私たちは大人になります。社会から一人前の大人として認められ、責任ある大人としての地位を与えられます。

成長するにつれ子供は学校その他の活動を通して、私たちに社会的な接触をもたらしてくれます。そのため、子供は家庭の活動の中心となり、また私たちに安心感と幸福をもたらす大きな源となります。引っ越しなどで新しい環境に移ったとき、子供の友人やその家族を通して新しい社会的つながりを確立していくケースはよく見られます。

子供を失うと子供によって与えられていた社会とのつながりも失われます。ありあまるエネルギーと情熱を発散してくれていた子供はもういません。そのときになってはじめて、私たちは自分と外の世界とのつながりをどんなに大きく子供に依存していたか知るのです。

■子供を失った悲しみはどんな点でほかの悲しみと異なるか

◆果てしのない絶望

子供を失った親の悲しみがほかの死別のケースと異なる第一の理由は、その悲しみの深さにあります。子供を失うことはだれにとっても思いもかけない損失なので、悲しみだけでなく、それにともなう罪悪感、無力感などすべての感情が強調され、長引きます。愛する者を失うとだれでも罪の意識や怒りを感じますが、子供を失った親の場合はとくにこれらの感情を強く持ちます。専門家のあいだでは配偶者の死を乗り切るには三年から五年かかると言われていますが、子供を失った親の悲しみは十年から二十年、ときには一生続きます。

子供を失った親の人生はすべてが変わってしまいます。子供の代わりになるものはないからです。どんなものもほとんど慰めにはなりません。だからといって、子供を失った親がしあわせになれる望みがまったくないと言っているわけではありません。でも、子供を失ったことによって引き起こされたショックは、一時的にせよ親を完全に絶望させ、救いのない状態に陥れるのは確かです。

私はあの事故のあと何か月ものあいだ、ジムが死んだという現実をなんとか受け止めようと努力しました。突然何の前触れもなく、悪夢のような思いが私の頭の中に飛び込んできます──「あの子は死んでしまったんだわ。ああ、なんてこと。ジムは永遠に帰ってこないんだわ。」でも、私に考えられるのはそこまででした。そのあと、すぐに悲痛な叫びが前の言葉をかき消すのです──「いいえ、違うわ！　そんなの嘘よ！」それから私は発作に襲われたように激しく泣きました。悲しみはあまりにも深く、言葉にさえならなかったのです。

タンパ・スタディで子供を亡くした何人もの親と話をしましたが、彼らはみなまるで気が抜けたような顔をしていました。まったく無気力で、戦う意欲などかけらも残っていないようでした。子供の命を奪ったのが病気であれ、事故であれ同じです。子供の年齢も関係ありません。子供に先立たれたというのに自分たちは生き続けるという不条理な事実を前に、親たちは完全に打ちひしがれてしまいます。彼らにとってもはや人生は何の意味もありません。「なぜ?」という、答えのない問いを何度も繰り返すだけです。同じ体験をした私には彼らの思いが多少ともわかります。それは生皮をはぐような、見るからに残虐きまわりない拷問にさえたとえられる苦しみです。

◆気持ちの混乱

子供を失った親は「なぜ何事にも集中できないのだろう」と疑問に思うことがよくあります。どんなに単純な作業でも、それに神経を集中させるのが不可能に思えるのです。愛する者を失ったあとはだれでも物事に神経を集中するのがむずかしいと感じますが、子供を失った親の場合、むずかしいどころかほとんど不可能に思えます。この恐ろしい悲劇をなんとか受け止めようと心が絶望的な戦いを続ける一方、頭の中はわけのわからない思いが錯綜し、混乱するだけです。軽い読み物を読むとかテレビを見るといった、以前なら気晴らしになったこともまったく役に立ちません。そういった活動をするためのごく短い時間ですら、気持ちが落ち着いていてくれないのです。

ジェニファーは妊娠する前から子供についていろいろ計画を立てていました。七月に生まれることがわかってからは、夫のマイケルと共に誕生に備えて準備を始めました。子供部屋のペンキを塗り替え、模様替えもしました。ベビーベッドやおしめを替えるためのテーブルなど、新しい家具も買いそろえました。アンティークのドレッサーとロッキングチェアは何週間もかけて探し、自分たちで手直ししました。出産が近づいたときにはすべての準備が整っていました。何もかも完璧でジェニファーは喜びで胸がいっぱいでした。

お産は順調で、陣痛がわずか五時間続いただけで二五〇〇グラムの立派な男の子が生まれました。その二日後、赤ん坊は肺疾患を起こし酸素テントに入れられました。その後さらに病状が悪化し、集中治療室へ移されたあと、三日目に赤ん坊はマイケルとジェニファーに見守られてこの世を去りました。二人は一度も元気な赤ん坊を抱くことはなかったのです。

ジェニファーの両親は娘夫婦と同じ町に住んでいました。ジェニファーは家へは帰らず、その後数週間を両親の元ですごし身体と心の回復を待ちました。その頃、何につけても決断をくだすことがどんなにむずかしかったか、ジェニファーは次のように語っています。

決断をくだすことがとてつもなくむずかしいことに思えました。ふつうなら何かを決めるというのはごく単純で、簡単なことです。とくに真剣に考えなくてもできます。でも、あのときは明日何をするかといった単純な決断をすることさえ、精神的な痛みをともなったのです。人からは、こういう状態はよくあることで、一度に一つずつ物事を片づけていくようにすれば、そのうち前と同じふつうの生活ができるようになると言われました。あのとき私がしようとしていたのは家に戻ることでした。だから私は「いいわ、木曜日に帰りましょう」と言ったんです。でも、言ったことは言いましたが、実際にどうやって自分の衣類をスーツケースに詰め、洗面道具や化粧用品をしまい、家に帰る用意をしたらいいか、考えるだけでも苦痛でした。つまり、誰にとってもごくふつうのそういったことが私にはどうしてもできなかったのです。まるでそれまでの人生でこんなにむずかしいことに出会ったことはないといったようでした。ともかく、私にはできなかったのです。

だから最後には、家に戻るなどというごく単純なことにこんな大騒ぎするのはやめようと思いました。つまり、マイケルに「私にはできない」と言ったのです。そのあと十日ほど両親の家に滞在しましたが、その頃には状況は前よりよくなっていました。

子供を失うと私たちはつねにそのことを考え続けます。そのために、どんなことであれそれ以外のことに神経を集中させることができなくなるのです。いつもやっていた習慣的な行為ですら、慎重に前もって考えなければできなくなります。子供が亡くなる前にはベッドを整える、台所を片づける、料理をするといった日常の作業は何も考えずにできていたのが、子供が亡くなったあとは朝食を作るといった単純なことですら不可能になります。四十三歳のジェニーは三人の子供のうちの一人を失ったあと、台所で直面した精神の混乱状態について次のように語っています。

朝起きて家族のために朝食を作ろうと台所に入ったとします。おぼつかない足取りで冷蔵庫の前まで行き、扉を開けたところで頭が真っ白になってしまうんです。突然、何が何だかわからなくなります。まるで他人の家の台所にいるようです。すっかり絶望してベッドに戻った朝が何回あったことでしょう。

◆行き場のない怒り

子供を失うという何よりも最悪の事態が起こったとき、だれだってただ黙ってその事実を受け止めるなどということはできません。右を見ても左を見ても救いはありません。子供の死に合理的に対処する方法などあるはずがありません。自然の秩序そのものが破られたのですから。この最悪の悲劇に備えて心の準備をさせてくれるものなどあるはずもなく、また、それに対処するための指針などといったものもありません。私たちはなんとか生き続ける一方で、自分の人生をふたたびつなぎあわせていくしかありません。

私たち親は子供の誕生の瞬間から、子供に関する全責任を引き受け、彼らの抱える問題を解決してやり、心の慰めと慈しみを与えてやることに自分の存在の意味を感じるようになっています。そうやって生きてきたために、子供を失うとまるで何もかも失いまったく無力になったように感じるのです。この問題に解決法はありません。私たちにはどうすることもできない問題なのです。何をしようと、何を見返りとして約束しようと、何をどう言おうと、子供を取り戻すことはできないのですから。

タンパ・スタディに集まった親の多くは医療関係者に対する怒りを口にしました。医者や看護師、救急隊員、あるいはそのほかだれであれ子供の死に関わった人たちは子供を救うためにもっと何かできたはずだというのが彼らの怒りの源でした。入院中の病院で息子を内臓の損傷で失ったある母親は、息子の死はベッドから落ちたのが原因で病院側はその事実を隠蔽しようとしていると思っていました。

息子を殺した犯人が捕まらないことに腹を立てている父親もいました。もちろんこの怒りは正当な怒りです。この父親は自分が特別な人間ではなく一般市民であるために、警察が手抜きをしているのだと思っていました。また、犯人が捕まらないままで終わってしまうのではと気をもみ、警察に手抜きがあるのではという疑いをぬぐい去れないでいました。母親の方は息子を殺した人物がはっきりすることに対して複雑な感情を持っていました。社会の安全を守るために犯人を刑務所に入れるべきだと思ってはいたのですが、誰が息子を殺したか本当に自分が知りたいと思っているかどうか自信がありませんでした。犯人が捕まったところで息子が戻ってくるわけではないのです。ただ憎しみが増すだけかもしれません。このように不条理で暴力的な方法で子供を失ったためにもたらされた救いのない状況は、二人にとって耐えがたいものでした。

タンパ・スタディに集まった親の怒りのもう一つの大きな源は、子供の死を告げられたときの状況にありました。多くの場合、親に子供の死を告げたのは医療関係者でした。このような知らせをもたらすのはだれにとってもつらいことです。でも、配慮を欠いた無神経な言い方をすると事態をいっそう悪くします。ベリーニ夫妻は真夜中、車の事故で息子が負傷したと市立の大きな病院から連絡を受けました。ベリーニ夫人はそのときのことをこう語っています。

病院に着いてもだれも何も言ってくれませんでした。私たちはその部屋で一時間以上座って待っていました。だれも入ってくる様子はありませんでした。それでとうとう夫が外に出て、何がどうなっているのか教えてくれないかとたずねました。すると、医者はいま手が離せないが、少し待っていれば誰かがすぐに来ると返事をしました。その言葉を聞いて私は希望のようなものを持ち始めました。ああ、もしかしたら人違いだったのかもしれない……。それから一人の医者がやっと姿を見せてこう言ったのです。「息子さんを診たのは私ではありません。診た医者はいま席をはずしていますが、息子さんは亡くなりました」そんな調子で言ったのです。

医者はそのまま立ち去り、ベリーニ夫妻は看護師から息子の衣類の入った小さな包みと、一人に一錠ずつの睡眠剤を受け取りました。担当医でもない医者から、そんなふうに冷たく、つらい知らせを聞かされたベリーニ夫妻の心の痛みはどんなに大きかったことでしょう。

私たちの怒りは子供を失ったときに感じる無力感を表現する方法の一つです。起こってしまった死に関してはどんなに小さなことでも変えることはできません。それがわかっていても、私たちはその悲劇の不条理に腹を立てます。もっとしっかりあの子の面倒をみてやるべきだった……保護者としての責任を引き受けたのは私たちなのだから……そういった気持ちのために、私たちは心のどこかで「失敗した」という感じを持ちます。一番責められるべきは自分だと感じながら、ひどく腹を立て、その怒りを誰彼かまわずぶつけるのです。

怒りに対する最もよい対処法は信頼のおける友人とそれについて話すことです。つまり、その怒りを受け止めてくれ、私たちがその感情を心の中から追い出してしまうまで、何度も何度もそれを聞いてくれる友人と話すことです。子供を失ったとき怒りを感じるのはまったく正常な反応です。怒りから気持ちをそらすことは、怒りを内部に閉じこめてしまうことになります。そうすると、その感情はあとで何度も繰り返し爆発します。

◆避けられない罪悪感

罪悪感は何かを失ったときの悲しみにつきものの感情です。失ったものが何であれ、だれであれ、またどのように失おうと、いつ、どこで失おうと、私たちは自分がこんなことをしなければ、あんなことを言わなければ、あるいは、ああしていれば、こうしていれば……という思いに取りつかれます。このような後悔の念から解放されて、あの状況のなかで自分はできる限りのことをしたのだと納得するようになるには時間がかかります。私たちはそれに気づかないまま苦しみ続けることが多いのですが、実際のところ罪悪感は、最後にこのような「納得」にたどり着くために避けられない道だと言ってもよいでしょう。

子供が亡くなるとかならず、親は「私が悪かったのです」と言います。なぜなら、私たち親は子供に対し責任を持っているからです。だから、子供に何か起こるとすぐに自分を責めます。自分たち、あるいは子供自身がもっと注意していれば、こんなことにはならなかったはずだと感じるのです。これは何の根拠もない不条理な感情です。でも、これも子供を失った親が繰り返す「もし……だったら」という自問の一部なのです——もしあとほんの少し、私が早く家に帰っていれば……もしすぐに車であの子を運んでいたら……もしあんなに待たずにすぐに助けを呼んでいれば……もし……もし……繰り返されるこのような問いは執拗に私たちを襲い、最後にはむなしい「なぜ？」という疑問だけが残されます。

罪の意識は、この耐え難い悲劇が起こったのはだれのせいでもない、他人だけでなく自分自身にも罪がないのだと納得するまで私たちを苦しめ続けます。苦しみを癒す必要があるこの時期に、私たちはその癒しのプロセスに自ら抵抗しようとします。私たちは死別の悲しみから抜け出ることを恐れているのです。悲しみを克服することが子供を完全に「逝かせてしまうこと」に、その存在を完全に失ってしまうことにつながるように思えるからです。たとえほかに何も残されていなくても、この痛みが子供とのつながりを保ってくれる……私たちは心のどこかでそう思っているのです。

私の場合、罪の意識から解放されることの大切さに気づくまでに十年かかりました。それまでのあいだ、息子の人生をもっとしあわせなものにしてやるために私にできたはずのことをあれこれ考え、暗く、つらい思いをし続けました。息子をもっと厳しくしつけるべきだったとか、自分に責任を持つように教えるべきだったといった、多少でも息子に非を負わせるような考えは頭から追い出していました。ただ、自分が「そうしてはいけない」と息子に言ったときのことばかりが思い出され、なんとひどい親だったのだろう……と思い続けたのです。

それからずっとあとになって、子供を亡くした六人の親からなる小さなグループでたがいの経験を分かち合う機会がありました。その会合で私は自分の中に持ち続けてきた暗い思いや感情を少しずつ外に出すようになりました。そういった思いを彼らと少しずつ分かち合うことができるようになると、罪の意識が軽くなり、自分を許す気持ちが少しずつ強まってくるのを感じるようになりました。はじめは私はその気持ちに抵抗し、もとに戻ろうとしました。他人の反応や自分自身に対する自分の反応が恐かったからです。でも、次第に気持ちを強く持てるようになってくると、その恐れは小さくなり、息子が私の人生にもたらしてくれた喜びの方にもっと焦点を合わせることができるようになりました。

◆ストレスによる心身の消耗

子供を失った親のストレスはほかの人を失った場合よりずっと大きいものです。それはショック状態がより長く続き、副次的に失われるものがほかの場合よりずっと多いからです。タンパ・スタディでも、配偶者や親を失った人の場合より身体的な問題や疾患を抱える可能性が高いことが報告されています。

死別によって引き起こされる悲しみは精神的なエネルギーを多量に消費します。そのエネルギーの消費が心と体をどんどん消耗させ、私たちの心身のバランスを失わせます。第三章で見た通り、このようなストレスが長引くことがこの時期で最も大きな問題を引き起こします。ストレスをかかえることは相当の重労働をしているのと同じことです。ただ私たちはそれに気づかないでいるだけです。たとえ骨の髄まで疲れ切ってしまっても、アドレナリンの分泌が高まっているために私たちはそれに気づかず動き回るのをやめません。毎日の生活に喜びがないというのは、私たちが重荷に押しつぶされていることの印です。私たちは人生がこれからずっとこんなふう——喜びも、生きる意味も、目標もない状態——なのではと恐れます。

四十一歳のジョージは、白血病のために一人息子を十五歳で失いました。この悲劇を現実のものとして受け入れようと試みるなかで、彼は耐え難い苦しみと戦い、何度も何度もショック状態を体験しました。

落ち着いた状態で息子の死について考えれば、ごくふつうのことのようにそれを話すこともできる。「ええそうです、息子は白血病で亡くなりました」といったふうに……そして、そんなふうに話している自分に気づきもしない。でも、じっと自分の心を見つめながら息子の死について考えるとたまらない。……息子が病院にいたときのこと、死期が近づいていることに息子が気づいているとはっきりわかったときのことなどを振り返ると、恐怖が私を包み込む。自分がまたショック状態に陥ってしまうのではないかと感じるほど激しい感情だ。そうなると、そういった思いを心から締め出すしかない。

そのことを考え続けると、すべてがよみがえってくる。病院での出来事をすべて頭の中で再現し、そのとき息子の心にどんな思いが去来していたのだろうかと考える。なぜなら、息子は自分が死ぬことを知っていたに違いないからだ。だから、息子の心にわき上がる感情を自分のことのように感じることができる。それは……恐れに似た感情だ。おそらく死への恐怖……私には息子が死を恐れていたことがはっきりとわかる。それを思うと私は苦しくてたまらず、実際にショック状態に陥りそうになる。

恐れの感情がわき上がってくるたび、ジョージはそれを心から締め出しました。でも、その思いはあとになってたびたび彼の意識に上ってきて、また新たなストレスに満ちた状況を作り出すことになったのです。

ジョージが体験した思いは、子供を失った親が疲れ果て衰弱するまで毎日のように襲ってきます。親の悲しみは子供を失ってから次第に強まり、三年目にピークを迎えると言われています。悲しみからの回復期に、必要な休息をじゅうぶんにとることがひじょうに重要なのはこのためです。悲しみの時期が長く続くことは避けられません。そのため、あらゆる方法を用いて自分の健康を気遣うことが大切なのです。

■子供を失った夫婦のかかえる問題

子供の死が夫婦関係に与える影響についてはさまざまな仮説が立てられています。その中には、子供を失った夫婦の九十パーセントが二年以内に問題をかかえるようになるという説もあります。もし「離婚」ということではなく「問題」ということに限って言うなら、子供を失った夫婦はすべて例外なくある時期問題をかかえることになると言ってよいでしょう。死別の悲しみを乗り越えるまで、彼らは生活における単純なこと、ごくふつうのことを処理するだけでも困難を感じます。

一方、「離婚」となると、その割合が増えるかどうかの判断はむずかしくなります。子供を失った夫婦の離婚率を統計として出すのはいまのところは不可能です。なぜなら、正確な数字をあげられるほど長期にわたる追跡調査が行われたことがないからです。タンパ・スタディに参加した夫婦に限って言うなら、離婚したカップルは一つもありませんでした。でも、どのカップルも多かれ少なかれ問題をかかえていました。

問題の原因の多くは、「夫婦というものは、一方が不安や怒りに駆られたとき、いつでももう一方に依存することができる」という暗黙の了解にあります。親として、夫婦は「二人で一組」という社会に生きています。出産も二人で体験を分かち合いました。夜もおちおち眠れない授乳期も夫婦で助け合い乗り切りました。子供が歩き始めたのも二人で見守りました。そのあとも子供の成長の節目を迎えるたびに二人で祝ってきました。

それがいまはどうでしょう？　いったいどうなってしまったのでしょう？　二人とも人生で最もつらい時期にあるというのに、自分の殻に閉じこもりただ悲しみに暮れるばかりです。それぞれが自分の重荷を支えるのに精一杯で相手の重荷までは支えきれません。もう二人は「二人で一組」ではありません。そこにあるのは、ともに悲しみを分かち合う一組の夫婦ではなく、一人で悲しみにくれる個人の姿です。

ジムが亡くなったあと、ハーシェルと私はたがいに距離をおくようになりました。それぞれの殻に閉じこもるようになったのです。たがいに口もきかず、ただ私は夫に腹を立てていました。なによりも私が夫を責めたのは、父親として厳しいだけでジムといっしょに時を過ごしたことがあまりなかったという点でした。夫の方は私が夫を責めることに対して腹を立てていました。

いったい何がどうなっているのか、あまりにうちひしがれていた私たちにはわかりませんでした。ハーシェルは二人のうちどちらかが気持ちを強く持たなければと、その役を引き受けようとしていました。でも、その結果涙を見せないでいる彼を見て、私は「あなたはジムを愛していないのだ」と言って責めました。いま思えば、ジムの死によって引き起こされた怒りをハーシェルにぶつけ、八つ当たりしていたことがわかりますが、当時の私はそのことにまったく気づきませんでした。私が育った家庭では怒りを表に出すことは許されていなかったので、私には殻に閉じこもるしかありませんでした。悲しみは私だけのもの。殻の中にはだれも入れない……。

あの当時を振り返ると、私たち二人のあいだの意思の疎通を助けてくれる仲介人のような存在の人間がいたらよかったのにと思います。あのとき、「思いやりの友」のような自助グループの助けを得ることができていたら、私たちはいつかはそれぞれの殻を取り除くことができていただろうと思います。でも、現実には私たちは結婚生活につまずきを感じ、二人のあいだに存在していた「仲間意識」を再び取り戻すことはありませんでした。

私たちはその後「思いやりの友」の支部を作り、表面的には夫婦であり続けました。でも、以前私たちに力を与えてくれていた深い信頼関係を完全に回復することはありませんでした。そして結局離婚することになりましたが、その後もたがいに愛し合っていましたし、よい友人であり続けました。ただ、ジムが亡くなってから最初の一年のあいだにたがいに傷つけ合うことででてしまった深い溝を埋めることは二度とできませんでした。

子供を失った親の悲しみ方は母親と父親では違います。それぞれが子供と異なった関係を持っていて、異なったことについて悲しむ場合もあります。また、悲しみのプロセスの進行速度が違うという場合もあります。母親の悲しみがいつまでも変わらず、むしろ強まっていくのに対し、父親の悲しみは少しずつ軽くなっていくかもしれません。また、その逆の場合もあるでしょう。

二人がたがいに相手の感情にかなり同調的である場合をのぞき、こういった悲しみの度合いの相違は、一方の反応が他方にとってはあまりに感情的だと感じられたり、反対に薄情だと感じられたりする結果となります。こんなときに大切なのは、同じ体験を分かち合い信頼できる人々の集まりに出席し、夫あるいは妻の悲しみのプロセスの進行速度が自分と異なるために生じるさまざまな問題について話し合い、感情のバランスをとることです。

■悲しみを表に出せない父親

どんな社会でも男と女は異なる役割を持っています。現代の西洋社会でも同じです。物事がうまく行っているときは、男と女がたがいに補完し合い、この役割分担もうまくいきます。でも、何かつまずきがあると、この役割分担のおかげでかえって男女のあいだの意思の疎通がむずかしくなります。

西洋社会で男性に与えられている役割は次のようなものです。

◆強くあること――感情を抑えることのできる男らしい男であること
◆他者と競争し、危機的状況に打ち勝ち、一番になること
◆家族とその財産を守ること
◆家族を養うこと
◆問題を解決すること――何でも「修理」すること
◆家庭内の活動や雰囲気をコントロールすること

◆人の助けを必要としないこと――自立していること

社会が男性に対し、強く、統率力を持ち、人の助けを必要としない家庭の保護者であることを要求する場合、問題はいまあげたような役割が、悲しみを含めたあらゆる感情を表に出すことと相反している点にあります。感情を外に出すことは多くの場合、弱さの表れと受け取られます。子供が亡くなると、すべてが父親の思い通りにはいかなくなります。父親は外に出すことができずに内に溜めこんだ苦しみにさいなまれると同時に、自己を失ったような無力感を感じます。悲しみから生じる怒りや罪の意識を感じると同時に、男として大きな失敗を犯したような大きな挫折感を味わうのです。

父親が自分に期待されている役割をすべて果たそうとして、感情を殺して冷静さを保っていると、悲しみを感じていないのではないかという印象を与えます。父親が子供のことを話したくないと言うと、母親は単純に父親が子供のことを思っていないと受け止めてしまいます。

■母親の孤独な悲しみ

社会が母親に要求する役割は父親のそれとは異なります。母親は家族に愛情を注ぎ、その世話をし、家庭の要《かなめ》となって家族のそれぞれのメンバーと話をし、メンバー同士が意思の疎通を図る助けとなることを期待されます。母親は家族がかかえる感情的な重荷を背負うことにも慣れています。さらに、家庭の輪を作るという役目を負わされているのも母親です。子供が亡くなるとその輪は壊れてしまいます。悲しみのために母親は殻に閉じこもり、これまでのような役割を果たすことができなくなります。母親は子供の死を嘆くだけでなく、家庭というシステムの中で微妙に保たれていたバランスが崩れたことを嘆きます。

子供を亡くした母親は他人をいたわる余裕がなくなります。自分の方がいたわりを多く必要としているからです。そのため、夫に助けを求めますが多くの場合、夫は自分の殻に閉じこもり意思の疎通ができなくなっています。このような夫の態度は、母親の目には亡くなった子供に対する愛情の欠如と映ります――あるいはもっと悪い場合は妻自身に対する愛情の欠如と受け止められます。人生のほかのどんな瞬間より思いやりを必要とするこの悲しみの時期にあって、このような夫の仕打ちは深く妻を傷つけます。その傷を癒し、痛みを和らげる方法はありません。それまでは夫婦のあいだの絆の一部となっていた性的な愛情表現も、信頼と親密さの失われたいまとなっては役に立ちません。その結果、母親たちは社会的に取り残されたような気持ちになります。現実に起こっていることの意味を完全に理解することもできず、多くの助けを必要としているにもかかわらず、その助けを決して得ることができないという孤立無援の状態に陥ってしまうのです。

■子供の死の中に意味を見出す

ジムが亡くなった直後は、「ジムの死がどんな意味を持っているか」とたずねられたとしても、あまりに馬鹿げた質問に思えて答えることもできなかったと思います。ジムの死は私の理解をまったく超えた出来事でした。そこから何か意味を見つけるなどできるわけがありません。次々とわきあがってくる悲しみに対処するのが精一杯でしたし、ただ生きていくだけでも自分の力を超えていることのように思えました。もうこれ以上生き続けることはできないと思ったことも何度もあります。

でも、最初の数か月がすぎると、どんなに風に吹かれても消えない小さな希望の光が自分の心の奥底に燃え続けているのに気がつきました。大きな喪失感に打ちひしがれた心の暗闇の中から、同じように子供を失ったほかの人たちに連絡をとりたいという気持ちが生まれてきたのです。まず私は新聞を読むようになりました。ある日、十四歳の少年が自転車で夕刊の配達をしているときに事故で亡くなったという記事を読みました。その日、私はケーキを焼き、少年の家に持って行きました。家のガレージのわきにひしゃげた自転車が立てかけてあるのを見たとき、私は息が止まりそうになりました。目に涙があふれてきて、もう少しで引き返すところでした。でも、何とかドアまでたどりつきベルを鳴らすと、目を泣きはらした若い女性がドアを開けました。私は一瞬とまどいました。自分がおせっかいなことをしているのではないかと心配だったのです。でも、その女性は気持ちよく私を迎えてくれ、椅子をすすめてくれました。

その女性を慰めるのに適当な言葉はないだろうかと懸命に探しましたが、まともなことは何一つ言えませんでした。いま振り返ってみると、私が何を言おうとそんなことはどうでもよかったのだということがわかります。その母親は私が来たことを喜んでいるようでした。二人でいっしょに泣き、私はまもなく家路につきました。その後、彼女から次のような手紙が来ました。

キャサリンへ
　わざわざ会いに来てくださって本当にありがとう。どんなにうれしかったか、言葉では言えません。ご近所の人は誰一人私に近づこうとしません。その理由は想像するしかありませんが、たぶん何と声をかけていいかわからないからでしょう。でも、あなたにはおわかりでしょうが、何を言うかなどということはまったく重要ではないのです。私のことを心配してくれていること、私が大切なものを失ったことをわかっていてくれること、私が本当に必要としているのはただそれだけです。
　あなたが来てくださったことには大きな意味がありました。感謝しています。

　子供がなぜ自分より先に逝ってしまったのか、その理由を知ることは決してないと思いますが、努力すれば子供の死に何らかの意味を見出すことは可能だと思います。

　たとえば、自分を必要とする人間に何かしてあげることで、自分の人生に意味を与えることもできます。また、祈りや瞑想を通して人間を超えた力と強い絆を結ぶことにより精神的な意味が見つかる場合もあります。意義のある目的のために時間やエネルギーを費やすこと、たとえば「思いやりの友」や「飲酒運転に反対する母親の会（MADD）」、「話すことを通して解決を見つけるための自助グループ（SHARE）」といった会に協力することで、自分の人生に意味を取り戻し始める場合もあるでしょう。

　死別の悲しみを乗り越える旅は長く困難な道のりで、足をとられそうな轍《わだち》や穴でいっぱいです。

でも、時間はかかろうとも、一歩ずつ着実に歩いていけば最後には平安と喜びがかならず訪れます。その道すがら、私たちは手を差し伸べてくれる友人や、私たちの助けを必要とする友人たちに出会うでしょう。これらの体験が、もう二度と戻ってはこないと思っていた人生に新たな豊かさを与えてくれます。友人たちは私たちの人生に再び意味をもたらし、最終的に子供を失ったことの中から意味を見つけだす手伝いをきっとしてくれることでしょう。

私たちのもの、そして、私のもの

手をとらせてください
散歩に連れていってあげましょう
私の裏庭へ
かつては私たちのものだった裏庭へ

ここにはかつてメロンが実っていました
私が植えたのではありません
神様が作られたものです
そのメロンは堆肥の小山を走ってやってきて

疲れてここに倒れたのです
そのうちにそれらは育ち
誇らしげに大きく実りました

棚にからんだ朝顔
白、青、ピンク
私が植えたのではありません
サリーを驚かせようと隠れていたのです
でも咲くのが遅すぎました
たとえ遅れても、小さな花のトランペットは
太陽に向かって希望のラッパを鳴らします
雨が降ろうが陽が照ろうが

岩とサボテン
シーズン中にはそこらじゅうまっ黄色
いまはすっかり雑草に覆われ
まるであそこの花壇のよう
私の人生のよう

いまあなたは疲れています
また別の日に
私はあなたの手を取り
ほかのすばらしいものを見せてあげましょう
私の裏庭
かつて私たちのものだった裏庭で

ハロルド・ボイズン

第八章　配偶者の死――パートナーを失う

夫が亡くなったときのことは本当によく覚えていないんです。前にも言いましたが、息子たちは私がショック状態にあると思っていたようです。でも、私にはわかりませんでした。ともかく四、五日のあいだは自分がだれかも、どこにいるのかもわかりませんでした。親友が会いに来てくれてもだれだかわからなかったくらいです。そんな状態から抜け出て、何が起こったのかわかるようになると、とてもつらい気持ちになりました。夫の死の衝撃が本当に襲ってきたのはそのときでした。とくに息子たちが私のところにやってきて、これは仕方のないことだったのだと言ったとき、その衝撃が襲ってきました。

六十四歳で夫と死別した女性

コリンズ夫人の夫は七十歳のとき心臓発作で突然亡くなりました。その数か月前、何か悪い予感を感じたのか、コリンズ氏は自分が死んだあと何をしなくてはいけないか、一人で生活していくにはどうしたらよいかなど、自分が死んだときのことについて何度も妻と話そうとしました。しかし、妻は夫に耳を貸そうともしませんでした。夫はいつまでも自分のそばにいるものと思っていましたし、自分の方が先に逝くのだとばかり思っていたからです。

コリンズ氏はつねに「あらゆること」を妻に代わってやっていました。家の中のことだけでなく自分自身の生活にかかわることも、妻は夫に任せていました。コリンズ夫人は夫の死後、次のように語っています。

　夫が亡くなってから、私は一人でいるのがいやでたまりませんでした。夫が私に代わってすべてをやっていてくれたからなおさらです。息子たちもそのことを知っていて、私に説明しようとしました。「母さん、父さんは母さんにこういったことをみんな教えておこうと思っていたんだよ。それなのに母さんは耳を貸そうとしなかった。いまからは、こういったことは全部自分でしなきゃいけないんだ。どうやってやるか覚えなくちゃいけないんだよ。」たしかにその通りでした。だから、夫が亡くなったあと、私が恨むことができたのは自分自身だけでした。だって、本当に夫はすべてをやってくれていたのですから。でも、私は何とかやってみようと思いました。それまでにやったことのなかったことをたくさんやりました。やってみてわかったのは、もしこれを長い間やり続ければいつかはできるようになるだろうということでした……でも、いまでも自分で何でもやることを覚えなければならないつらい時期は続いています。

■依存していた相手を失ったあとの苦しみは大きい

配偶者に対する依存の程度はそれぞれのケースによって異なります。結婚は依存を前提とするものではありませんが、長年のあいだにはそうなりがちです。つまり、どちらかが他方に大きく依存するようになることが多いのです。そのような場合、配偶者を失ったときの悲しみを乗り越えるのがいっそうむずかしくなります。別離の悲しみを味わうだけでなく、生活に不可欠な大きな部分を失うことになるからです。自分がすべてを依存していた配偶者を失った場合は、死別の悲しみのために集中力やストレスに対する抵抗力がすっかり弱まっている時期に、新しいことをいろいろ覚えなければならなくなります。そのためにあせりやいらだちを感じることも多いでしょう。

依存するのは妻の側ばかりとは限りません。夫も精神的に妻に依存する傾向があり、妻を失うと同じような喪失感を味わいます。精神的に依存している相手を失った場合、私たちは虚無感に襲われたり、見捨てられたように感じたり、空虚な気持ちを満たそうとしてもうまくいかずにいらいらしたりします。

■配偶者の死に対して準備ができている人はまれ

大切な人を失うと人は絶望と失意の淵に沈みます。頼りとしていた配偶者を失うことは、数え切れないほど多くの面で依存してきた相手がいなくなることを意味します。それと同じに、二人で一組だったまとまりのうちの半分が失われることも意味しています。

配偶者を失うことは非常につらいことなので、私たちはその可能性を考えることすら避けようとします。死について話したりすると、それが死を引き寄せることになるのではないかと恐れている人もいます。不治の傷病の際の処置についてあらかじめ自分の意志を表明しておく「リビングウィル」だけでなく、遺書そのものを用意しておくことに抵抗を感じる人もいます。また、生命保険は自分の命を賭けの対象にするようなものだと言って、保険に入ることさえためらう人もいますし、生命保険を「不吉」だと決めつける人もいます。彼らは「そんな契約をするのは、自らトラブルを招くことと同じだ」と言います。

夫婦そろって同時に亡くなるというケースはほとんどありません。離婚でもしない限り、結婚生活の行き着く先は配偶者との死別です。それなのに、配偶者の死に対して準備ができているという人はまれです。まるで、避けがたいこの苦しみに対する唯一の防御策はそれを直視しない、拒否することだけだと思っているかのようです。

■喪失に伴うストレスのランキング第一位は配偶者との死別

「配偶者との死別」は愛する者との死別の悲しみの中で最も研究が進んでいる分野だと言えます。それどころか、死別の悲しみについての研究のほとんどが配偶者との死別を対象としていると言ってよいでしょう。また、「喪失」にともなうストレスの原因となる出来事の中で第一位にランクされているのも配偶者との死別です。喪失に限らず、私たちが生きていく上で乗り越えなければならないストレスのうちで、配偶者の死が大きな地位を占めることは確かです。

死別の悲しみについての最初の大規模な調査が行われたのは一九四〇年のことでした。ボストンのココナツ・グローヴというナイトクラブで起こった悲劇的な火事がそのきっかけとなりました。火事はあっという間にフロア全体に広がり、逃げようとして客が殺到したため二つの出口は使えなくなりました。その結果数百人が閉じこめられ、多数の死者が出ました。夫婦で夜の外出を楽しんでいた人の中には、パニックに陥った群衆に押されて離ればなれになった人たちもいました。避難できた人もいたことはいましたが、多くの人が閉じこめられたまま亡くなったのです。この火事はアメリカの災害史上で最悪のものの一つでした。それだけに悲しみも大きく、生き残った人たちを慰めるすべはありませんでした。配偶者を失い自分だけが生き残った人たちは、なぜ自分だけが逃げることができ、妻や夫が死んでしまったのか、そのわけをどうしても理解することができませんでした。

マサチューセッツ総合病院のエリッヒ・リンデマン医師はこの恐ろしい悲劇の生存者のためにクリニックを設立しました。クリニックにやってきた生存者の話から、当時はまだほかに例がなかった死別の悲しみにともなうさまざまな症状に関する情報が得られました。

いまでは当時より多くのことがわかっています。たとえば、残された配偶者が病気にかかったり事故に遭ったりする例が多いということもわかっています。中には死亡するというケースも多く見られます。

■悲しみは心身両面に影響を与える

私たちは悲しみは精神にのみ影響を与えると考えがちです。でも、精神と身体を切り離すことはできません。ですから当然、悲しみにもつねに肉体的な影響がともないます。たとえば、頭痛に悩まされたり、消化器系に支障をきたしたり、体重が減ったり、眠れなかったり、疲労感に襲われたりといった症状が現れます。自分を守ろうとつねに緊張しているため、身体の防御システムが働き過ぎる状態が続き、その結果重い病気にかかってしまうこともあります。

悲しむという作業は過酷な肉体労働と同じくらい、多量のエネルギーを必要とします。ですから、悲嘆に暮れながら一日を過ごすだけでも非常に多くのエネルギーを消費します。その結果、身体の抵抗力が弱まり、さまざまな種類の病気にかかりやすくなります。愛する人に先立たれた人たちの病気の罹患率や死亡率が高いのは、このように多量のエネルギーを消費する状態が数か月も続くためです。死別のあと、とくに最初の一年は健康状態に特別の注意を払う必要があります。死別の悲しみを乗り越える時期には、適度な休息、きちんとした食事、規則的な運動、そして医師による健康診断などが健康維持のために不可欠です。

■悲しみの中、経済的な困難が襲ってくる場合も

頼みとしていた配偶者はもういない。自分がこれまでにやってきた仕事に加えて、亡くなった配偶者がやっていた仕事もやらなくてはならない。子供を一人で育てなければならない……さらに追い討ちをかけるかのように、家計を支える働き手は自分一人になってしまった……こんな状況で悲しみによるストレスに対処するのは不可能のように思われます。収入の低下は配偶者の死を乗り越えるためのさらなる大きな障害となります。夫を失った妻にこれまで働いた経験がまったくないという場合は、収入の減少にともなう不安はさらに大きくなります。自信をまったく失

った状態で仕事を探さなければならないのですから。まだ手のかかる子供をかかえて妻を失った夫たちは、子供の世話を見てもらう人に払うお金の心配や、子供たちと過ごす時間が短かすぎるのではないかという罪の意識に悩むことになります。配偶者を失って悲嘆にくれる夫や妻にとって、経済的な心配は重荷を増やすばかりです。

もちろん、経済的な理由でより苦しむのは妻の方です。なぜなら、新たに仕事に就く準備もできていないし、その機会も少ないからです。男性の方が給料も多くもらえますし、転職する場合でも通常女性の場合より多くの選択肢が与えられています。とくに小さい子供をかかえた母親は、家計を公的な補助に頼らざるを得ないという場合も多く見られます。

■死別は夫婦の間の絆が切れることを意味する

最近では両親が子供の結婚相手をさがし、二人をいっしょにするというケースはほとんどありません。配偶者は自分で探すのがふつうです。こうして結婚した相手は多くの場合、自分にとって最もよき友人、親しい仲間となります。最近の核家族化の傾向は夫婦の間の親密さをさらに増すのに役立っています。自分の親兄弟、親戚から遠く離れて暮らしている場合は、物心両面で必要なものを得るのに身近な家族に頼るほかはありません。つまり、結婚にはたがいの要求とそれを満たす責任がつきものだと言えます。

たとえ結婚生活が円満にはほど遠く、単に必要を満たすだけの表面的な関係に基づいたものであっても、夫婦のあいだに重要な絆が築かれることに変わりはありません。それは夫婦の役割に対する期待です。たとえば、伝統的な役割分担で言うなら、妻は子供を育て、精神的な支えとなる一方、夫は生計を支え、家族を守るといった具合です。この大きな役割分担のもとに、夫婦がそれぞれの相手に期待するさまざまな仕事（義務）が割り当てられていきます。役割分担は一般に結婚後一年以内に形成され、かなり短期間に当然のものとして受け入れられるようになります。夫婦の一方が亡くなると、残された者はこれまで相手から得ていた精神的なサポートや友情、連帯感などを一度に失うばかりでなく、それまで相手の分担だった家庭内の仕事や責任を満たす方法を見つけなければならなくなります。そういった仕事を引き受けてくれる他人を探す、あるいはすべてを自分一人でこなすのはたいへんなことです。

これまでに見てきたように、配偶者を失うと複雑に入り組んださまざまな問題が発生します。山積みになったこれらの問題を前にして、本当に悲しむべきものが何なのかわからなくなってしまっても当然です。物理的な離別だけでも十分につらいのに、さらに、さまざまな喪失や責任の入り交じった複雑な苦しみがともなってくるのはこれらの問題があるからです。配偶者を失ったとき、私たちは物理的に自分の一部を失うと同時に社会的な自分の一部、そして、精神的な自分の大きな部分をも失います。これらの失われた部分を補い正常な機能を取り戻すには何年もの年月がかかります。

■一人で食事をすることが大きな苦痛に

配偶者と死別した人が喪失感をとくに感じるのは一人で食事をするときのようです。三十四歳で未亡人となったヘレンは、夫が亡くなったあと三か月のあいだに十キロ近くも痩せました。ヘレン自身、死別の悲しみそのものに加え、一人で食卓に座るのに耐えられなかったことがこの体重減の一因となったのだろうと語っています。妻を亡くしたジョンは空腹を感じることがなくなり、ほとんど無意識のまま台所のカウンターや冷蔵庫の前に立ち、そこにある食べ物を取り出しては食べていたと語っています。テレビの前で食べようとお盆に料理を並べたこともありましたが、妻のスーザンといっしょによくそうしていたことを思い出してひどくつらい気持ちになり、そのあともそうするたびに涙があふれてどうしようもなくなり、とうとう居間で食事をするのをあきらめたのです。

店で一人分に小分けして売られている食品はあまりありません。それに、そもそも一人前だけ料理するというのはやっかいです。タンパ・スタディに参加した人の中には、「空腹を感じないのなら無理に食べることはない」という考えの人もいました。それは家に一人でいることの孤独感を感じないための一つの方法だったのです。

配偶者に先立たれたあと外食をしたり、知り合いの家に招かれて食事をする回数は女性より男性の方が多いという結果がでています。残念ながらアメリカのどの地域でもこの傾向が強いようです。たしかに、一人で食事をしなくてすんだという人もいましたが、そういう人もいつもそうだというわけではなく、一人で食事をしなければならないときはそれがいやでたまらなかったと言っています。

■一人寝のベッドはさびしい

配偶者に先立たれた人は、夫婦としての肉体関係を持つ相手を失ったことより、一人で眠らなければならなくなったことの方をつらく感じるようです。ベッドのとなりにつねにだれかがいることにすっかり慣れてしまったあとでは、その空いた空間が空しく、冷たく感じられるのです。夜中に目を覚まし、ベッドの一方の端に一人で丸まっている自分に気づくのはまさに悪夢です。朝起きて「おはよう」と言う相手がいないと、その日一日に何の意味もないように感じられます。

夫が亡くなってから六か月後、ミルドレッドは自分のことを本当に思ってくれている人にもう一度抱き締められたいと思っていると打ち明けてくれました。死別の悲しみの初期のこの頃、彼女がさびしく思ったのは肉体的関係が失われたことではなく、思いやりあふれたやさしさが失われたことに対してでした。不安にさいなまれているときは、やさしく腕で抱きしめられただけでも十分な慰めとなります。人間関係を豊かにしてくれるこのようなちょっとした行為に、私たちは大きな価値を見出します。だから、それが失われると人生から彩りが失われたように感じるのです。

■一人で子供の世話をすることも大きな重荷に

ラニンの夫のグラントが交通事故で亡くなったとき、二人には双子を含めて六人の子供がいました。一番小さい子供は二歳、一番大きな子供は十二歳でした。グラントはいつもよく子供の世話をしていました。お風呂に入れたり食事を食べさせたり、洗濯までしていました。とくに、しつけの点では父親がいないとどうしようもありませんでした。上の二人の息子は母親には荷が重すぎるように思えました。ラニンには二人をきびしくしつけることができなかったのです。「あの子たちは手に負えない」とラニンは私に言いました。

グラントが亡くなってから六週間たっても、ラニンはまだショック状態にありました。しばらく家に滞在して手助けをしてくれた両親も、そろそろオハイオの自分たちの家に帰らなければならなくなりました。ラニンは両親が自分のそばから遠く離れてしまうのがいやでした。すべてを自分一人でしなければならなくなるのが怖かったのです。

両親が帰ったあと、ラニンは赤ん坊（ほかの子供たちはすでに学齢に達していました）のために昼のあいだ手伝いを頼むことで何とか事態を切り抜けようとしました。でも、まもなく状況は悪化しました。上の二人の息子が学校でも家でもわがままいっぱいにふるまうようになったのです。息子をおとなしくさせておくためにラニンは二人に物を買い与えました。庭にプールを作り、高いキャンプ用品を買い込み、週末にはキャンプに出かけました。でも、キャンプ地で一晩過ごしただけで、ラニンは子供を連れて家に帰って来ました。二人の息子を連れてのキャンプはラニンにはたいへんすぎたのです。子供たちはキャンプ場を我がもの顔に駆け回るばかりでした。

学校のカウンセラーが上の三人の子供に治療を受けさせるように勧めました。でも、それを聞いたラニンはひどく憤慨し、自分の子供は気が狂ってなんかいないとどなり返しました。

家での状況は悪くなる一方でした。ラニンは「気持ちをちょっと落ちつかせるため」といって酒を飲み始めました。その結果、事態はどんどん悪い方へ向かい、とうとう子供たちは母親から引き離されてしまいました。ラニンはアルコール依存症治療センターに入院し、長期の治療を受けることになりました。

このかわいそうな一家がその後どうなったか私にはわかりません。この家族はいつのまにかできた裂け目からすべり落ち、気がついたときにはもうだれも助けることができない状況になっていたのです。ラニンには一人で子だくさんの家族の面倒を見る準備ができていませんでした。家の中で力を持っていたのはグラント一人でした。その彼なしに、家族を一つにつなぎとめておくだけの力はラニンにはありませんでした。そのための適切な助けを人から得ることもラニンにはできませんでした。父親を失った子供たちの悲しみを理解する者もなく、母親のラニンは長い間ショック状態にあり、夫の死を受け入れることを拒否し続けていたのです。

ナンシーの対処方法はラニンとは違っていました。夫のリチャードが入院しているあいだに、ナンシーは十分に気を配りながら子供たちに父親の病状について説明し、その死に対する心構えをさせました。上の二人の子供は病院に父親を見舞い、父親に向かって「愛している」と伝えることができました。このことはのちに彼らにとって大きな救いになりました。

その日、夫が亡くなる前に、ナンシーは子供たちと父親の病状について話し合い、死期が近づいていることを告げました。葬式のあいだも、何が行われているのか、これから何が行われるのか子供たちによくわかるように説明し、子供の一人一人が何らかの形で自分の悲しみを表現できるようにしてやりました。葬式のあと、ナンシーは一番上の息子に向かってだれかが、「これからはこの家の大黒柱はおまえなのだから父さんの代わりをしなくてはいけない」と言っているのを耳にして憤慨しました。すぐに息子を物陰に呼ぶと、人はほかにどう言ったらいいかわからないからあんなことを言うだけだから、まともにとらなくてもよいのだと言って聞かせました。

一段落ついたところで、ナンシーは子供たちを自分のまわりに集め、父親がいなくなったさびしさをたがいに分かち合う必要があることを告げました。それからナンシーと子供たちは、片親を亡くした家族が陥りがちな分裂を経験することもなく、家族としての絆を保ちながらいろいろなことをいっしょにやり始めました。もちろん子供たちは父親の死を悲しみましたが、その悲しみをたがいに分かち合うことで重荷を軽くすることができたのです。

ナンシーにとってとてもつらかったことの一つは息子たちのリトル・リーグの練習や試合について行くことでした。亡き夫はリトルリーグの世話を積極的にしていたのです。夫が亡くなってからはじめて子供たちを試合に連れていった夜、勝利をおさめた息子のチームのメンバーが全員でサインしたボールをナンシーにくれました。ナンシーはそのときまでかなり冷静さを保っていたのですが、このすばらしい贈り物を受け取ったとき、あふれる涙を止められませんでした。それでも、ナンシーにとってその瞬間はかけがえのないものでした。

■孤独感や喪失感を乗り越えるには時間がかかる

あとに残された配偶者にとって孤独は大きな問題です。自分の一部を失い、そこを修復できない状態にあるとき、孤独感にさいなまれるのは当然です。とくにアメリカでは夫婦二人で一組と見なす傾向が強いのでなおさらです。たしかに最近では独身者たちが集まるという新しい傾向も見られますが、それまでつねに夫婦で社会に参加していた人が急にそういったグループに参加するのはむずかしいものです。変化は一朝一夕に起こるものではなく、「慣れる」までに時間がかかります。それに、新たに始める人生がいままでより多くのエネルギーを必要とする場合もあります。

タンパ・スタディの参加者のうち配偶者を亡くした人は誰もが一度は深い孤独に悩んでいました。マーガレット・キャラハンはフロリダにある湖の畔に住んでいます。新婚のカップルにはこれ以上の場所はないというようなきれいな場所ですが、夫が数か月前に亡くなり、いまでは訪れる人もなく孤独に暮らしています。夫の闘病中、この夫婦はそれまでたくさんいた親しい友人たちとの交際を続けることができず、彼らに電話をすることもやめてしまいました。

キャラハン夫人にとってこの結婚は三度目でした。一人目の夫は彼女が四十二歳のとき心臓発作で亡くなり、あとに二人の娘が残されました。夫人は再婚しましたが新しい夫がアルコール依存症で、苦労続きの四年の結婚生活ののち離婚を決意しました。もう二度と結婚はしない……彼女はそう誓いました。

その後彼女は妻と死別していたキャラハン氏に出会いました。二人には似たところが多くあって、いっしょにいると楽しい時をすごすことができました。数か月の交際ののち、二人は結婚しました。妻は五十二歳、夫は七十二歳でした。結婚生活はとてもうまくいきました。二人は一緒に旅行し、釣りを楽しみ、友人との外出を楽しみました。ところがまもなく夫が病に倒れてしまいました。

肝臓癌の診断をくだされたあと、夫は二度入院し、最後の一年はたいそう苦しい闘病生活を送りました。もう手の施しようがなくなったとき、医者は夫人に夫を自宅に連れて帰るか、施設に入れるよう勧めました。キャラハン夫人は夫を家に連れて帰り、車椅子と病人用のベッドをレンタルし自分で世話をし始めました。ベッドから夫を降ろしたり、ベッドに戻したりするのも自分でやりました。たいへんな重労働でしたが、夫人は夫が家にいられるのならとどんなことでも喜んでやりました。夫はかなり食欲があり、家での食事をいつも楽しみにしていました。

ある日、二人で夕食をとっているとき、キャラハン氏は突然身体を硬直させ、一、二分そのままの状態が続きました。あとで夫人が医者から聞いた話によると、脳卒中の発作だったということです。その後、病状はどんどん悪化しました。夫はものを呑み込むことが困難になり、固形の食物をとることができなくなりました。夫人は夫の食事をすべて裏ごしするという大変な仕事を喜んでやりました。夫人の時間のすべてが夫の世話に費やされました。

腎臓が機能しなくなり、猛烈な痛みに襲われたキャラハン氏は病院に急送され、集中治療室に入れられました。それまで一分たりとも夫のもとを離れたことのなかった夫人が夫に会うことが許されたのは一時間にほんの二、三分でした。夫人は夫のまわりの無数のチューブや機械を邪魔に思いましたが、それよりもなにより、自分が夫の看護人ではなくなってしまったことに憤りを感じました。

キャラハン氏は自分の誕生日の朝に亡くなりました。その朝もまだ意識ははっきりしていて、その日がどんな日か彼にはわかっていました。医者たちは意識があるのはいい兆候だと夫人に告げました。そして、コーヒーショップに行って少し休んでくるようにと勧められた夫人がほんの一時間たらずで病室に戻ると、夫はすでに亡くなっていました。あれほどいつもそばにいて夫の世話をし、愛情を注いでいたというのに、臨終には立ち会えなかったのです。夫人はそのときのことを次のように語っています。

病室に入ってから二十分ほどすると、病院の人たちが「ちょっとコーヒーを飲んできたらどうですか」と声をかけてくれました。正午頃のことでした。私はとくに飲みたくないからと言いました。でも彼らは「少しは外に出られた方がいいと思いますよ……コーヒーでも飲んですぐに戻っていらっしゃい」などと言ってしつこく勧めました。だから、私もとうとうそうすることに決めたんです。そのあと病室に戻ると夫はもう逝ってしまっていました。亡くなっていたのです。あの人たちは夫の臨終が近いことを知っていたのだと思います。それで、私にその場にいさせたくなかったのです。

私がコーヒーを飲みに行く前、夫はまだ意識がありました。目は閉じていましたが、疲れて休んでいるような感じでした。私の言うことは聞こえていました。夫は手をしばられていました。身体につけられたチューブやコードを引き抜いてしまわないようにです。夫は私に「手をほどいてくれないか」と言いました。それは夫を死に至らせることを意味します……そんなことはできるはずがありません。私はその言葉を聞くのがつらくてたまりませんでした。だから、ちょっとコーヒーを飲むのもいいかもしれないと思ったのです。理由はともかく、私は外に出ました。そして、戻ったときには夫は逝ってしまっていたのです。

夫の死後キャラハン夫人はできるだけ一人でやっていこうと努めてきました。いま、彼女は外に仕事に出るべきか迷っています。また、引っ越しをすべきかどうかも迷っています。さびしいのはたしかですが、この湖畔の家にいると気持ちが休まるのです。ほかではそんな気持ちになれないだろうと思っています。何か新しいことをやったら、そのために今よりつらい気持ちになるのではないかとこわくて何もできないでいるのです。

夫人はいまでも夫からの指示を得ようとしています。何か決めようとするときにはいつも夫に頼っていると言ってもいいでしょう。つまり、何か答えを見つけたいと思ったときはいつも、「こんなとき夫だったら何と言うだろうか」と考えるのです。

夫人はいまも夫がそばにいてくれていると信じています。夫がとても愛した湖畔の家を去ることは、夫を裏切ることのように感じられてなりません。また、墓参りに行かないでいると、それを知った夫が、自分が夫のことを忘れ始めていると思うだろうと心配でなりません。仕事に就くには年をとりすぎているという心配もありましたが、いずれにしても仕事を始めれば長い時間家を留守にしなければならず、そうすることは夫を一人きりにすることのように感じられました。一人きりで夫をおいていくなどいままで一度もしたことがなかったのです。

キャラハン夫人はこういったさまざまなジレンマに毎日悩み、そのために何一つ決心することができずに一つのところに留まったままでいます。この状態では悲しみを乗り切り、自分自身の人生を切り開いていくまでにはまだまだ時間がかかります。罪の意識が強すぎて、自分自身の人生を生きていく権利があることや、今はもう彼女を唯一の頼みとする人間はいないのだということを自覚することができないのです。

キャラハン夫人は自分にとって最大の恐怖を次のように語ってくれました。

心配なのは、老いていくこと、そしてこれからどうなるのだろうということです。病気になって療養所で暮らすのはいやです。私の世話をしてくれそうな人はあまりいませんし、いたとしてもそういう人たちの重荷になるのはいやです。でも、一番心配なのは老いること自体です。これからいったいどうなるのか心配でたまりません……。

タンパ・スタディの参加者の中でも、若い人と年配者のあいだでは配偶者の死についての反応に違いがありました。死別の直後に感じるショック、当惑、自分の死に対する恐怖、罪の意識などは若い人たちの方が強く感じるようでしたが、二年後に追跡調査を行ってみると、積極的に新しい人生に取り組んでいるケースは若い人たちの方に多く見られました。その機動力は「希望」にあると思われます。希望が、日々直面するジレンマを解決する助けとなってくれるのです。

年配者の場合は新しい人生を見つけるどころではなく、次第に悲嘆の度合いが深まりピークに達するケースが多く見られました。年をとっていると、困難に対し勇敢に立ち向かう心や信念、信仰がどんなに強くても、未来に対する楽観的な見方を続けることが日に日にむずかしくなっていきます。それは自分に残された時間がどんどん短くなり、体力や健康が衰えていくからだけではありません。彼らから生きる勇気を奪うのは、配偶者の死にともなう愛情の欠如、いっしょに何かを分かち合う人間の喪失にほかなりません。

■あせらず少しずつ悲しみを乗り越える

キャラハン夫人が人生におけるさまざまな決定を自分でうまくできるようになるにはかなり時間がかかりました。本当にむずかしい選択をしなければならないこともありました。でも、あせらず一度に一つずつ解決していくことが、彼女にとって最もよい方法だったようです。このことはほかの多くの人についても言えると思います。

夫との死別からあまり時間がたっていない頃は、何をしたら前に進むことになるのか、何をしたらいままでと同じことをただ続けることになるのか、あるいは何をしたら後戻りすることになるのか、それを見極めることすら夫人にはできませんでした。「その場その場を何とか切り抜けていったのです」夫人はのちにそう語っています。

■新たに生きようと決心するのは自分

キャラハン夫人にとっていちばんむずかしかったのは、自分が本当に新しい人生を始めたいと思っているかどうか知ることでした。新しい人生のスタートを切るには六十二歳では遅すぎるのではないかという心配もありました。でも、彼女は小さな第一歩を踏み出すエネルギーを何とかしぼり出し、それを新しい出発点としました。そのときのことを彼女はこう語っています。

ときがたったせいかどうか私にはわかりません。よく、ときがたてば何とかなると言いますが……私にはわかりません……とくにきっかけがあったわけではありません……ただ、だんだんとそうなっていったのです。私はとても長い間落ち込んでいました……それがこの二、三か月、少し気分が楽になってきたように感じ始めたんです……もしかすると、自分で何かしなくてはいけないと心のどこかで決めたのかもしれません。どうにかして自分をしゃんとさせなくてはと思ったんです。それができるのはただ一人、自分です……そうでしょう?

■小さな出発は子供や友人たちとの接触から

キャラハン夫人はまず友人に電話をかけ、昼食をともにするようにしました。すると、外出することによって新しいエネルギーが注入されたように感じました。それから、二人の娘と毎週電話で話をするようになりました。二人はカリフォルニアに住んでいましたが、フロリダにいる母親の生活についてちょっとしたアドバイスをしたりするようになりました。娘たちの助けもあって、夫が亡くなってからはじめて夫人は自分の人生に残された新しい可能性に目を向け始めました。

■自助グループへの参加や大学の聴講で情報入手

キャラハン夫人に大きな影響を与えた行動の一つは、夫に先立たれた女性の自助グループである「未亡人の会(Widow-to-Widow)」の会合に出席し、ほかの女性たちの話を聞いたことでした。夫の死から立ち直ったほかの人たちの話を聞いたり、その姿を見ることで、自分もこの悲しい経験を乗り切れるかもしれないという希望が湧いてきました。

その会合で、昔税金コンサルタントをやっていていまは引退しているが、夫の死によって収入が減少した女性たちの相談に無料でのってくれる人がいるという話を聞きました。そのコンサルタントと相談することで、夫人は金銭面での計画を立てることができ、心配が減りました。さらに、このコンサルタントは家を売ってその代金を投資するように適切な助言を与えてくれました。

また、このグループの会合を通して、地元の短期大学で独身者としての生き方についての講座が開かれていることを知りました。その講座では買い物や料理、友人との付き合い方、投資、旅行などについての話が聞けるということでした。それで、試験はなし！　夫人は次の学期に聴講を申し込みました。

■新しい友人は新しい人生の出発の大きな助けに

独身者のための講座の最初の授業のとき、キャラハン夫人は同年輩の女性に出会いました。この女性と夫人はその後友情を深め、大の親友になりました。この新しい友達がほかの友人に紹介してくれ、友達の輪はどんどん広がりました。かつての自分を知らない新しい人たちばかりです。この友人の輪が彼女の新しい出発のきっかけとなりました。

いまでは親友となった新しい友人は、自分の住む新興住宅地で売りに出ている家を二、三軒夫人に見せました。どれも快適そうな家でした。友達の近所に引っ越すのなら、引っ越しもそう恐れることではないかもしれない……夫人はそう考えるようになりました。

■故人を解放し、自分も解放してやることが大切

キャラハン夫人が乗り越えなければならなかった障害のうち最大のものは、夫の死を受け止め、夫を自分から解放してやること、もう一つは湖畔の家から自分を解放することでした。この二つは非常に密接に関わり合っていました。これらの障害を乗り越えるには夫人自身が思ったより長い時間がかかりました。完全に心の準備ができてからそうしたいと思っていたからです。でも、長い時間がかかったにせよ、最後には夫人は探し求めていた心の安らぎを得ることができるようになり、夫の死を受け入れ、夫を解放することができるようになりました。最後に夫人に会ったとき、夫人は私に次のように話してくれました。

ほぼ三年もたってやっと、私は夫が逝ってしまったこと、いま彼はしあわせにしていてすべてがうまくいっているのだということを認識しなければいけないと感じ始めました。夫が戻ってきてくれたらどんなにいいでしょう。でも、晩年の夫の苦しんでいる姿は見たくありません。あの頃夫はとても苦しんでいました。昔のように楽しいこともできなくなっていましたし……食べることもままならなくなっていました。薬ばかりたくさん呑まなければならなくなって……それから、薬すら呑みたくないと言うようになって……あの頃の夫はもう人生から多くを得ていませんでした。それは本当につらいことです。

■友人は大きな慰めになる

悲しみを乗り切るには友人からの助けが必要です。人間は集団で生きる動物ですから、自分を愛してくれ、元気なときも落ち込んだときも自分をありのままで受け止めてくれる人の支えを必要とします。タンパ・スタディで、肉親を失ったあと最も救いとなったのは何だったかという質問に対して圧倒的に多かったのは「友人と家族」という答えでした。こんなとき、友人や家族に代わる存在はありません。

ジョージ・マッケンジーは妻が亡くなってから葬式までのあいだに八十四人の友人が自分を訪ねてくれたと誇らしげに話してくれました。友人たちのおかげで、彼はこのつらい時期をなんとか乗り切ることができました。私の場合も、友人が電話をくれたり、ちょっと立ち寄ってくれたり、何か持ってきてくれたりしたのがとても慰めになったのをいまも覚えています。持ってきてくれるものは食べ物でも花でも何でもよかったのです。贈り物を見るたび、彼らが私のことを大切に思い、愛してくれていることが感じられ、感謝の気持ちでいっぱいになりました。

■故人がそばにいるように感じることも慰めの源

長い結婚生活のあいだにつちかわれた習慣は簡単にはなくなりません。夫あるいは妻と共に話をしたり食べたり寝たりする……こういったことは長い間にごく自然なこととなっています。相手がいなくなったからといって、こういった二人のあいだのいろいろな交流が突然になくなってしまうわけではありません。

配偶者が亡くなったあとでもその存在を身近に感じるという人は多く、たいていの場合、そういった体験は遺族にとって大きな慰めとなります。タンパ・スタディの参加者の中には、葬儀のあと家で実際に故人を見かけたと話してくれた人もいます。そのなかの一人、マーチン夫人はこう語っています。

なんだか変な感じでした。私はいつものように台所の流しの前に立ってお皿を洗っていました。そして夫のハーブのことを考えていたのです……夕食のあと、あの人はよく台所に入ってきて、いっしょに立ち話をしたものだな……と。そのとき、私は夫が廊下の方から私を呼ぶのを聞いたのです。でも、廊下をのぞくと彼の姿はありませんでした。私は夫に呼ばれたとき、何も考えずに返事をしていたんです……自分が何をしているか気がついたあとも、夫がそこにいるような、奇妙な気持ちがしていました……ほんとうに私を呼んだような気がしてならなかったのです。

私も母が亡くなったあと母がそばにいるような感じがしたことがよくありました。私が「ちらつき現象」と名づけた体験もよくしました。つまり、視野の端の方に人影のようなものを見るのです。そんなとき、私は母ではないかと思い、そこに母の姿を見つけることを期待してあわてて視線をそちらに向けたものです。実際に母の姿を見ることは決してありませんでしたが、母のエネルギーが何らかの形でそこにあったことはいまでも疑っていません。

愛する故人がそばにいてくれて、「いま自分たちは苦しみも心配もない、安全なところにいる」と私たちに知らせようとしているのだと考えることは心の慰めとなります。自分たちが見守られ、導かれているような気持ちになるのです。愛する人を亡くしたあとの混乱と当惑の時期にある私たちにとって、これは大きな救いです。

■慎重に、しかし積極的に再婚を考える

配偶者を亡くしたばかりのときは、再婚など思いもつきません。喪失感、故人をなつかしみ戻ってきてほしいという気持ち、別離の恐怖や不安などで頭がいっぱいです。でも、時間がたち次第に回復に向かっていくと、この孤独を和らげる必要があると気づきます。そんなとき、一緒に外出できる異性の友人を持つことで慰めを得ようとする人もいます。でも、その場合でも最初から永続的な関係を持ちたいと思うことはまれです。二十六歳の妻を失ったサリンジャー氏は再婚の可能性について次のように語っています。

自分がまた結婚するとは思わない……結婚はしない。女性と夕食に出かけたりするのは楽しい……でも、結婚となると……自分はそれを望んでいないと思う。それを望む人は多いかもしれない……でもいまのぼくには考えられない。女性がそばにいるのはいい。でも、永続的な結婚となると、いまのぼくには考えられない。

調査結果から見ると、一つの関係に心の整理をつけ新しい関係を始めるには少なくとも二年は

かかるようです。でも、どうしても代わりとなる存在が必要で、適当な人を見つけてすぐに再出発をするという例もないわけではありません。

ブラウン氏は妻を亡くした当初から、一人で住むのはいやだと思っていました。何とか一人でやってみようと努力する気もありませんでした。妻を亡くしてから六か月後、彼は「これ」と思う相手を見つけ再婚しました。残念なことに、ブラウン氏は妻の死を悲しむために十分な時間を費やしていませんでした。その結果、新しい結婚から彼が求めていたことは決して得られませんでした。彼はそれまでしあわせな結婚生活を送っていたので、再婚してからもそれを続けることができるものと思い込んでいました。その後、彼は離婚しましたが、今度は次の再婚までのあいだに、離別から回復するための十分な時間をとることにしました。

妻を亡くしたあと、長年の知り合いで、友人の一人だった女性と結婚したボブの場合はもっとうまくいきました。相手の女性には六人の子供がいて、そのうち二人はまだ母親と同居していました。でも、そのことはボブにとってまったく障害となりませんでした。彼は大きな家を買い、自分と相手の女性の家族全員がいっしょに住めるようにしました。この結婚はうまくいきました。この場合、再婚は双方にしあわせをもたらす喜ばしい決断だったと言えるでしょう。

再婚で大きな慰めがもたらされることは大いにあり得ます。でも、期待が大きすぎると失望するかもしれません。私個人の意見としては、自分の中に新しいアイデンティティを見つけるまで待った方がよいと思います。悲しみは私たちを変えます。大切なものを失ったあと、前と同じ人間でいられるはずがありません。夫婦という殻を新たに作る前には、一つの殻から完全に脱皮する必要があります。価値観だって前とは変わるでしょう。死別を乗り切り人間的成長を続ければ、人生から求めるものがさらに広がり、多くの新しい要素を取り入れていくようになるかもしれません。そこに至るまでには時間が必要です。時間がたち、その準備ができてはじめて悲しみが過去のものとなり、新しい人生が目の前に開けるのです。

第九章　親の死――成人後に「孤児」になる

女の子はみな、自分が母親と友達のような関係を持てるようになる日を心待ちにしています。母と娘の関係を越えた新しい関係を確立できる日のことを……。ふつうは娘が子供を持ち、母親のことを理解できるようになるとこの夢は叶います。姉たちはその願いが叶いました。でも私の夢は叶いませんでした。いま私は、永遠に失われたこの友とはいったいどんな人だっただろうかと考えることがよくあります。

二十一歳で母を失った娘

「孤児《みなしご》」と言うとがらんとして寒々とした施設でみじめに暮らす、よるべのない幼子の姿が思いおこされるかもしれません。たしかに、親を失った子供の中にはそういったイメージにあてはまる子供もいるでしょう。でも多くの場合、それは昔から物語などを通して誇張されたイメージだと考えた方がよいでしょう。

両親を共に亡くすまでの過程は人によりさまざまに異なり、その年齢もいろいろです。大人の孤児はそれこそ数限りなくいます。

両親のいずれか一方を亡くした場合も、両方を亡くした場合と同様、孤児になったような気持ちになります。また、親が長生きをすればするほど、いつまでも元気でいるような気がして安心してしまい、突然その存在を失うと大きなショックを受けます。

親の死を経験するのはたいてい、五十代、六十代になってからです。これは医学の進歩や生活条件の改善によって、かつては高齢者にとって命取りだった病気の多くが克服できるようになったためです。現代社会は四世代、五世代にわたる人間が共に生きています。このような寿命の延びは、人間が永遠に生きられるような錯覚を起こさせます。親も子も共に永遠にいまのままで過ごすことができるような錯覚に陥ってしまうのです。

■親が老いていくのに気づくとき

人は中年に近づくと、親が老いていくことに気づきます。父親か母親のいずれかがちょっと足元がおぼつかなくなったり、疲れやすくなったり、動きが鈍くなったりしたことに気づき始めるのです。

長い旅行でしばらく留守にしていた私の兄が、マイアミの自分の家に帰る前に母を訪ねてきたときのことです。そのとき私も母の家を訪れていて夕食をいっしょに食べていました。母が席をはずしたそのすきに、兄は私の方を向き心配そうな顔をして言いました。「ちょっと見ないうちに母さん、すっかり年とったね。いったい何があったんだい?」私の目にはまったく変わりなく見えましたが、兄が国を離れていた数年のあいだに、彼の眼にははっきりわかるほど母は老いていたのです。「顔のしわが目立つようになったじゃないか。」兄はそう続けました。私は兄がそんなことを言うのに驚き、言い訳をするような口調で答えました。「年とったなんてわけないわ。すごく元気そうじゃない。」でも、私は兄のその言葉をきっかけにいろいろ考えるようになりました。

■親は自分と死のあいだの緩衝材

私たちは心のどこかで、遅かれ早かれ親は自分より先に死に、それが自然の摂理なのだと思っています。その意味では、親の死に対する心の準備はいくらかできていると言っていいでしょう。両親より長生きするのは当然のことなのですから。でも、実際は話はそう簡単ではありません。両親が老いつつあることを実感することによって、私たちは自分もまた年をとりつつあるのだということを実感し始めます。そして、両親の死を現実の問題として考え始めると、自分と死とのあいだの緩衝材がなくなってしまったように感じるのです。私たちは頭の隅のどこかで、両親が生きている限り自分も生き続ける……と思っています。両親が逝ってしまったら、次は自分の番です。

両親の死について考えるとき、悲しみや恐怖を感じるのはごく自然なことです。両親がいずれ死ぬのだと思えば悲しくなりますし、自分たちもまた老いて死んでいくことを思えば恐ろしくもなります。年をとるにつれて何かを失ったときの喪失感が強くなることの原因の一つは、こういった感情にあるのかもしれません。また、よく言われる「中年の危機」の原因もこんなところにあるのかもしれません。人生を長く生きていれば、人にしろ物にしろ失うことが次第に多くなります。

■いくつになっても親の死に対する覚悟はできない

両親が亡くなると、私たちは家族の中で前よりも責任の重い地位に押し上げられたように感じます。もう頼るべき両親はいません。最前線に立つのは自分です。そして次に逝くのも自分。大人になって両親を失うことは、人間の人生のサイクルとして自然のことだとも言えますが、私たちのうちの多くは、とくに両親がまだ元気でいる場合、いくつになっても彼らを失うことに対する心の準備ができません。

ジュディは三十五歳のときに母親を亡くしました。三人姉妹の末っ子で、母親と一番仲のよい娘でした。母親はよく、ジュディと自分は感情的な面でよく似ていると言っていました。二人とも感情を外に表すことをためらわず、傷つきやすいタイプだったのです。ジュディはどんなときでも母親が自分の話に親身になって耳を傾けてくれ、適切なアドバイスをしてくれることを知っていました。

ジュディは優秀な音楽の教師で、家でたくさんの生徒を教えていました。結婚して十年になりますが子供はいませんでした。「子供がほしいとはいつも思っていましたが、忙しすぎてなかなか決心するチャンスがなかったのです」とジュディは話してくれました。それに、まだ自分は母親のお気に入りの小さな娘のままで、自分自身が母親になる準備ができていなかったのだと思う、とも言っています。

母親が癌にかかっているとわかったとき、ジュディはこれまでの人生で最大の恐怖を感じました。癌はすでに全身に転移していた上、病気の進行は速く、死は避けられませんでした。母親はベッドのまわりに集まった家族に見守られながら、ジュディの腕の中で亡くなりました。ジュディにとって母親の死は理解を超える出来事でした。ジュディのショック状態は数か月も続きました。

ジュディは母親の死からなかなか立ち直れませんでした。そのあいだにいくつか大きな不幸が重なり、もともと一進一退だった立ち直りの過程をいっそう遅らせました。一つ目の不幸は結婚生活が破綻して離婚したことでした。ジュディは一人暮らしを始めましたが、それには経済的な困難がついて回りました。当然ながら、それはジュディの大きな心配の種となりました。次に十二歳になる愛猫が車に轢かれて死ぬと、ジュディはどうしてよいかまったくわからなくなり、すべてに見放されたような気持ちになりました。母親が亡くなってから二年後に会ったとき、彼女は私に次のように話してくれました。

母が逝ってしまったとき、私は大人にならなくてはと思いました——母に頼らず、自分で責任をとるようにしなくてはと。それまでも実際に助けを求めて母を頼ったことはほとんどありませんでしたが、必要なときにはいつもそこにいてくれることがわかっていました。いまはすべてが変わってしまいました。自分自身の目で物事を見なくてはならなくなったのです。

いまでも母親の存在を感じるかという私の質問に、ジュディはごく日常的に感じると答えました。部屋の中に母親がいるのを感じる……といった特別な感覚ではなく、母親が持っていた「空気」のようなものを感じるという話でした。さらに、母親に導かれているような気がするかとたずねると、ジュディは泣き出し、うなずいて「ええ」と答えました。それまで彼女はかなり感情を抑え、冷静さを保っていましたが、「母親の導き」という話題を持ち出されると、母親をなつかしく思う気持ちが抑えきれないほど強くなってしまったのです。

両親の役割は、死とともに消えてなくなるわけではありません。たとえ大人になっても、人は子供時代から慣れ親しんできた「親からの導き」をつねに感じています。苦しいときも、しあわせなときも、人生のあらゆる場面で愛すべき導き手だった……そういった親に対する理想的なイメージを私たちは持ち続ける傾向にあります。

もちろん、理想的な思い出ばかりではないという人もいます。口うるさい親や、アルコール依存症の親、子供が完璧であることを要求し続けた親……といったマイナスのイメージを持っている人もいます。親が亡くなったあとも、まだ彼らの非難めいた声が耳から離れず、愛憎入り交じった矛盾した感情に悩み続けるという場合もあります。このような場合は、マイナスの感情を克服し、自分自身を親から取り戻さなければなりません。そして、それと同時に、いまも聞こえる非難の声に対する罪の意識や恥の意識から解放される必要もあります。ですから、親の死を乗り越えるためにはふつうよりも多くの時間がかかります。

■親子の絆は人に大きな影響を与える

親子の絆は人生の中で最も長い結びつきです。それは子供が赤ん坊のときに確立され、固い絆となって歳をとるまで続きます。両親は私たちの一部だと言ってもよいでしょう。親と子のあいだでは身体的、精神的な特質を伝える遺伝子のつながりが強いのはもちろんですが、親子の絆のうち最も重要な部分は人間的な関係の中で培われていきます。つまり、子供が成長の過程で両親から影響を受けて作り上げていく性格などがそれです。

両親との関係がうまくいっていようといなかろうと、あるいは愛憎入り交じったものであれ何であれ、私たちは両親の存在から大きな影響を受けます。

両親は私たちが自分自身に対するイメージ、つまり「個としての自覚」を持つのを助けてくれます。幼い時期に子供が獲得するこの「自己像《セルフ・コンセプト》」は親が与えてくれたものです。また、大人になって私たちが感じる感情の多くは、子供の頃の両親の反応に大きく影響されています。大人になってからでも、親のちょっとした言葉や反応によってたちまちに、何の悩みもなくしあわせいっぱいだった子供時代に引き戻されるということはよくあります。あるいはその反対に、親のちょっとした視線や仕草で、もうすっかり縁が切れてしまったと思っていた罪の意識や恥の意識を感じるということもあります。親の影響力は思いがけないときに思い知らされます。彼らが亡くなると、私たちはまるで子供時代に戻ってしまったかのように、見捨てられ、傷つきやすくなったように感じている自分を見つけ、驚くのです。

■親の死が与える影響は子供の年齢によって異なる

子供は若ければ若いほど親とのつながりを強く感じます。親に完全に依存し彼らを必要としていた幼児期の思い出は、完全に大人になってしまうと薄れますが、子供時代や青年時代にはもっと鮮明で大きな影響力を持っています。

幼い子供は「親はいつもそこにいるもの」と思っています。問題があれば親が解決してくれ、必要なものを与え、愛情を注ぎ、慰めを与えてくれます。少し大人になり、自分でできることが増えて自立してくると、生きるための責任の一部を自分で引き受けるようになります。ジュディのように若いときに親を亡くすと、「自分で自分の身を守らなくてはならない」ということを突如実感させられることになります。自分にとって強力な支えであった親はもはやいないのですから。

■友人・仲間としての親を失う——二十歳から三十五歳の時期

たいていの場合、私たちは二十歳から三十五歳までのあいだに結婚し、生まれ育った家庭を後にして大きな変化を経験します。この時期、子供は「自分は自立している」という自信を得るために、エネルギーと気遣いの多くを仕事に費やします。もちろん、まだ両親に依存している面も持ち、ときにはその承諾を必要とする場合もありますが、親子の関係は次第に変化し友人関係に近くなっていきます。さらにときがたち子供を産み育てるようになると、かつて親が直面した問題を自分自身で経験するようになり、両親の立場がいっそうよくわかるようになります。この時期に親を亡くすことは親しい友人、仲間を失うと同時に、親としての最高の手本を失うことを意味します。

■自分の死を予感し始める——三十五歳から五十五歳の時期

中年期はまだ仕事や家庭、個人的な関心事などに気を取られている時期です。それと同時に、中年期へ移行するにつれ、私たちは「自分自身が老いていく」という今までに感じたことのない感情に襲われるようになります。とくに両親が老いていくのがわかってくるとその感情はますます強くなります。両親のために時間を割いたり、適切な世話をしてやらなければならなくなる場合もあります。このような時期に親を亡くすと私たちは自分自身の死を予感し始めます。自分もいつかまちがいなく死ぬ、いま自分は人生の折り返し地点を過ぎつつあるのだということを実感し始めるのです。

■介護生活からの解放を意味する場合もある——五十五歳以上

五十五歳を過ぎると親に介護が必要となってきます。ここで親子の役割が交代します。親が幼い子供のように世話を受ける側になるのです。

アルツハイマー病や脳卒中、あるいは単に老化といった原因で、親の精神的活動や社会的活動が停止するという問題もこの頃に起こってきます。これまでは精力的で元気いっぱいだった親が、徐々に衰弱していくのを見つめなければならないのです。この時期に親を亡くすことは、物理的、精神的苦しみから解放されることを意味する場合もあります。でも、愛する者を亡くした悲しみの大きさに変わりはありません。老いた親を亡くすのは、自分に完全に依存していた子供を亡くしたようなものなのですから。

■親の死とともに失われる特別な愛

親の愛ほど無条件な愛はほかにありません。私たちが大人へと成長するための険しい道を歩むあいだ、親は私たちを支え導いてくれます。子供が親を失望させるようなことをすると、親は怒りますが、それでも子供は親が自分のことを愛してくれていることをつねに知っています。五十五歳のとき突然の脳卒中の発作で母親を亡くしたマギーは次のように書いています。

とても大切な人が突然私のそばからいなくなってしまいました。完全に取り残されたような感じで、ただ呆然としていました。本当の意味で私を愛してくれた唯一の人がこの世からいなくなってしまったのです。世界が空しく感じられ、孤独でたまりませんでした。

親の大きな愛を失ったとき、私たちはすべてを失ったように感じます。親の愛に匹敵するような愛は二度と得られないのだということを、私たちは心のどこかで知っているからです。

■永遠に失われる子供時代

大人になってからも時折、幼い子供のような気持ちに戻ることがありますが、それはすばらしいことです。肩に重くのしかかっている責任から解放され、「大人なのだから」と自分に言い聞かせる必要もない、そんな瞬間はじつに心地よいものです。自分が小さかった頃のおもしろおかしい出来事を親が話してくれたりすると、そんな瞬間が訪れます。私たちは心のどこかではまだ子供なのです。親の思い出を通して子供時代をもう一度生きることができるのです。親を失うと、子供時代も失われます。人生の初期のその時代を分かち合えるのは親以外にはいないのですから。

■親は無二の親友

子供が年をとるにつれ、親と子の関係は徐々に依存の度合いが減って相互的な友情へと変化していきます。支配権をめぐる戦いが時とともに自然におさまってくると、議論したり、おたがいに不満をぶつける理由も減り、一緒にいても前より気楽で、気を遣う必要のない関係になっていきます。このような関係が確立した後に親が亡くなると、私たちは長い年月をかけて友情を培ってきたかけがえのない友人を失うことになります。

相互的な関係がまだ確立していず、そのような関係になりたいと思っている最中に親が死ぬと、新しい親子関係を築く機会が永遠に失われてしまいます。親とのあいだではっきりさせなければと思っていたことがたとえまだ残っていたとしても、親の死によってそのためのチャンスは永遠に失われてしまうのです。

私の娘のキャサリンは妊娠五か月半のとき、流産で赤ん坊を亡くしました。父親である私の前の夫が亡くなるほんの二か月前のことでした。娘はこの二つの死を分けて考えることができず、一つの大きな悲劇として受け止め、ひじょうに悲しみました。キャサリンは父親が亡くなったすぐあとに、次のように日記に書いています。

父は日毎に弱っていき、息をするのがとても苦しそうだった。テネシーとカリフォルニアから姉たちが、ニューキャロライナから母が父の世話をするために駆けつけた。家族が到着したときには、父は二週間の家での闘病生活の後また病院に戻っていた。それから一週間もたたないうちに、父はすべての薬をやめ、モルヒネと精神安定剤だけを一時間おきに投与してもらうという方法を選んだ。それが実行に移される前の三日間、私たちは交代で父に付き添い、父が一人きりにならないようにした。私も父が亡くなる直前に夜の付き添いをし、父がどんどん衰弱して呼吸がとぎれとぎれになっていくのを見守った。ほんの少し身体を動かすだけでも、父はとてもつらそうで、ほとんどしゃべることもできなかった。その翌日、私が病院をあとにしてから一時間後、父は生きるための戦いをやめた。

父は不屈の闘志を持つボクサーであり、飛行家であり、思索家であり、人の先頭に立って行動を起こす人間だった。それに、真の意味での戦士だった。だから、父が戦いをやめたのは、病気との闘いの勝率を計算し、次は人工呼吸器に頼るしかないことを感じ取ったからだとしか思えない。人工呼吸器や放射線治療、化学療法といったことは父は決して望まなかっただろうから。父は眠ったまま亡くなった。父を心から愛し、生と死を隔てるあのドアの先に待つ最後の飛行に旅立つ彼をできるだけ楽にしてあげようと最善を尽くした四人の女性に見守られて……。私たちは祈り、父が子供の頃よく歌ってくれた歌を父のために小さな声で歌ってあげた。

それから、みんなで泣いた。ずっとずっと泣き続けた。

父は私が流産で子供を失ってからちょうど二か月後に亡くなった。私は人生の両端が切り取られてしまったように感じている。人生を生きる前の命と、人生を生きたあとの命、私を生み出した種と、私が生み出した種。私は息子と父、この二つの死から何か意味を見出そうとしている。でも、頭に浮かぶのはただ一つ、悔やんでも悔やみきれない悲しい事実だけだ。それは、まだ生まれる前に死んだ幼い命のことを悲しむあまり、大切なものが失われつつあることに私が気づかなかったことだ。父の病気が進行しつつあったのに、私は当然払うべき注意を払っていなかった。病気がいよいよ本当に悪くなったとき、「助かりますように」と私が祈ったのは自分勝手な理由からだった。父のために何かしてあげる一度目のチャンスを逃したので、二度目のチャンスを与えてほしいと思っていたからだ。父が亡くなる前、私は二晩徹夜で付き添った。それが私に与えられた時間のすべてだった。あれほどの大きな罪の意識をつぐなうにはあまりに短い時間だ。

だれだっていずれは死ぬ。それはわかっている。私たちが願うことができるのは、自分の死ぬ時期を自分で選ぶこと、モルヒネを与えられること、そして愛する者にかこまれて死ぬことくらいだろう。それが叶えられれば幸運だと私は思う。

息子と父親の死からキャサリンが立ち直るまでには長い時間がかかりました。キャサリンは父親が病気のあいだ十分なことをしなかったという思いで苦しみました。自分が子供のとき、父親はどんなときでも、どんなものでも「直す」ことができた……だから、キャサリンは無意識のうちに、同じことを父親の代わりにしたいと思っていたのでしょう。キャサリンにとって父を死の手から守ることは願いでもあり、やらなければならないことでもありました。父親が亡くなったとき、キャサリンは父親に対し、自分が心から愛していたということを身をもって示すチャンスを失ったように感じました。

■自分の子供にとっての祖父母を失う

私たちは自分の両親が孫の自慢をすると誇らしい気持ちになります。その子供の両親である私たちは、三つの世代の絆を認識することで大きな満足を感じます。世代を超えた命のつながりが私たちに安心感を与えてくれるのです。

祖父母は子供の人生に両親とは異なった別の側面を与えてくれます。彼らはいろいろな知恵を授けてくれ、やさしく、忍耐強く見守ってくれます。両親を失うと、私たちはこのような絆や安心感を失うばかりでなく、両親が与えてくれていた一種の達成感も失います。両親はこんなにすばらしい孫を産み育て、家族の血を絶やさずにいる――この血の流れを通して両親の不死性が確立されている――ことで私たちを誇りに思っている……私たちはそう感じているのです。

■短期間に両親とも亡くすと悲しみは長く続く

両親を一度に亡くすというのは非常につらいことですが、可能性としてはよくあることです。

というのは、配偶者との死別の悲しみによって免疫機能が低下したために、残された者が病気になったり、時には死に至ることがよくあるからです。このことは医学的研究によっても明らかにされています。このようなことが起こった場合、残された子供は一方の親の死から立ち直る前に、もう一人の親の死に直面することになります。「孤児になってしまった」というショックを続けさまに受けることになる「二重の死」は、悲しみから立ち直るまでに長い時間がかかります。

母親が亡くなったとき、ジュリーは二十八歳でした。四人の子供の末っ子だったジュリーは、自分はたぶん母親に甘やかされて育ったと思うと私に話してくれました。ジュリーと母親はひじょうに仲がよい一方、ジュリーは母親が何か自分のためにしてくれると、それを当然のこととして受け取ったりせず、いつも何らかの形でお返しをするようにしていました。癌にかかった母親は病気と勇敢に戦いましたが、最後にはその戦いに敗れました。

「母親の死は人生で最悪の出来事だった」とジュリーは語っています。それがジュリーにとってはじめての肉親の死だったことも、状況をさらに悪化させました。ジュリーは六か月のあいだ毎日泣き続け、母親の死を悲しみました。仕事もできなくなりましたが、上司に理解があったため問題にはなりませんでした。ジュリーはそのことで上司にとても感謝していると言っています。「おそらく私のことを理解してくれたのはその上司だけだったと思います。ほかの人はみな、早く私がもとの元気な私になることだけを願っているようでした。」

ジュリーの両親は四十四年間幸福な結婚生活を送ってきました。ジュリーの話では二人は深く愛し合っていて、理想的な夫婦でした。当然ながら、母親が病気になってから父親は片時も妻のそばを離れませんでした。父親にとって、ジュリーの母親の死は大きな損失であると同時に、悲劇的な敗北でもありました。ジュリーはこう語っています。「父は葬式のあいだ、みんなの世話をよくしていました。私たちは父がしっかりしていることに驚きました。いま思うと私は父に何もかも頼りすぎていたような気がします。自分の悲しみばかりに気をとられ、父のことはあまり考えなかったのです。」

母親が亡くなってからまもなく、ジュリーと夫はフロリダに転勤になりました。三人の姉妹は父の家のそばに住んでいたので、父親を見捨てて行くなどという感じはまったくしませんでした。フロリダに移ってからまもなく、姉から手紙が来ました。父親が家の中に閉じこもって出てこないことが多くなったというのです。子供たちはこのような行動は悲しみを乗り越えるプロセスとして当然のものと考え、そのうちに元気になるだろうと思いました。

でも、ジュリーの父親は一向に元気になりませんでした。隣の家の人の話だと、夜になると父親は暗闇のなかでじっと座ったままでいるということでした。隣人は心配になり、菓子パンを買って毎朝早く玄関前のポーチに置くようになりました。ジュリーの父親は毎日それを家の中に取りこみました。隣人は多少なりともコンタクトがとれたことに安心しました。

ある朝、菓子パンが玄関前に置かれたままになっていました。隣人がドアをこじ開けて家に入ってみるとジュリーの父親は既に亡くなっていました。心臓発作でした。彼はベッドで身体を丸め、妻の写真をしっかりと胸に抱いていました。妻がいなくなって、彼は生きる意志を失ったのです。

言うまでもなく、ジュリーは大きな罪の意識に苦しみました。「フロリダに行ったりしなければ父を救えたかもしれない」とジュリーは言います。でもその一方で、母親の死の直後の悲しみの大きさを思い起こすと、自分自身が倒れないようにがんばるほかに、何かできるほどのエネルギーが残っていたかどうか疑問に思うとも話しています。「私たち家族はみな同じ思いでいました。みんなで力を合わせれば、少しくらいは何かできたかもしれない……」「私たち子供がもう少し親のことを思っていたら、父も、あるいは母もまだ生きていたかもしれない……」

幸いなことに、このような罪の意識は時間がたつにつれて薄れていきます。とくに、信頼できる友人やプロのカウンセラーとそのことについて話すことができると楽になります。勇気を出して自分の気持ちを外に出してみると、事態はそれほど悪いものではなくなります。

■長い闘病生活は家族に死を受け入れる準備をさせる

死別後に感じる罪の意識はひじょうにつらいものです。一方、愛する者がゆっくりと進行する病気に蝕まれていくのを見守った記憶も、私たちに大きな苦痛を与えます。それまで元気で何でもできる両親を見てきた私たちにとって、彼らが肉体的に衰えるのを見ること、とくに苦痛にさいなまれながら衰えていくのを見ることは人生で最も耐え難い苦しみです。長患いののちに死が訪れた場合、死別後の悲しみより、生前に耐えて来た悲しみを乗り切るのに多くの時間がかかります。

肉体が徐々に弱り死に至る病気の場合、肉体的な死よりかなり前に社会的な死が訪れます。これまでずっと活動的な社会生活を送ってきた親が、友人や社会的な活動とのつながりを断ち切らなければならなくなるのです。それはゆっくり襲ってくる肉体的な死の苦しみに匹敵する一つの死です。このことは次の四十一歳の娘の言葉によく表れています。

母は近所でも評判の元気者でした……すばらしい人でした。病気で倒れるまで母はだれにも負けないくらい精力的でした……ダンスが好きで、今でも覚えていますが、この春の私の娘の結婚式では、母と父はその夜の半分をダンスフロアで過ごしていたほどです。最後には父は疲れ切ってしまいましたが、母はまだ踊りたくてうずうずしていました。

それから八月になって、母の胃に腫瘍が見つかりました。化学療法を受けたあと、母は信じられないほどの速さで急激に衰えて行きました。ひどく苦しそうで……とてもやせてしまいました。最後には骨と皮になってしまったのです……あの病気を心から憎みます。母をあんなにしてしまうなんて……あんなのひどすぎます。

私たちの子供時代の思い出の中の母親は美しくはつらつとしていて、できないことは何もないかのように見えます。その母親が身体の自由がきかなくなり、人の助けを必要とし、何も一人ではできなくなっていくのを目の当たりにするのは子供にとって最大の悲しみの一つと言ってよいでしょう。他人の家でそういう事態が起こっても、「うちでもそうなるかもしれない」とは決して思いません。長患いののちに訪れる死は、徐々に、しかし確実に訪れる死です。家族全員にとってこれ以上の苦しみはありません。

でも、このような場合、実際に親が亡くなってしまうと、もうこれ以上親が苦しむことはないのだという一種の安堵感を感じることが往々にしてあります。心に痛みは残っていますが、これ以上傷つけられることはありません。死の訪れを覚悟することはたしかにつらいことですが、実際に死が訪れたあとの悲しみをいくらか和らげるのには役立ちます。受けるショックも死が突然訪れる場合よりも幾分弱く、それほど長引きません。その後も悲しみを乗り越えるための一つ一つの段階をより早く終えることができます。

■親を施設に入れることは子供にとってつらい選択

親を施設に入れる可能性を考えなければならなくなると、私たちは大きな悲しみに襲われます。だれにとっても親が一生快適で幸せに過ごしてくれることが一番の願いだからです。親が年をとり自分で自分の面倒をみることができなくなればなおさらです。でも、そうなったとき、施設に入れる以外に選択肢がない場合もあります。

老人のための施設がどこもひどい状況だというわけでは決してありませんが、だれだって身内や友人のいない場所で、見ず知らずの人の世話を受けるというのを最初の選択肢にはしたくはないものです。できる限り、住み慣れた快適な環境の中で暮らし続けたい、親にもそうさせてやりたいと思って当然です。

老人のための施設あるいは介護施設が唯一の選択となった場合、私たち子供はまるで死刑執行人にでもなったような気がします。なぜなら、施設に入るということは住み慣れた生活を失うことを意味するからです。これは社会的な死を意味します。私たちは親たちが大切にしてきた生活にこのような形で無理やりピリオドを打たせることに深く罪の意識を感じます。

親がアルツハイマー病や脳卒中、老化などの理由で精神的な障害を抱え、つねに介護を必要とする場合は、ふつうは介護施設に入れることが唯一の選択肢となります。そういった施設に親を預けたあと、しばらくは、適切な介護が得られることや、自分たちもやっと休めることにほっとした気持ちになるかもしれません。でも、時間がたつにつれ、悲しみが増してきます。親が衰えていくのを見ることは子供にとっては耐え難いことです。面会に行っても自分たちがだれかわからないからとか、あるいは単に、弱っていく親を見るに忍びないという理由で、成人した子供がまったく親に会いに来なくなるという話もよく聞きます。

■社会はわかってくれない老親との死別後の悲しみ

マサチューセッツ州のフラミンガムにある老人専門病院、クッシング・ホスピタルで特別研究員として博士課程修了後の研究を続けていたとき、私は親をこの病院に預けているたくさんの家族に会いました。成人したある娘さんは一日に二回病院にやってきて、母親に食事を与え、沐浴させ、服を着替えさせていました。母親はアルツハイマー病で、自分のことは何もできない子供の状態に戻っていました。いまの娘さんの最大の心配事はそんな状態になった母親のことでした。

このような状況になってしまったら死は避けられない運命で、母と娘の両方にとって一種の救いとなるのではないかと思われる方もあるかもしれませんが、母親が亡くなったときのこの娘さんの悲しみはひじょうに大きいものでした。数か月がたっても悲しみは一向にやわらぐ様子はありませんでした。娘の夫と、すでに結婚していた息子はどうしたらいいかわからず途方にくれました。彼女はまるで子供を失った母親のようでした。実際、気持ちの上では彼女はまさしく「子供」を失ったのと同じでした。それなのに、母親が年をとり、すでに身体の自由がきかず衰弱していたからという理由で、だれも彼女の悲しみを理解することができず、友人からも家族からも社会的な支えを受けることができなかったのです。それどころか、友人たちは母親が病気になる前の状態に早く彼女が戻ることばかりを願っていました。そして、彼女が悲しみをだれとも分かち合えないで苦しんでいることを知っても、友人たちは自分たちの手ではどうすることもできないと言って、専門家の助けを借りるように彼女に忠告するだけでした。

その後彼女は運良く優秀なカウンセラーにめぐり合うことができました。このカウンセラーは、彼女が失ったものは大きく、その悲しみはそう簡単に乗り切れるものではないことを彼女自身に悟らせることによって、内側に閉じこめられた深い悲しみを一般的な悲しみの範囲にまで弱めてくれました。

親の死はいろいろな面で、ひじょうに大きな喪失を意味します。でも、葬式が終わると、何事もなかったかのように私たちがもとの状態に戻ることを社会は期待しています。一週間、二週間と時がたったあと私たちの個人的な気持ちを慮《おもんぱか》ってくれる人はまずいません。それどころか、私たちが悲しい気持ちでいることを知っていてくれる人すらいなくなります。現代社会では、大人になってから親を亡くした人の悲しみが長く続くことが許されていないように私は思います。

そんなことには大して気を遣うこともないし、長い間こだわることもないとでもいうように……。

私の母が亡くなったあと、母のことをあまり知らない人はよく母の年齢を聞いてきました。私が「八十一歳でした」と答えると、その人たちは大きくうなずき、まるで母にはもう死ぬ準備ができていたとでもいうように、「まあずいぶん長生きなさって……」といったような事を言うのです。それを聞くと私はいつもひどく腹が立ちました。母に死ぬ準備ができていたなんてとんでもない。母は元気いっぱいで、若さにあふれていたんですよ!……心の中でそう反論しました。でも、ほんとうは私自身が母の死に対する準備ができていなかったのです。私には時間が必要でした。必要なだけ嘆き悲しむ「許可」が欲しかったのです。でも、実際は親を失った大人にはそういった許可はまず与えられません。

どんな出来事がその人の人生で最大の悲しみをもたらすか、他人には決してわかりません。死別の悲しみの深さは人間関係の質や種類によっても違いますし、結びつきの強さによってもいろいろなのですから。大人になるにつれ、依存の対象を親から配偶者へ──あるいは子供へ──と移すのは自然なことだと言えるでしょう。配偶者や子供たちのためにより多くの時間を使い、気を遣わなければならなくなると、私たちはそれまで親と分かち合っていた活動から徐々に離れていきます。でも、その後も親との強い絆は保たれ、いくつになっても、たがいに満たし合うべき要求があることを私たちは知っています。私たちが親と多くのつながりを認識していればいるほど、親が亡くなったとき、何かが失われたような感じがして大きな個人的喪失感を持ちます。

第十章　家族全体の悲しみ

いまでもはっきり覚えています。あの日の私の家族の態度はひどすぎました。夫が亡くなった日、あの人たちは病院にやってきましたが、私をなぐさめるどころか大騒ぎをするばかりでした……いまでもあのときのことを思い出すと腹が立ってしかたがありません。夜ベッドに入るとあのときのことが頭に浮かび、走馬灯のように駆け巡るのです……こんな気持ちになったのははじめてです。絶望が薄れたあともあの人たちに対する怒りは決しておさまらず嵐のように吹き荒れています。あの人たちとはあれ以来一度も会っていません……私はあの人たちに関してある決心をしました。もう二度とあのような状況、あのように扱われるような状況に自分を置かないという決心です。つまり、あの人たちとは二度と会いたくないということです。

四十九歳で夫を失った女性

死別の悲しみについて考えるとき、私たちはふつう、配偶者を亡くした夫あるいは妻、子供を亡くした親、親を亡くした子供というように、遺族となった「個人」を思い浮かべます。死別の悲しみに関する研究も、家族ではなく個人を対象とするものが多いため、そういった研究の結果を読む私たちも自然と個人的な悲しみに焦点を合わせがちです。でも、思い違いをしてはいけません。死別の悲しみは百パーセント個人的なものではなく、家族を単位とした集団的なものでもあるのです。

■家庭のバランスを取り戻すまで混乱が続く

家族の一員を失うと家族全体が影響を受けます。家族をつないでいた鎖の輪が一つなくなってしまったのですから。家族の絆としてふたたび鎖を機能させるには、こわれた輪を修理してつなぎ合わせたり新しい輪と取り替えたりしなければなりません。その一員を失った家族が家族としてのある種のバランスを回復するまでの過程は、分裂の危機と痛みをともなうつらいものです。

家族のバランスというのは必ずしも健全でなければ保たれないというものではありません。なかにはまったく健全には機能しないような状態にありながら、そのまま現状を維持し続ける家族もあります。たとえば、父親はアル中だが、その代わりをする母親がいる、その一方で子供たちは父親の注意を自分たちに引きつけようと気を遣っているため不安定ながらもバランスがとれているというケースもあります。このような状況は「父親↓母親↓子供」という指揮系統を覆すようなことが起こらない限り安定しています。ここで母親が亡くなったとすると、家庭全体のバランスの要《かなめ》が失われ、父親と子供たちはあいだに立つ者がないままそれぞれが勝手に行動し始めます。こうなると、父親が酒をやめて子供たちが父親の注意を引くために気を遣わなければならない状況をなくすか、あるいは子供のうちの一人が母親に代わってまとめ役、両者のつり合いをとる役を引き受けるしかありません。

家族のだれかを失った家庭は新たなバランスを確立するまで、混乱した状態が続きます。

■家庭の崩壊に大きく影響を与える要因

家族の一員が亡くなったとき、家族がバランスをとって機能していくのをむずかしくする要因には次の四つがあります。

1 亡くなった家族の年齢

亡くなった家族の年齢によって、その死が家族全体に与える影響は大きく異なります。家庭の崩壊を一番招きやすいのは、人生の盛りの時期にあり、家族の大黒柱となっていた人間が亡くなった場合です。

2 亡くなったときの状況

突然亡くなったか、あるいはあらかじめ予測されていた死だったかによっても影響は異なります。突然の死は遺族の一人一人だけでなく、家族というシステム自体にも大きなショックを与えます。死に対する心の準備をする時間も、故人に別れを言う時間もありませんし、家族として新たに機能していくための適応の時間もありません。

3 家庭内での意思の疎通の程度

家庭内でプライバシーが尊重されすぎていて意思の疎通があまり行われていない場合も、家庭のバランスの回復がむずかしくなります。このような家庭では外部の人間は邪魔者あつかいされていて、彼らから適切な助けを得ることがむずかしい一方、家庭内では沈黙が暗黙の了解となっているため、それぞれに感情を内側に溜めこみ、その状態が長く続きます。

4　故人が家庭の中で占めていた位置

家庭の中で精神的に大きな意味を持っていた人が亡くなれば、それだけ精神的ショックは大きくなります。

家族のだれかが亡くなった場合、家庭という組織を新たに立て直す必要があります。それは困難な道ではありますが、その一方で、遺族となった家族には、つらい気持ちをたがいに見つめ合い分かち合う過程の中で、共に成長し以前より強い絆を持つことのできる可能性が与えられています。

■家族の中でも悲しみ方は人によって異なる

人間はだれもが同じような悲しみ方をするわけではありません。遺族となった家族の中でも人によって悲しみ方は違います。そのために問題が起こる場合もよくあります。たとえ人数の少ない核家族であっても一人一人の人間性は異なり、いつも物静かで感情を表に出さない人もいれば、もっと開けっ広げで感情を表に出すことを恐れない人もいます。また、ストレスに対する抵抗力も人それぞれです。

さらに、家庭の中ではそれぞれの役目も違います。子供の中では長男、長女が一番大きな責任を負わされているのがふつうです。長子は親とほとんど大人同士のような関係を持っています。一方末っ子は他者から支えを求める場合、親よりもむしろ友人を頼ります。このように、家庭の中でもそれぞれの人間がたがいに異なる関係を持っています。家族のうちだれかが亡くなった場合、その死が持つ意味も人により微妙に異なってきます。故人との関係が異なっていれば、当然その悲しみ方も異なるからです。

■怒りを表現する方法もさまざま

死別の悲しみによるストレスは大きな緊張を生み、私たちはちょっとした刺激にも過敏に反応するようになります。そのためにふつうなら見過ごしてしまうような状況や家族の態度に対し、怒りや敵意をむきだしにしてしまうことがよくあります。私たちは怒りをぶつける相手として自分に一番近い人間を選びがちです。とくにふだん怒りを外に出さない人は、そんなふうにして怒りを家族にぶつけている自分に気づくととても戸惑います。「これはどこかおかしい——まるで自分ではなくなってしまったようだ」と感じるのです。そして自分に対して違和感を感じ、自分で自分をコントロールできなくなってしまいます。

悲しみと同様、怒りを表現する方法もさまざまです。怒りを爆発させ、口に出して言う人もいれば、アルコールに溺れたり権力に反抗したりといった行動で表す人もいます。その反対に、怒りを内側に向け自分の殻に引きこもってしまう人もいます。実は、一見害のないように見えるこの最後のケースが怒りの表現としては最も危険です。なぜなら抑圧された怒りは抑圧された恥と罪の意識へと変化していくからです。心の奥底に押し込められた怒りは発酵し腐っていきます。それは私たちを不幸と絶望におとしいれ、長く苦しめ続けます。

家族の一員が亡くなったあと、ちょっとした誤解がもとでたがいにいがみ合い何年も疎遠になるという家族もあります。毒のように私たちを蝕む怒りの感情から自分を解き放つには何か月も、時には何年もかかります。それを解決しないままでおくと、いつか身体的な症状や病気となって現れる可能性があります。

■風通しのよい家庭と閉ざされた家庭

家族のあいだの意思の疎通がうまくいっていると、死別の悲しみにも適切な対処ができます。家族内でだれかが亡くなると、感情的にさまざまな行き違いが生じることがよくあります。そのような誤解を防ぐために最も大切なのは、家族がたがいに包み隠さず何でも打ち明けられる状態にあることです。相手が誠実に自分に接してくれ、感情的なしこりを抱え込んでいないとわかっていれば、相手に対して自分がどのように接したらよいかわかります。当然ながら、感情を隠して付き合わなければならない相手より、このような人間と一緒にいた方が安心した気持ちになれます。親密な関係に不可欠なのは自分に対しても、また相手に対しても正直であることです。

家族が気持ちを分かち合うことがない、あるいは外部に対して沈黙を守ることを暗黙の了解としているような家庭は「閉ざされた家庭」と呼ぶことができます。そのような家庭の子供は感じること、話すこと、人を信用することを許されないで育ちます。アルコール依存症の親のもとで育った「アダルト・チルドレン」と呼ばれる子供たちはそのよい例だと言えます。このような子供が育つ家庭の多くは、何か問題があってもそれを家族で話し合うことがなく、肉体的あるいは精神的な虐待の事実があってもそれを問題として認識しようとしません。そこで育った子供の多くは、成人し自分で家庭を持つようになると、同じように閉ざされた家庭を作ってしまいます。「閉ざされた家庭」は社会的にはかなりうまくいく場合もあります。表面的な友人はたくさんいて、世間的には非の打ちどころのないすてきな家庭に見えます。でも、そういった家庭の人間は心の奥底では「自分たちの演技にすきがあるのでは……」「注意を怠ると他人が自分たちの欠点に気づいてしまうのでは……」とつねに恐れています。

このような家庭は袋小路に陥っています。その理由はたくさんありますが、その中で死別の悲しみに関係する二つの問題点をあげてみましょう。

1　外からのサポートが受けられない

感情を表に出さず、ただ黙っている人間は他人から精神的なサポートを受けることはまずできません。死別後の悲しみの時期は友人が必要な時期です。タンパ・スタディで、悲しみを乗り越えるのに一番役に立ったのは何かという質問をしたとき、ほとんどの人が「友人と家族」と答えていることを思い出してください。絶望のあまり泣き続けようが、怒りのために声を限りに叫ぼうが、自分のそばを離れずにいてくれる友人が私たちには必要です。精神的に傷つきやすいこの時期に、何も恐れることなく自分自身をさらけだすことのできる友人を持っていたらどんなに心強いことでしょう。

2　沈黙が永遠に続く

家族の誰かが亡くなったあと残された家族が変化しない限り、沈黙を守るという暗黙の了解がそのまま維持され、遺族は永遠にその状態から抜け出せません。でも、残された家族の中で一人でもそういった態度を改める人がいると、ほかの家族も変わっていく場合がよくあります。一人の人間がこれまでとは違った反応をすると、他の人も変わらざるを得なくなるのです。

■幼い子供も死を理解できる

抽象的な概念ではなく現実的で明確な情報が与えられれば、幼い子供でも死を理解することができます。とくに、子供に対して思いやりを持った人がそばにいて、子供が死という事実とそれにともなう感情とを理解するのを助けてやれば、幼い子供でも無理なく死を受け入れることができます。でも、残念なことに現代のアメリカでは家庭内に死が訪れると、子供はその場から遠ざけられてしまうのがふつうです。現代社会には死を覆い隠そうとする傾向があります。時には死にかけている当人に対してさえそうするのです。

私たちの生きる現代社会がはぐくむ文化は死を否定する文化であり、「不吉な事実」から子供を「守る」ために死の場面から子供を遠ざけるのが当然とされています。でも、死は人生の重要な部分です。それを子供の目から隠すことは子供の目を人生そのものからそらすことになります。子供の精神的な成長を妨げ、いずれ必ず直面しなければならない愛する者との死別に対し、彼らが心の準備をするチャンスを奪っているのです。

叔母が私の家で亡くなったとき、子供だった私が、家族ぐるみで付き合いのあった親しい友人の家に「追い払われた」ことはこの本のはじめに書きました。この友人は母の友人でしたが、私はあまりよく知らず、内気だったせいもあってすぐに打ち解けることはできませんでした。最初の夜、私は一人で泣きながら眠りにつきました。叔母と同じように母親も死んでしまって、もう二度とだれも私を迎えに来ないのではないかと思い、恐くてたまらなかったのです。

母が迎えに来たとき、叔母についていろいろ聞きたかったのですが何も聞けませんでした。そんなことをしたら何かの拍子に叔母が戻ってきて私を恐ろしい目に遭わせるのではないか、罰を与えるのではないかと心配だったのです。事実に基づいた情報を与えられないでいると、子供というものは最悪の恐怖のシナリオばかりを思い描くものです。

反対に、消化しきれないほどの詳細な情報を与えられる子供もいます。でも、あまりに詳細にわたる情報は幼い子供を当惑させることもあります。だから、子供の方から質問をさせるのが一番いいと思います。子供は自分にとって答えが必要なことだけを聞いてきます。子供の方から何も質問してこない場合は、きっかけとなるような質問をこちらからしてやるのもいいでしょう。「ジョーおじさんのこと、私たちみんな大好きだったわよね。これからは本当にさびしくなるわね」といったふうに話せば、子供はジョーおじさんの話をしてもよいのだということを感じ取り、知りたいことを質問してくるかもしれません。

死別の悲しみに関してはその子なりのペースがあり、それに従う必要がありますが、「恐れの感情」に対してはもっと積極的に、直接的に対処すべきです。年齢にもよりますが、子供は死をひじょうに恐ろしいものと受け止める傾向があります。たしかに死の持つ「永遠の終わり」の意味を理解するのはだれにとってもむずかしいことですが、子供の場合はそれがどうしても理解できない場合もあります。中には亡くなった人がいつか戻ってくると信じている子供もいます。

幼い子供の場合は、誰かが亡くなったあと、そのことについて大人にほんの二、三質問しただけで外に飛び出し、質問したことなどすっかり忘れてしまったかのように友達と遊び出す場合もあります。このようなとき、私たちは子供が情報を消化する方法は大人とは違うのだということを忘れてはいけません。

質問をしてくる子供に対して、私たち大人は辛抱強く相手をしてやらなくてはいけません。そして、子供が答えを必要としている質問にのみ答えるようにすることが大切です。

親は子供が死別によって大きな悲しみを経験し、死を悼むことでそこから立ち直る必要があるということを知っておくべきです。そうすれば、子供の心の中にある悲痛な叫びを分かち合うことで子供を助けることができます。子供も大人と同じように、故人をなつかしむ気持ち、そのほかのさまざまな感情、あるいは故人との大切な思い出などをだれかと話すことを必要としているのです。

■兄弟姉妹を失うと罪や恥の意識を強く持つ

子供時代あるいは思春期に兄弟姉妹を失った場合の死別の悲しみは、あまり注目されることがありませんが、本当はほかの死別と同様さまざまな問題をかかえています。私の経験から言って、子供が亡くなった場合、その兄弟姉妹が悲しみを乗り越えるのに苦労する理由は二つあります。一つは悲しみに打ちひしがれるあまり、両親が自分たちの悲しみ以外のことに目が向けられなくなっていること。もう一つは、死別後に現われる感情としてごく自然な「愛憎入り交じった感情」や、「生き残ってしまったことに対する罪の意識」が、心の奥底に根付いた罪と恥の意識へと次第に置き換えられていくことです。

兄弟姉妹の関係にはかならず相反する二面性があります。だれでも自分の兄弟や姉妹に心底腹を立てたことがあるはずです。腹立たしさのあまり「おまえなんかいなくなってしまえばいいのに」とか「あなたなんか死んでしまえばいいのよ」などと言ったこともあるかもしれません。もちろん、本当に相手が死んでしまえばいいと思ったわけではありません。でも、もし本当にそうなったらどうでしょう？　その場の勢いでそんなことを言った直後に相手が本当に死んでしまったとしたら？　その後猛烈な罪と恥の意識に襲われるであろうことは想像に難くありません。そんなことを言った自分の意地の悪さが恐ろしく、そのことについてだれかと話すことなどとてもできないでしょう。とくに、どんなことに関してであれ自分の気持ちを人に話すのがむずかしい思春期にそんなことが起こった場合はなおさらです。

残された者が感じる「生き残った者の罪の意識」は、その人が死んでいるのに自分だけが生きているということに対する罪の意識と、その死に対して自分に責任があったのではないかという感情が交じり合っています。実際にはまったく責任がなく、そのような罪の意識を感じることがいかに非現実的であろうと、この感情は消すことができません。とくに母親はこの恐ろしい悲劇から子供を守れなかったことで大きな罪の意識を感じます。父親は子供を無理やり奪っていった目に見えぬ力に対して怒り、それなのに自分は何も変えることはできないという事実を前に自分の無力を感じます。

「生き残った者の罪の意識」は家族のだれもが感じます。亡くなった子供の兄弟姉妹たちは自分が生き残ったことに対する罪の意識を強く感じます。とくに、亡くなった子供は理想化、偶像化される傾向があるため、どうしてこんな自分が生き残ったのか……という思いが一層強く感じられます。

亡くなった子供は、兄弟姉妹の中で一番頭がよく、かわいくて、才能があり、運動能力にも恵まれていた……多くの場合そう評価されます。両親がこの幻想をいつまでも持ち続けると、残された子供は亡くなった兄弟姉妹の影の中で成長することになります。そして、その兄弟姉妹の代わりをすることばかり考え、自分自身のアイデンティティを確立することができなくなります。残された子供が感じる「生き残った者の罪の意識」の中には、両親の期待に応えられないのではないかという恐怖があります。残された子供は両親の期待に応えるという責任を、亡くなった子供の分まで背負わなくてはならないのです。

亡くなった子供について話すとき、残されたほかの子供も参加させることが大切です。とくに思春期に達している子供たちは、葬式について取り決めるときにもある程度参加させる必要があります。そうすることで、子供たちは家族の一員として認められていると感じ、自分の考えや気持ちをもっと楽に分かち合うことができるようになります。

幼い子供が兄弟姉妹を失ったときには、親や親戚の人たちができる限り身体にふれてやることが大切です。どんな子供でも、自分はまだ家庭の中で重要な位置を占めているのだと確認するために、愛情と思いやりをかけてもらう必要があります。それはいわば子供を守るための「セーフティネット（安全網）」です。また、両親もすぐに死んでしまうのではとか、自分も死んでしまうのではと思う子供もいるので、そんなことはないのだとわからせることも大切です。たがいに愛し合い、深い絆でつながっている家族に守られていれば、どんな年齢の子供でも、悪い影響をのちのちまで残すことなく家族の死を受け止めることができます。

■「大きな家族」からの支えを得る

最近では核家族化が進み家族の規模が小さくなっているため、「家族」という概念を血縁のない人々にまで広げて考える必要が出てきました。「思いやりの友」や「未亡人の会」といった自助グループを通して得られる友人も、このような「家族」と考えることができます。昔は教会が精神的な支えを与えるとともに、社会的なつながりの中心として機能していました。いまでもそのような機能を果たしている教会もありますが、多くの場合、教会を通して家族同士が交流することは少なくなっていて、礼拝には参加するが教会の活動には参加しないというケースが増えています。

核家族化、教会の機能の変化といった最近の傾向を補い、永続的な友情で結ばれた「大きな家族」を得るためには、参加者のだれもが何も包み隠すことなく気持ちを分かち合うことができ、家庭にいるような安心した気持ちになれるグループを見つけ、参加することが大切だと思います。

　私たちはみな理想的な家庭を持ちたいと願っています。でも、多くの人がそれに近いものすら得ることはできないでいます。でも、「理想」を達成することはできないにしても、他者と親しい関係を保つための努力は続けるべきです。この点に関して私たちはあきらめが早すぎると私は思います。

第十一章　別れの儀式の持つ意味

貨物車両が近づいてきて扉が開くと、中に父の棺があってそばに付添人が立っていた。付添人が葬儀屋と共に立ち去ったあと、私たちは家に帰った。しばらくして葬儀屋が父を家に連れて来たとき、私は葬儀屋がいなくなるまで二階にいた……あとで下に降りてみると、ついたての向こうの居間の奥に、濃いベージュ色のビロードの壁、実際は三枚のついたてが並べられていた。そして、父の生前の最後の写真を大きく引き延ばした写真が枕元に、聖書からの引用句が足元の壁に飾られていた。

葬式は家で行われるのがふつうだった。実際、教会に顔を出す人は少なかったし、私の育った故郷の町では葬儀屋の斎場を利用するのはあまり一般的ではなかった。みんな遺族の家に弔問に行った……食べ物が入った大きなバスケット、棺の横に集まる遺族……遠い親戚たちは台所、近所の人たちは二階。いまどきの葬式と比べるとなんと心が安まったことだろう……。

大人になって親の死を経験した二十二歳の子供

死にまつわる儀式は、愛する人を失った直後の悲しみに満ちた最初の数日のあいだ、バラバラになりそうな私たちを一つにつなぎとめておく接着剤の役目をします。多くの場合、私たちはまわりで何が起こっているのか本当にはわからないまま、ぼうっとした状態でその時期を終えます。目隠しをされたまま、目の見える人に手を取られて一つの場所から別の場所へと連れて行かれるような感じです。通夜、葬式、埋葬といった死別後まもなく行われる儀式の際には、耐え難い喪失感をかかえたままあちこち連れまわされ、あれをしろこれをしろと指示を与えられます。

同じ人間でも、失った人間がだれかによってショックの程度、種類が違ってきます。私の場合は、息子が亡くなったときよりも娘の夫が亡くなったときの方が、まわりで何が起こっているかよりよく把握できていたように思います。息子の死とその後の葬式のときの思い出は断片的で、一瞬のうちにパラパラと映し出されるスライドのようです。いくつかの瞬間は残酷なまでに鮮明に覚えていますが、その瞬間と次の瞬間とのあいだに何が起こったのかは私の意識の中には記録されていないのです。涙をとめどなく流していた友人、淡いピンクのバラに覆われた棺、日没時の墓地、暑い夏の熱気にさらされてしおれてしまった花……まるで目の前に半透明のベールがかかっていて、そのベールがとりのぞかれたほんの一瞬のあいだに、そこにある光景が目に焼き付いたとでもいうようです。

■人生の節目に行われる儀式としての意味

葬儀は地域社会の人々にその構成員の一人が亡くなったことを告げる「通過儀礼」としての意味を持っています。昔は人生のさまざまな節目に通過儀礼が行われ、それが私たちの文化の大切な部分を支えていました。その主人公たる人物に敬意を払うため、儀式には「大きな家族」に含まれる親戚縁者が集まりました。そして、変化と移り変わりの混乱した時期にある当事者たちは、これらの儀式を通して、これからの人生に必要な指針や精神的な強さを得たのです。儀式に関してはあらかじめ決められた手順があり、その手順に従って行いさえすれば地域社会から確実に助けが得られ、また、正しいやり方ですべてが行われているという安心感も得られました。

昔は「家族」が現在よりずっと大きく、集まるのも簡単でした。みんな近くに住んでいて、助けや慰めを与え合うことも日常の一部でした。人が住んでいる場所を変えることはまれで、家族・親戚のほとんどが数マイルの範囲内で生まれ、育ち、死んでいったのです。

産業革命のあいだにこの「大きな家族」は分裂を始めました。経済的な理由から人々は農村や小さな町を離れ、大都会で仕事を見つけるようになりました。「家族」は小さくなり、かつて家族を一つに結び付けていたさまざまな儀式も、前ほど機能的なものではなくなりました。さらに時がたつにつれ儀式の重要性が薄れ、現代社会ではどこでも格式張った儀式はすっかり影が薄くなりました。

今日、人々はどんどん可動性を増しています。チャンスを求め、特定の地域社会、地方、国などの境を越えていきます。大都市では地元で生まれた人間の方が少ないくらいです。世界はどんどん小さくなり、一生のあいだに住む場所が何回も変わるという人も少なくありません。でも、このような可動性には支払わなければならない対価があります。

家族がどんどん小さくなり儀式が消滅すると同時に、大きな人生の転換期に私たちが得られる支えの量も減りました。個人の人生の節目は社会というグループ全体にとってそれほど意味を持たなくなったのです。私たちは多くの場合、一人で変化に立ち向かわなくてはなりません。たしかに今日でも続いている儀式もありますが、そういった簡略化された儀式は、かつての神聖さに満ちた密度の濃い儀式に比べたら色褪せたものにすぎません。

死別にともなう儀式も例外ではありません。愛する人を亡くした家族が他人からの助けを得られる期間は以前よりずっと短くなりました。葬式がすむと友人が電話をくれなくなったという話を私はよく耳にします。儀式の終了とともに人々は興味を失い、愛する人を亡くしたばかりの遺族を前にしたときの居心地の悪さが彼らの足を遠ざけるのです。人々は悲嘆にくれる人たちから距離をおこうとする傾向があります。

■葬式や追悼の会の持つ価値

かつての私は葬式なんて「野蛮だ」と思っていました。式に出席することはありましたが、そのあいだもいやでたまりませんでした。人前で行われるこのような残酷な試練をあえて受けようとする人の気持ちがどうしても理解できませんでした。もちろんそんなふうに感じていたのは、自分の家族を亡くす前のことです。いまでは違った考えを持っています。友人からの精神的な支えの持つ大きな価値を知っていますし、死別による悲しみのプロセスを始めようというとき、彼らがどんなに助けになるかを知っています。また、いまでは葬式や追悼会も多くのプラスの面を持っていると思っています。私が気がついたそのプラスの面とは次のようなものです。

◆現実を受け入れる手助けをしてくれる
私たちは悲しみのあまり死という事実を否定しようとする傾向があります。儀式はこの悲劇的な出来事を現実のものとして受け入れる手助けをしてくれます。死を感情的に受け入れることができるようになるには時間がかかります。死別にともなう儀式は愛する人が亡くなったという事実を私たちに確認させてくれます。また、死別の悲しみのプロセスが始まったことも知らせてくれます。

◆友人や家族が集まるチャンスを与える
集まった人々は遺族の心の支えとなり慰めを与えてくれます。

◆精神的な支えを与える
精神的な意味合いを多く持った儀式は、ずたずたに切り裂かれた心を支えてくれます。

◆故人の人生に意味を見出す助けとなる
儀式の持つ意味の一つは故人の人生に価値を見出すことです。人が生きることの意味を深く考えるなら、葬儀は「故人の人生を祝う」ためのものと言うことができます。

◆人生における大きな変化を認識させる
儀式は愛する者との死別という大きな変化が起こったことを私たちにはっきりと認識させてくれます。そして、自分たちが失ったものにどんな意味があったかを確認する機会を与えてくれるのです。

◆故人に対する気持ちを他人にわかってもらう機会を与える

儀式は故人に対する愛情や献身を公に認めてもらうチャンスを与えてくれます。

■儀式の持つ三つの段階的側面

その目的が何であれ、昔から伝わるさまざまな儀式はどれも三つの段階から成り立つか、そのうちの一部分を担っています。その三つの段階とは次のようなものです。

◆断絶――別れ、終わりを意味する部分
◆移行――一つの状態から別の状態へのゆっくりとした変化を意味する部分
◆再結合――新しい人生の再出発、新しいはじまりを確認する部分

キリスト教の一連の年間儀式である洗足式、聖金曜日、復活祭日はこの三つの段階を具体化した典型的な例だと言えます。

葬式は右の三つの段階のうち一つだけを担う儀式の一例です。つまり、葬式は一つ目の「断絶」を確認するための儀式だと言えます。また、世界各地でさまざまな形で行われている成人式は思春期から大人への「移行」を確認するためのものです。さらに、結婚は「再結合」あるいは「結合」を意味していると言えるでしょう。

いまあげた三つの例からわかるように、儀式はかならず三つの段階すべてを含んでいなければいけないというわけではありません。でも、大きな効果を持っている儀式はたいていこの三つの段階を含んでいます。これはおそらくこの三つの段階が人類に共通のリズムを反映しているからでしょう。人間はだれでも、移行のための不安定な時期をはさみながら、いくつもの終わりとは

じまりを経験し成長していくのですから。

■「断絶」のみを意味する葬式

儀式を三つの段階的部分に分けるという分析方法をあてはめると、葬式は死別の儀式の最初の段階しか担っていないことになります。つまり「断絶」のみです。残りの二つの段階を乗り切るために必要な儀式はどうなっているのでしょう？　断絶の段階が終わったところで宙ぶらりんで取り残された私たちが、「この苦しみもいつかは終わるのだ」と自分に必死で言い聞かせながら歩き続け、希望を取り戻すまでいったいどんな儀式が助けとなってくれるのでしょう？

私たちが生活する現代社会はこの空白の数か月——ときには数年——を埋めるための助けをほとんど与えてくれません。また、悲しみの期間に区切りをつけて新しい人生の再出発を祝う行事もありません。唯一といっていい例外はユダヤ教です。ユダヤ教では死別の悲しみの時期はシヴァと呼ばれる七日間の服喪期間で始まります。このあいだ、残された家族たちは集まって嘆き悲しみます。仕事を持っている場合でも休暇が与えられ、愛する人を亡くしたショックと悲しみに対処するためのこの時期を家族と共に過ごします。その後最初の一か月は毎週、さらにその後一年間は毎月、命日に儀式を行います。そして一年後には遺族たちがふつうの生活に戻るための再生の祝いの儀式が行われます。

ニューギニア海岸沖のトロブリアンド諸島の島民はいまも原始的な生活を続けていますが、彼らの服喪の儀式は高度に形式化されています。この種族は母系社会で、親族関係をはじめ社会的なつながりのすべてが母親の血筋でつながっています。ただし、結婚後の住居は夫の側で家長も夫です。つまり、結婚すると妻は夫の村に行って夫の家族と同居します。妻の側に存在する血縁によるつながりと、夫の側に存在する婚姻によるつながりとの関係は一見あいまいではありますが、たしかにある種のバランスを生み、それによって妻には大きな権力と自由が与えられています。

この島では夫が死ぬと妻はその後の一連の儀式に深く関わります。死別にともなう儀式が葬儀社などの手にすっかりゆだねられてしまう現代社会のやり方とは大きく異なります。また、ふつうこのような場合、故人となった夫の側の家族から大いに助けが得られるように思われますが、その点もここではまったく違います。故人の血縁の男たちは禁忌の対象となり、遺体に近づいてはならないとされます。島民たちは故人の血縁者が遺体にふれたり近づいたりすると遺体の持つ邪悪な力が自分たちを襲い、病気や死がもたらされると信じているのです。そのため、妻がいわば喪主となり、夫が亡くなった瞬間から数か月ものあいだ、かなりドラマチックな「嘆きの表明の儀式」をとり行います。

人が死ぬと数時間後に、遺体はその息子かほかの親類たちによって掘られた穴に寝かされます。このときにはまだ上から土はかけません。墓穴の中の遺体の上には小さな台が置かれ、妻は夫が亡くなった最初の夜をその台の上に横たわって過ごします。墓穴のまわりには血縁の女や友人が集まります。これが通夜です。

翌日の夕方、遺体は墓穴から運び出され、呪いがかかっている兆候がないか詳しく調べられます。これはだれかが死んだときに最も重要とされている作業です。だれがこの死をもたらしたのか、あるいはなぜこの死がもたらされたのか、そういったことを明らかにする印が何か見つかるかもしれないからです。

調べのすんだ遺体が墓穴に戻され埋葬されると、残された妻は長い試練のときを迎えます。妻は自分の家の中に作られた小さなかごに入り、その中でその後数か月を過ごすのです。かごの外に出ることは許されず、話すときもささやき声で話さなければなりません。また、食べ物や飲み物に自分の手でふれることも許されません。すべて他人の世話を受けなければならないのです。身体にはすすと油が擦り込まれ、服喪期間が終わるまで洗わずにそのままにしておきます。服喪期間は一定ではありませんがだいたい六か月から二年くらいにわたります。その終わりの時期は故人の血縁の男たちが決めます。

服喪の終わりが訪れると妻は幽閉の身から解放され、そのための儀式を行ったあと家から外に出るように言われます。その後、儀式にのっとって身体を洗われ、身を清められます。そして、三色の草で作られた華やかな新しい腰巻を着せられ、再び結婚できるようになったことを宣言されます。

たしかに妻の身になってみれば、トロブリアンド諸島に暮らしていなくてよかったと思うかもしれませんが、彼らが古くから守っている儀式には、夫を亡くした妻の悲しみの癒しに効果があると思われる側面がいくつかあります。それを次にあげてみましょう。

◆夫を亡くした妻は服喪期間がいつ終わったかをはっきり知ることができる。

◆自分の所属する共同体が自分を喜んで再び受け入れてくれるのだと、はっきり知ることができる。
◆自分がいつか再婚するのだというある種の確信を持つ。
◆服喪期間の終わりまでに罪はすべて償われる。
◆罪の意識と同様、怒りも昇華される。

トロブリアンド諸島で行われている死別にともなうさまざまな儀式は夫を亡くした妻に、社会が何を自分に求めているかをはっきりと教えてくれます。そして、それと同時に妻は自分が社会に何を求めているかも知ることができます。妻はまわりの人が自分の世話をしてくれ、支えとなり、服喪期間が明けたあかつきには自分とともにそれを祝ってくれることを知っています。アメリカの場合のように、夫の死後、一生「未亡人」の肩書きをつけられることもありません。

私たちの社会において、トロブリアンドにおけるのと同じような支えを遺族に与えるにはどうしたらよいでしょう？　死別にともなう儀式をもっと有効に、効果的に利用するにはどうしたらよいでしょう？

私たちには新しい形の「追悼のための儀式」が必要です。私たちが行うのは葬式と、せいぜい追悼会くらいですが、どちらの儀式も通常、悲しみのプロセスがまだ本当には始まっていない時期に行われます。私たちには悲しみのプロセスの進行状況に適した儀式が必要です。だからといって、通夜や葬式、埋葬式といった初期の儀式が不必要だというわけではありません。これらはそれぞれに重要な機能を果たしています。ただ、悲しみのさなかにある私たちを支え、この苦しみに満ちた人生の転換期に何らかの意味を与えるような儀式をもっと適切な時期につけ加える必要があるのです。

たとえば、悲しみのプロセスが始まったあとに、仲間と共にちょっとした儀式を行うことができれば、それだけでも大きな助けになるでしょう。アルコール依存症患者を支える会として大きな効果を上げている「アルコホーリクス・アノニマス（AA）」では、禁酒プログラムの進行の度合いに応じて異なった色のメダルがもらえます。だれかがそれを受け取るとき、仲間は歓声をあげて祝福します。このメダルは長い旅路の通過点を示す大切な印だからです。仲間の励ましによって禁酒の誓いを新たにするのです。

愛する者を亡くした人に対する支援プログラムでAAのように全国的な規模のものはまだありませんが、地域的に行われている小さなグループでも、右の例と同じようなやり方で心の支えを提供することができると思います。悲しみを乗り切るまでの道は長くつらい道です。そのあいだ、私たちには大きな助けや励ましが必要です。一人でそれを乗り切ろうとすると、道はいっそう険しくなり時間もよけいにかかってしまいます。

中にはグループでの活動は苦手だという人もいるでしょう。一人か二人、信頼できる友人が力を貸してくれるならその方がいいという人たちです。たとえ少人数でも、儀式を行えばそれによる効果は十分得られます。

愛する者との死別はひじょうに個人的な体験ですが、儀式によってそこに個人を超えた精神的な要素を取り入れることができれば、心と頭の両面で大きな支えを得ることができ、立ち直りのための第一歩を踏み出すことができます。儀式の持つ機能は人間の二つの必要を満たすところにあります。人間の生存にとって食べ物よりも基本的だとさえ言えるこの二つの必要とは、「人生の意義を見つけること」と「どこかに所属すること」です。とくに最愛の人から永遠に引き離されたことで人生の意味が失われたように思えるとき、この二つの必要を満たすことはとても重要な意味を持っています。

■「手作り」の儀式で人生の節目を印す

著名な著述家であり私の親しい友人でもあるバージニア・ハインは著作『いまの時代の通過儀礼――儀式を自分で作り出すためのガイド (Rites of Passage for Our Time : A Guide for Creating Rituals)』の中で儀式について次のように書いています。

「人生の節目において儀式が必要だとわれわれが感じる理由は、単に変化を祝いたいと思うからだけではない。自らこのような儀式を考え出し実践している人々が繰り返し述べる感想を聞けば、個人が手作りで行う通過儀礼も、何もしなければ意味を持つことはないであろう『変化』に明確な意味を与える役目をすることがはっきりわかる。たとえ大きな精神的外傷を残すような経験であろうとも、社会的に認められた前向きな意味を与えられれば、人間はそれに対処することができる。さらに加えて、これらの『手作り』の儀式は、大昔に行われていた同種の儀式の機能の一部も果たす。つまり、生きていくうえで必要な個人的変化を実現するための心理的および精神的な力を与えるという機能だ。」

「手作りの儀式」というのは最初はとても戸惑うかもしれません。儀式は非常に個人的な「心」を表現し、それに意味を与えるものでなければなりませんが、そのような目的に適した儀式を自分で作り出すにはどうしたらいいか、いったいどこから手をつけたらいいか見当もつかないのがふつうでしょう。死別にともなう儀式は、愛する者の死を受け入れる準備をするのに役立ち、喪失の事実にうまく対処する助けとなり、また死別という人生の節目を深く心に刻むのに役立つだけでなく、私たちの新しい人生の第一歩を記念するためのものであることが必要です。またそれと同時に、「仲間の輪を広げる」という、いまの私たちにとって絶対に必要な条件を満たしてくれるものでもあってほしいものです。いま私たちは他人が自分の人生に関わりを持ってくれることをひじょうに必要としています。手作りの儀式ならば、正式な儀式に参加する立場にはなくても手を貸してくれそうな人ならだれでも招待することができます。そうすれば、私たちは決して一人ぼっちになることはないでしょう。

　自分では「儀式を行っている」という意識はなくても、私たちはだれも一度や二度は「手作りの儀式」をやったことがあると思います。八歳のとき、私は仲良しのメアリー・ルーとたがいの指先に傷をつけてそれを重ね合わせ、「血の姉妹」の誓いを立てました。当時、私たちは本当に一つになったような気がしたものです。あの儀式が二人のあいだに永続的な結びつきを確立してくれると信じていたのです。

　私の時代には大学の「女子学生社交クラブ《ソロリティ》」に入る儀式には、前に述べたような「三つの段階」がありました。まず「誓約」によってそのクラブのメンバーではないほかの学生と訣別し

（断絶の段階）、次に少々手荒な「入会儀式」によって転換期を通過し（移行の段階）、最後にロウソクの光のもとで行われる「入会の宣誓」において正式にグループに受け入れられるのです（再結合）。それらの儀式がすんでやっと、新入生はクラブという共同体に温かく迎えられ、その一員となります。あのときの厳粛さ、クラブのほかのメンバーやクラブそのものに感じた大きな責任感はいまでもよく覚えています。

人生の節目を祝うこのような儀式はたしかに楽しい経験です。では、死別にまつわる儀式はどうなのでしょう。こんなに悲しい出来事なのに、その苦しさに対処するために個人的な儀式を考え出さなければいけない理由はどこにあるのでしょう。答えは簡単です。儀式は節目を明らかにするための「内的」な行為であり、私たちの信じる心や生きる姿勢を立て直し、意味がまったくなくなったように思われる人生に新たな意味を与えてくれるものだからです。儀式の助けを借りることで、私たちは過去ではなく現在に、あるいは未来の可能性へと目を向けることができるようになるでしょう。儀式は私たちがより多くの希望を持ち、新たな出発を始めるのを助けてくれます。

■手作りの別れの儀式

まず、儀式を行う一番大きな理由を確認しておきましょう——何かから、あるいはだれかから訣別するため？　人生における大きな変化の時期を明確にするため？　新しい出発をするため？　あるいはこの三つすべてのためでしょうか。

死別の場合、葬式や追悼式は故人との「別れの儀式」を意味します。これらの儀式は私たちの悲しみの始まりを知らせると同時に、私たちが悲しみを外に向けて表現する許しを与えてくれます。

葬式に出席できない場合はどうなるのでしょうか。遠く離れていて式に出られないという場合は？　このような場合は、訣別の気持ちを表現する儀式を自分で考え出して実行すると同じような効果が得られることがあります。カリフォルニアに住み、マサチューセッツで行われた息子の葬儀に出席できなかったある母親は、数人の親しい友人の助けを借り、自宅で小さな式を執り行うことでそれを実現しました。

この母親は儀式がどんな役割を果たすかすでに知っていました。ですから、次に彼女が考えたのはどんなものをシンボルとして使ったら式がより意味深いものになるかということでした。彼女はまず、最近撮った息子のスナップ写真を二枚、見開き式の写真立てに入れてみんなに見えるように飾りました。そのそばには、死の二、三週間前に息子から送られた最後の手紙が置かれました。自分も息子宛の手紙を書き、息子が自分の人生でどんな意味を持っていたかを綴り、別れの言葉を添えました。それから、息子を知る友人の一人一人に、自分にとって彼がどんな意味を持っていたかを簡単に記し、特別な思い出があったらそれもつけ加えて何か書いてほしいと頼みました。カリール・ジブランの『預言者（The Prophet）』（至光社）の中から子供について書かれた朗読用の文章も見つけました。精神的なつながりを象徴するロウソクも用意しました。花瓶には息子の美しい人生を象徴する生花を飾りました。

翌日、居間の母親の車椅子のまわりに友人たちが集まりました。小さなテーブルの上には写真と花と一本のロウソク。母親がロウソクに火をともし儀式が始まりました。まず、友人の一人一人が弔辞を読みました。それから母親が息子への別れの手紙を読みました。手紙は友人たちの弔辞とともにテーブルの上の写真の前に置かれました。そのあいだずっと部屋には息子の好きだった音楽が流れていました。音楽が終わると母親が手紙と弔辞を息子の写真が入った写真立てのあいだにはさみ、両側の写真を合わせて閉じてテーブルの上に戻しました（この手紙と弔辞はのちに再出発を記念する式を行った際に使いました）。それから母親がロウソクを消し短い祈りを捧げたあと、みんなでダイニングへ移動して友人たちが持ち寄った食べ物をいっしょに食べました。

この女性は私に、儀式を計画するのはとてもつらかったと話してくれました。式を無事にやりとげることができるかどうかさえ自信がなかったそうです。でも、自分が一番よいと思うやり方で式を執り行うことができたため、自分でも思ってもみなかったほど静かな気持ちで式を終えることができたとも話してくれました。式が終わった後、彼女は自分が息子にきちんと別れの言葉を言うことができたと強く感じました。また、目には見えなくても、出席者全員が息子の存在を感じたことも確認することができました。「あれはほんとうに神聖な、すばらしいひとときでした。神と息子があそこに私たちと共にいたのです」と彼女は話しています。

■手作りの儀式はどうやって行ったらよいか

手作りの儀式に関するこの項では、前述のバージニア・ハインの著書から多くを引用しました。

彼女は手作りの儀式を計画するときには、次のようなことを考えることから始めるとよいと提案しています。

◆この儀式を行う一番大きな目的は何か

目的は儀式を行う時期によって異なります。愛する者との死別のショックを乗り越えるために、比較的早い時期に儀式をするのもいいでしょう。また、悲しみのプロセスの中頃の混乱に満ちた転換期を乗り越えるために、あるいはもう少し時間がたって新しい自分へと移行する準備ができたと感じたときにするのもよいと思います。

◆象徴的な意味を持つものとして効果的なものは何か

儀式には象徴的な意味を持つものをいくつか組み合わせて使うと効果的です。ロウソクからたちのぼる煙は、昔から魂の世界とのつながりを象徴するものと考えられてきました。煙、とくに香から立ちこめる煙は浄化の象徴として使われます。音楽は人間の意識を超えたレベルに直接語りかけるため、メロディーや歌詞によって参列者に何らかのメッセージを伝えることができます。祈りは一つの目的に意識を集中させ、精神的な目覚めを導くための一つの方法と言えるでしょう。また、朗読、黙禱、唱和、会食などもすべて私たちの気持ちを象徴するものとして使えます。

◆だれに出席してもらいたいか

個人的な儀式は大きな効果がありひじょうに助けになりますが、たとえ儀式という形はとらなくても、また少人数であっても、同じ気持ちを持った人々が集まれば、それだけで精神的な力を象徴するメッセージとなります。

◆だれが何を言うか

声に出して言うことは、変化に対する自分の決意を固めるのに大いに役立ちます。儀式の場でその決意をほかの人と分かち合うことができれば、儀式をする意味がさらに深まります。だれがどんな話をするかは、出席する人数、それにかける時間によっても違ってきます。

◆どのような順序で行うのが効果的か

式の次第は、私たちがどんな雰囲気で式を行いたいかによって異なります。たいていの場合は、式を行う目的の確認、宣言から始めるのがいいでしょう。これは参加者全員が祈りを唱和する、あるいはだれか一人が祈りの言葉を読むといったことで行うことができます。いずれにしても、式の次第はあらかじめきちんと決めておくことが大切です。

◆いつ、どこで行うか

儀式を行う場所としては、故人との思い出の場所や二人の関係を象徴するような場所などが考えられます。戸外で行うことが重要な意味を持つ場合もあるでしょうし、屋内で行った方がよいという場合もあるでしょう。期日を決める際には、特別な記念日や月の状態、日の入りや日の出の時間などが重要な意味を持つこともあります。中には時間や場所は大した問題ではないという場合もあるかもしれませんが、それらの持つ象徴的な意味はときとして大きな効果を現します。

■手作りの儀式の効果は大きい

自分で計画した儀式を執り行う際には、それに関わりを持たないでいることはできません。手作りの儀式を行う意味は、それを考え出すことと執り行うことの両方にあります。儀式を計画し、その儀式を通じて自分が伝えたいと思っているメッセージを確認するために時間と労力を費やした私たちは、豊かなエネルギーの源に一歩近づいていると言ってよいでしょう。

象徴的な意味を持つ出来事の中で他人と共に真剣に何かに向けて行動するとき、そこに人間を超えたレベルでのつながりが生まれます。私たちの人生の中にエネルギーを外から注入してくれる「人間の絆」を作るチャンスを与えられるのです。おそらく儀式が持つ意味の中で最も重要なのは、儀式が他人を私たちの人生に引き入れるチャンスを与えてくれる、つまり死別という私たちにとって危機的な状況、あるいはその悲しみを乗り越えて再出発するという前向きな状況に他人を関わらせるための一つの方法だということでしょう。そのような他人との関わりをきっかけとして、私たちは一つの状況を新たな状況へと積極的に作り変えていきます。

儀式が最終的に私たちに要求するのは「全面降服」です。つまり、自分で始めた一つのプロセスに自分自身を委ねることです。儀式に身を委ねることで、私たちは自分のまわりにめぐらせていた柵を取り外し、先に待っている結果が自分にとってよいものであるという確信を持ち始めます。

■儀式は簡素なものでいい

儀式は複雑でなくても同じような効果を持ちます。たとえば木を一本植えることでも、変化を乗り越えて人生が続いていくことを象徴する意味を持たせることができます。

私は十五年間、二匹のペットを飼っていました。小さな黒いダックスフントのリーゼルと、あまり小さいとはいえない黒猫のニーチェです。二匹はとても仲が良く、いつも私のそばにいました。二匹が年をとり一週間おいて相次いで死んだとき、私は一人で取り残された思いに襲われました。二匹は私にとって子供のような存在でした。当時フロリダに住んでいた私はハーシェルと共に二匹の遺骸《なきがら》を家の近くの湖のそばに埋葬しました。小さなおもちゃも全部いっしょに埋めました。その場所は私が二匹といっしょに散歩したり、遊んだりした場所でした。二匹のお墓の上には常緑樹を一本植えました。二匹の生涯を記念するためと、私たちの心にいつまでも残る愛を象徴するためです。

六十歳で夫を亡くしたセルマは二年近く悲しみ続けたあと、夫を「逝かせてあげる」時期が来たことに気がつきました。彼女は冬のあいだずっとそのことを考え続けました。どうやったら一番よいだろうか、自分に何ができるだろうかと考えたのです。自分がほんとうは夫を逝かせたくないのはわかっていました。でも、自分自身の人生がどんなに意味のないものになってしまったかにも十分気がついていました。慎重に考えた末、夫の二年目の命日に手作りの儀式を行うことにしました。

セルマの夫はいつも釣り用の黄色い帽子をかぶっていました。夫の死後もその帽子は勝手口のそばのフックにかけたままにしてありました。夫の一部がそこにまだ残っていると感じることで心の慰めを得ていたのです。二年目の命日の日、セルマは夫に宛てて手紙を書きました。彼を逝かせる決意をしたことを伝える手紙でした。その手紙には次のような内容が綴られていました—

―二人とも先に進む必要があること、二人の愛はこれからも変わらず大切なものであること、その愛が自分のもとから離れることは決してないが自分は新たな出発をしなければならないことなどです。彼女はまだ自分が生きていて、新しい生活を始めなければならないことに気づいたのです。

セルマは夫の黄色い帽子とその手紙とカセットプレーヤーを持って、近くの海岸のひとけのない場所に出かけました。そこには彼女のほかにはだれもいませんでした。太陽が沈み始めたとき、彼女はその場所で手紙を声に出して読みました。読み終わると手紙を小さく破り、海に流しました。それから夫の帽子を波間に向かって投げ、二人が大好きだった曲、『メモリーズ』をカセットプレーヤーで流しながら、それが水平線に向かって流されていくのをじっと見守りました。最後に帽子が小さな点となり、さらに見えなくなるのを見送ってから彼女はそこを立ち去りました。その夜家に帰った彼女は、肩から大きな重荷が取り除かれているのに気づき自分でもびっくりしました。夫が亡くなってから二年後、はじめて彼女は解放され、新しい人生を始める用意ができたように感じました。「儀式の持つ力に自分の身を任せたあと、エネルギーがどんどん流れ込んでくるあの感じは驚くべきものでした」と彼女は語っています。

■人生の節目を確認することが大切

成人、離婚、退職、病気からの回復、家の新築、引っ越しなど、人生で出会う特別な出来事や変化はしっかりと確認される必要があります。そのための儀式は複雑なものでも簡単なものでも構いません。大切なのは私たち自身がそれに関わることです。つらい状況であれうれしい状況であれ、それを人生の一部、陰と陽、闇と光として受け止め、その重要性を認めるとき、私たちは生きることの意味を確認することができます。起きてしまった出来事の結果を左右することはできませんが、それから逃げずにしっかりととらえれば、より深い意味を見出し、逆境に対抗するだけの力を得ることができるのです。儀式をすることは私たちが現実をしっかりと見据えるのを助けてくれます。

つらい現実をしっかりと受け止めることができれば、次に同じような経験をしたときによりうまく対処できる力が備わります。つらい現実の中からでも前向きの結果が生まれ得るのだということを私たちが身をもって知り、それを期待する気持ちが大きければ大きいほど、私たちが望むような現実、私たちが受けるに値するような現実が生まれる可能性も大きくなると言えるでしょう。

第十二章　死別の悲しみを乗り越える

私たちはどのようにして死別の悲しみを乗り越えるのでしょうか？

今日のアメリカでは死別自体が「忌むべき試練」と受け止められているため、その悲しみを「乗り越えて生きる」などとんでもないことのように思えます。私の場合も、家族を失った悲しみのさなかにあるときは、この悲しみから解放されるときがいつかくるなどとは思ってもみませんでした。それどころか、このみじめな気持ちから解放されることを自分がほんとうに望んでいるのかどうかすらわかりませんでした。悲しみを乗り越えるどころか、悲しみのために苦しんでいる方がふさわしいように思えたのです。愛する者がもはや生きる喜びを味わえないとしたら、私がそれを味わう必要がどこにあるというのでしょう……。

でも時間がたつにつれ、ゆっくりとではありますがそんな私も変わっていきました。悲しみが私を変えたのです。そして、こう信じるようになりました——死別の悲しみが私たちにもたらす数多くの試練を真正面から見据えることができれば、最後にはかならず悲しみに打ち勝つことができる。

大切な人を失ったあと、どのように生きていくかは私たち次第です。これまでにお話ししてきた悲しみのプロセスのうち、三つ目の段階である「引きこもり」の状態に留まったまま世の中に背を向け続けることもできます。一方、つらく苦しいことではありますがこの試練に真正面から立ち向かい、それを成長の糧として生きていくこともできます。

勇気をもって死別の悲しみに真正面から取り組めば、いつかかならず悲しみを乗り越え勝利を手にすることができます。悲しみは生きる喜びと愛に満ちた新しい人生へと私たちを導いてくれます。

私たちはだれもが人間関係をもっと深く豊かなものにする可能性を持っています。また、他人に対して深い思いやりを持つ心や、新しい人生、新たな挑戦に立ち向かう勇気と能力を持っています。このような可能性、能力を発揮することができれば、灼熱の火で鉄を鍛え直すように、死別の悲しみを乗り越え新たな人生を歩み始めることがきっとできるはずです。

ジョアンヌはまだ生後五か月にしかならない息子を失いました。乳児突然死症候群による死でした。その朝、いつも妻と交代で授乳していた夫のジョンが六時の授乳に起き、冷たくなっている息子を発見しました。ジョアンヌがパニック状態のまま救急車を呼んでいるあいだ、ジョンは息子の身体を温め、生き返らせようと必死でその身体を抱いていました。でも、あとになって知らされたことですが、そのときすでに赤ん坊は死んでから少なくとも二時間がたっていました。午前三時にジョアンヌが赤ん坊をベッドに戻したときには、赤ん坊は目を覚ましていて元気でした。いま元気だったのが、次の瞬間死んでいるなどということがあり得るのでしょうか？　いったい何がいけなかったのでしょう？　ジョアンヌが二時半に授乳したときに何かいけないことをしたのでしょうか？　それともその前の授乳のときに何かあったのでしょうか？　ジョアンヌは原因を見つけようと必死で考えました。でも、この悪夢のような悲劇に対して適切な説明を見つけることは不可能でした。このようなまったく不合理な死を乗り越えることがいったい可能なのでしょうか？

ジョンとジョアンヌの悲しみのプロセスは複雑で、長く、つらいものでした。怒りと罪の意識が何年ものあいだ二人を苦しめ続け、解決を遅らせたのです。二人はたがいを責め合いました。次の子供がなかなかできなかったことも悲しみをさらに複雑にしました。ジョアンヌは神から罰を受けているのだと感じていました。

それでも二人は、突然に出現したこのなじみのない新しい世界に何とか適応しようと努力を続けました。カウンセリングも受けました。そのうち二人はもう二度と子供を持つことはできないだろうという事実を受け入れるようになりました。二人は神を許し、自分たちを許しました。そして、二人のあいだの関係をもっと豊かにするよう努力すると同時に、他人を思いやり支えてあげることに力を注ごうと決心しました。

ところが、このようなケースにありがちなことですが、二人が子供を持つことをあきらめるとまもなく、ジョアンヌが妊娠していることがわかりました。二人は大喜びしました。そのときの二人には新しい子供を喜んで受け入れ、死んだ息子を思い出の中にしまう用意ができていました。それに、ちょうどよいことに、そのときまでに二人はそれまでのがむしゃらな成功志向の生き方をやめ、もっとシンプルで静かな生活を始めていました。娘のトゥリナはいま三歳ですが、死んだ子供の代わりの役目を担わされることもなく元気いっぱいに育っています。ジョンとジョアンヌはこれまで思っていた以上に強く、深い愛情でたがいに結ばれているのを感じています。

■愛は人生を導く

愛は生涯を通じて人を導く大きな力だと私は信じています。

私たちは愛をどのように与え、どのように使うかに心をくだきます。でも、ほんとうに関心があるのはそれをどのようにして得るかです。私たちは自分にとって大切な人間から「愛されているという保証」を得るためつねに努力しています。もしかすると心のどこかで、愛を得て安心した気持ちになる唯一の方法は他人に自分を愛させることだと信じているのかもしれません。つまり、もし他人のためになることをしてあげれば相手は自分のことを愛してくれるだろう、自分を見捨てたりせず永遠の愛を保証してくれるだろうと考えているのです。

このような「交換方式」には代価がともないます。褒美をもらうには相手のために次々と何かしてあげなければなりません。この次には前よりもっといいことを……もっと頻繁に……と思うようになり、その結果私たちは疲れ果ててこう自問するようになります――「こんなことをして何になる？　私は本当には感謝されてもいないし愛されてもいない。こんなにいろいろやってきたのだから、私は愛されてしかるべきなのに……。」そして、そう考えたときから愛に疑問を持ち始めます。たとえそれまでは愛の持つ力を信じていたとしても、この時点からその信頼感を失い始めるのです。愛に対するこのような「慎重さ」を知恵と呼ぶ人もいますが、私は「袋小路」と呼ぶ方がふさわしいと思います。なぜならそのような感情は幻滅以外、何ももたらさないからです。

死別の悲しみは、愛というものが「交換方式」で作用するものではないことを教えてくれます。ルイーズはとても愛情に満ち、献身的に尽くすタイプの母親でした。夫とのあいだには十二歳と十七歳になる二人の娘がいました。ルイーズは家族全員の世話を喜んで引き受け、さらに聖歌隊に参加したり日曜学校の教壇に立ったり、さまざまな委員会に名をつらね教会の活動にも積極的に参加し、それでいて疲れることなどありませんでした。まるで働けば働くほどエネルギーがわいてくるようでした。実際、ほんの少しのあいだでも活動をやめ、自分自身に何が必要かをゆっくりと考えることなど、いままで一度もしたことがないというふうでした。「家族が幸福であれば私も幸福だったのです」彼女は私にそう話してくれました。

ある日、彼女の人生のすべてがひっくり返されました。その日、長女のサリーは学校の遠足で近所の湖に出かけました。泳ぎの上手だったサリーはボートから湖に飛び込みました。水が濁っていてわからなかったのですが、そこは水深が一メートルあまりしかなく、サリーは首の骨を折って病院に運ばれる途中で亡くなりました。

私がルイーズに会ったのは事故があってから六か月後、セラピーの席においてでした。ルイーズは大きな罪の意識を感じていて自分を責め続けていました。娘の死の責任はすべて自分にあると感じていたのです。ルイーズの言葉や仕草の端々には深い悲しみが表れていました。その日、彼女は自分の気持ちを何とか伝えようとしましたが、どうしても涙をこらえることができませんでした。

私のどこが間違っていたのでしょう？　よい母親であろうと一生懸命やってきたのに……教会の活動も一生懸命やってきました……神様だってご存じのはずです。夫の世話もきちんとやって、よい家庭を作ってきました……私は自分が正しいことをやっていると信じていました……それなのに何もかも意味がなかったのです。あんなに一生懸命やってきたのに、神様はなぜ私に罰をお与えになったのでしょう？

ルイーズは言葉をつまらせすすり泣きました。しばらくしてどうにか声が出るようになると次のように続けました。

こんなことを認めるのは本当につらいことですが、サリーの面倒をもっとしっかりと見ていればあんなことは起こらなかったと思っています。私はあの子が遠足に行くのに反対でした。試験の準備をしなくてはいけなかったのです。遠足の前二週間ほどサリーは授業についていけずに困っていました。だから私は試験勉強をした方がいいとサリーに言いました。でも、サリーは私の言うことを聞きませんでした……ああ、神様、なぜ私がこんなふうに罰されなければいけないのでしょう？　私が何をしたというのです？　子供を失った人など私のまわりにはほかにいません。なぜ私の子供が死ななければならなかったのです？

「なぜ私の子供が……」という疑問はそれからもずっと長くルイーズを苦しめました。自分を責める必要はないのだといくら人に言われても効果はありませんでした。自責の念と罪の意識は何をしても和らげることはできなかったのです。

ルイーズが罪の意識から解放され、自分を許すことができるようになるまでにはさらに数年が必要でした。時間がたつにつれルイーズは次第に、自分が他者から承認を得ること、他者に自分の価値を認めてもらうことを求め続けていたことに気がつきました。他人からの愛を求める旅は自分自身を愛することができるようになるまで続きます。自分で自分の価値を認めることができるようになると、自分自身の価値に疑いを持つことがなくなり、他人から見返りを求める気持ちから解放され、以前よりも深いレベルで他人を理解し愛することができるようになります。

だれにとってもそうですが、変化することはルイーズにとって危険な賭けでした。これまでのやり方を変えたためにだれも自分を愛してくれなくなったらどうしよう？　だれも自分を必要としなくなったら？　でも、娘を失うという悲劇的な試練のあと、このような疑問は次第にルイーズにとって無意味なものとなっていきました。そして最後にはルイーズは、サリーが亡くなる前までの自分があまりに忙しく、何に関してもきちんとやることができなかったことを認めるようになりました。多くのことをやりすぎてどれにも十分な注意を払うことができないのに、それでいて何かを切り捨てることはこわくてできなかったのです。

その後ルイーズは自分自身を成長させるために時間を使うようになりました。地元の大学で聴講を始め、瞑想のための時間もとるようにしました。また、「世話をする」のではなく夫や娘と「ただいっしょにいる」ために時間を割くようになりました。人を喜ばせたいという強い欲求から解放されることで、ルイーズは自分自身を楽しませることから得られる喜びがどんなものであるかを知りました。そして、自分がしたくないこと、あるいはする時間のないことに対して「ノー」と言えるようになったのです。他人のためではなく自分のためになることで、したいと思っていたのにずっと後回しにしてきたことも少しずつやり始めました。アートセンターで開かれていた陶芸教室、ずっと前から行きたいと思っていたエクササイズ教室にも通い始めました。

自分に対してやさしくなり、また愛情をもって自分を見られるようになると、それと同時に他人に対しても前よりもっと寛容で愛情深くなりました。生活のペースをゆるめたために、自分の世界を静かに見つめ直す時間もできました。この世のあらゆるものに対する愛に満たされた気持ちがしました。その愛はルイーズの内部からあふれ出し、まわりのみんなに降り注ぎました。

ルイーズはこれからもずっと、サリーがいなくなったことをさびしく思い続けるに違いありません。でも、これまでのように罪の意識に縁取られた暗い思い出としてサリーを思うことはもうないでしょう。これからのサリーは愛に包まれた甘い思い出としてルイーズの心に生き続けることでしょう。

ルイーズは自分自身に対する考え方を変えることで、まわりの世界に対する自分の考え方を変えることができました。そして、義務だから……と骨の折れる仕事に精力を使い果たしたり、自分の人生の方向を決めるのに他人の承認を得ることに汲々とすることをやめ、自分の中に自然と愛が満ち、それによって自分が動かされることを受け入れるようになったのです。

■悲しみが教えてくれる人生の価値

悲しみを乗り越えるまでには多くのことを学ばなければなりません。たしかに、失望や怒り、喪失感と必死で戦っている悲しみの初期の段階には、「人生からの教訓」など、およそ自分のほしかったものとは違うように思えるかもしれません。でも、私は人生でめぐりあうことはすべて成長の糧であると信じています。大切な人を失ったとき、それが「自分に何かを教えるために起こったのだ」と信じることはいまの私にも簡単にはできません。でも、何かを失うという苦しみにぶつかったとき、人は人間的成長のための挑戦を受けているのだということは信じられるようになりました。もちろんそれが可能なのは、その人に試練をそのように受け止める気持ちがある場合にかぎります。

私たちは人生がうまくいっているときは、まわりのことに無頓着になりがちです。すべてを当然のこととして受け止めてしまうのです。五十五歳で妻を亡くしたジョンは、もう一度二人で結婚生活をやり直すことができたらどんなにいいだろうかと話してくれました。「そうしたらジョシーにもっとたくさんやさしい言葉をかけてやり、彼女のためにいろいろなことをしてやり、二人で行きたいと思っていたところにいっしょに行くのに……いまとなっては遅すぎる。ジョシーはもう逝ってしまった。」

私たちは毎日の仕事に追われて汲々とするあまり、生きていることの真の価値を味わうことを忘れています。そして、自分の精神を根底から覆すような衝撃的なことなど起こるわけがないと思いこんでいます。死別の悲しみは忙しすぎる私たちに、立ち止まり、人生に本当に何を求めているかを考えるチャンスを与えてくれます。ごくふつうの日常生活では「人生に何を求めるか」といったことは二の次にされています。でも、私たちの魂が深いところで求めている豊かさ、人生の手触りを与えてくれるのはまさにこれにほかなりません。その価値を再認識したとき、私たちは精神的に成長することができるのです。

■過去でも未来でもない「今」に生きる

死別の悲しみは今に生きることの大切さを私たちに教えてくれます。愛する人を失うと私たちは人生の一瞬一瞬の持つ大切さを痛感します。「今に生きる」というのは、過去のさまざまな出来事や苦しみにとらわれることなく生きることを意味すると同時に、未来のために生きるのでもないということを意味しています。あらゆることを自分の思い通りにしようとして、すべての行動の結果をあらかじめ予想し計画を立てようとすれば、自分だけの世界に閉じこもり防御に徹するしかありません。時間は人間の味方ではありません。私たちは人生をあるがままに受け入れる必要があります。目の前の瞬間を楽しむことができるようになれば、人生のあちこちに隠された宝を見つけることができます。たとえば舞い上がる凧を見つめる子供の興奮した表情、咲き誇った花、淡いピンクから輝くような金色へとオパールのように色を変える日の出の空の色などです。これらは探し求める価値の十分あるものばかりですが、そのすばらしさをほんとうに味わうためには、喜んで「その場に立ち会うこと」、つまり現在という瞬間に生きることが必要です。

■心のおもむくままに行動する

悲しみは心のおもむくままに行動する喜びを教えてくれます。悲しみのプロセスにあるとき、私たちは遊んだりリラックスしたりすることの大切さを痛切に感じます。特別な目的を持たない純粋な喜びを味わうチャンスを決して無駄にすべきではないことを身をもって知るのです。

融通のきかないスケジュールに縛られていては、自分のまわりにある思いがけない発見を見逃すことになります。スケジュール通りに生きていれば人生そのものも先の見通しのよいものとなるでしょうが、それと同時に退屈で無味乾燥なものになる可能性も大いにあります。私たちは人間の権利、特権として、心のおもむくままに行動する自由を受け入れる必要があります。

■静かに自分を見つめなおす

人生には甘く美しい側面があり、だれもがそれをつかまえていつまでも手元に置いておきたいと思っています。時折、無邪気な子供時代を思い起こす必要があると感じたり、人生や愛について、さらには死についてじっくり考えてみたいと思うのはそのためです。

私たちは「暇ができたらじっくり時間をかけて自分を見つめ直すぞ」と心に誓います。でも、そう誓った次の瞬間から、自らを駆り立てるように日常のさまざまな活動に没頭し、忙しさを口実に自分自身に目を向けるチャンスを次から次へと後回しにしていきます。そして、ずっとあとになってやっと、人生に関する大切な質問に対する答えがあちこちに隠れていたことに気づくのです。それらの答えは、私たちがちょっと立ち止まり、時間を作って探せば見つけられるはずのものです。自分を見つめるのは大切なことです。そのためのチャンスは毎日の生活の中に「交換条件付き」で埋もれています。交換条件とは生活のペースをスローダウンすること。そうすれば答えは見つかります。

私たちはみな空想、夢想にふける時間を必要としています。私はこれを「ハンモック・タイム」と呼んでいます。自分の気持ちを他人と分かち合う時間も必要ですが、そのためにはまず自分の気持ちがどんなものかを知る必要があります。死別の悲しみは自分自身について、あるいはこの世界について知らなければならないことがたくさんあることを私たちに教えてくれます。それらのたくさんのことを知るためには、もっとゆっくり時間をかけて考えなければなりません。人間はときとして特別な経験をすると、人生にちりばめられた多くの大切なことに気づくようになります。生活のペースをゆるめれば、そのような大切なことがもっとたくさん見えてくるようになるでしょう。

■生活をシンプルにすると大切なことが見えてくる

私たちは何かを失ってはじめてその大切さを知ります。そのときになってはじめて、毎日の生活にともなうこまごまとしたことをきちんとこなすためにエネルギーを使い果たし、目立ちこそしないが人生において大切なちょっとした配慮を忘れがちであったことに気づきます。

アンは夫を亡くしてはじめて、家をきれいにしておくために夫にどなり散らしてばかりいて二人の生活を台無しにしていたことに気づきました。夫がいなくなったいま、家の見栄えなどどうでもよくなりました。アンは毎日掃除ばかりしていないで、夫との時間をもっと大切にすべきだったと後悔しました。死別の悲しみは、愛する人たちといっしょに過ごす時間を増やすために生活を単純化する必要があることを私たちに教えてくれます。

私たちは毎日の雑事にとらわれ、エネルギーを消耗しています。物事を完璧にこなすために自分の生活を複雑にし、不必要なストレスを増やしています。完璧を望む傾向はエゴからもたらされるもので、愛に満ちた世界には必要がありません。もっとシンプルに生きる方法を学べば、私たちは自分のエネルギーを解放し、真に創造的になることができます。刺激に満ちた今日の世界では、多くの不必要な仕事からできる限り自分自身を解放してやる必要があります。多くの仕事があれば、それをこなすために効率を上げようとするのがふつうです。でもそうではなく、すべてをできる限り単純化し、それによって得られた時間をもっと創造的なことに使うようにしたらどうでしょう？　どんなにか魂が元気を取り戻し、精神が奮い立つことだろうと思いませんか？

■成長には変化がつきもの

変化がなければ私たちは元気を失い死ぬだけです。ロジャーは自分の仕事がいやでたまりませんでした。すっかり自由を奪われているように感じていたのです。でも、ひじょうに責任感の強い彼にとって最優先の義務は家族を養うことでした。心の奥底ではいつも、今の仕事をやめて「芝生の手入れサービス」の仕事を始めたいと思っていました。そうすれば好きな戸外で多くの時間を過ごせるからです。

ロジャーはずっとそのことを考えていましたが、どうやって実行に移したらよいかわからず、妻にそのことを話すことすらできませんでした。それどころか結局二十三年間もいやな仕事を続け、年を経る毎に生気を失っていきました。

大腸癌の宣告を受けたとき、ロジャーは自分の人生についてじっくり考え直してみました。そして、もしもう一度体力を回復することができたなら、長年の夢だった小さなビジネスをきっと始めるぞと自分に誓ったのです。そのことを考えるだけで晴れやかな気持ちになりました。具体的にどうやって始めたらいいかはまったくわかりませんでしたが、きっと成功するだろうという確信だけはありました。

手術のあとずいぶん時間はかかりましたが、とうとう体力を回復し計画を実行に移すことができるようになりました。はじめはごく狭い芝生の手入れを引き受けるだけでしたが、回復の度合いに合わせて仕事の量も増えていきました。私が最後にロジャーと話をしたときは、癌の再発の兆しもなく人生で最高のときを楽しんでいるようでした。

人間は成長するか退化するかどちらかしかありません。今のままの状態が永遠に続くということはありえないのです。それがわかっていながら、私たちは変化に対してありったけの力で抵抗します。人間が成長するためには困難にぶつかり、それと戦うことが必要だとよく言われます。死別の悲しみはさまざまなことを私たちに教えてくれますが、変化に正面から立ち向かうことはその中でも最もむずかしいことの一つです。

大切なだれかを失うことを歓迎する人間などいるわけがありません。私たちはそんなことを望んだこともなければ、そんな試練を与えてくれとだれかに頼んだ覚えもありません。それなのにそれは起こってしまいました。起こってしまったからにはそれを何とか乗り切らなくてはなりません。こんなとき、私たちに与えられた選択肢は多くはありません。最終的には、「がんばる」か「あきらめる」か、その二つしかありません。あきらめることは魂の死を意味します。がんばることは、それがどんなものであれさまざまな変化を受け入れ、この試練をきっと乗り切るという信念を持つことを意味します。

私たちの中には自分を正しい道へと導く大いなる力が備わっています。たとえときとしてその導きが見えなくなったり、信じられなくなったとしても、この力はかならず私たちに備わっています。死別の悲しみはそう信じるべきであることを私たちに教えてくれます。

■他人と自分自身に対して忍耐の心を持つ

何かが起こるのをただ待たなければならないときほど、いらいらさせられることはありません。人間は自分のまわりの世界を自由にコントロールしたいと思っています。自分には理解しがたいルールによって人生を勝手に動かされるのではなく、自分が望むときに望むことが起こってほしいと思っているのです。

死別の悲しみは、人生からいいところだけをつまみ食いしようと思っても、いいことだけが次々起きるなどということは決してあり得ないと私たちに教えてくれます。つまり、忍耐の必要性を教えてくれるのです。忍耐は私たちがたがいに理解し合うのを助けてくれます。忍耐の心があれば、相手がなかなか理解してくれなくてもいらいらしたりなどせずに、気持ちよく待つことができます。

悲しみはまた、自分自身に対して忍耐強くあるべきこと、つまり悲しみのプロセスをあるがままにあせらずに受け入れる必要があることを教えてくれます。人生において何でも早く結果を得ようとすると、結局は一番いいところをとりそこないます。あわてると、一人で、あるいは愛する者たちと共に味わう何事もなく静かで、それでいて大きな意味を持った瞬間を見逃してしまうのです。

■「笑いは百薬の長」

ノーマン・カズンズは『笑いと治癒力（Anatomy of an Illness）』（岩波現代文庫）という著書の中で、どのようにして自分が不治の病を笑いによって克服したかを語っています。医者たちはカズンズに「もうほとんど手の打ちようがない」と宣告しました。カズンズはそのときまでにすでに、テレビでおもしろい番組を見た夜はよく眠れるし、痛みもおさまるということに気がついていました。そこで、不治の病の宣告を受けるとすぐに、『びっくりカメラ』やマルクス兄弟の映画、『アイ・ラブ・ルーシー』など、笑いを誘うような古い映画やテレビ番組のビデオを探し始めました。そして、文字通り「病気を笑い飛ばして」健康を回復したのです。

カズンズの本は私たちに大切なことを教えてくれます。笑うと人間の身体は新たなエネルギーで満たされ、細胞の一つ一つが刺激を受けます。腹をかかえて笑うというのはリラックスしきった状態です。このような状態は強い生理的反応が身体全体を駆け巡ることによって発生します。その刺激によって、人間は精神的にも物理的にも生き生きとするのです。

愛する者を失って悲しんでいるときは、笑ったりするのは不謹慎だと思ったり、そうすることに罪の意識を感じたりします。こんなにも悲しく、厳粛なときに笑うなんてとんでもないと思ってしまうのです。でも実際は、感情的にひじょうに高ぶっている悲しみのときにこそ笑いが必要なのです。笑いは張りつめた緊張を和らげてくれます――いまにも吹きこぼれそうにふつふつと煮立っているやかんから蒸気が抜けるように。笑いは爆発をとめる安全弁の役目をすると言ってよいでしょう。身体の中に押し込まれたストレスの一部が解放されれば、より健康な状態がもたらされます。

人生をまじめに見つめるだけでなく、おもしろおかしい面も見るように努力することは、苦しみを癒し心と体の健康を増進してくれます。また、笑いには習慣性と伝染性がありますから、だれかがそばにいていっしょに笑えばその人にとってもよい効果があります。

■だれでも「どこかに属する」必要がある

私たちはだれか、あるいはどこかに所属することを必要としています。この必要性の起源ははるか昔、人類が地球上に現れたときまでさかのぼります。人類という種に「属している」と感じることや、まわりにいる人との仲間意識を感じることによって、私たちの生活の質は高められます。

悲しみは私たちが他者を必要としていることを教えてくれます。愛する人を亡くし、悲しみのさなかにある人にとっては、友人がそばにいてくれることや何らかの集団に属していることが大きな救いになります。私は多くの人からそういった話を聞きました。私たちには「何かに所属している」と感じることが必要なのです。所属する「集団」は親しい隣人の集まりだったり、仕事仲間だったり、友人の集まりだったりさまざまです。何かに所属していることがわかっていると安心した気持ちになれますし、自分は人類の一部を構成しているのだとより強く感じることができます。

愛する人を亡くした人たちのための互助グループにはいろいろすばらしい点がありますが、その一つは自分の気持ちをわかってくれる人と共に悲しみを分かち合うことができる点です。私は「思いやりの友」というグループの会合で、一人の男の人がこんなふうに言うのを聞いたことがあります――「ここに来れば仲間に会えることがわかっている。だれも私を裁いたりしない……みんな同じ仲間なんだ。」ほかの人たちも同じようにつらい体験を乗り越えてきたのだと知ることで、私たちは勇気と慰めを与えられます。悲しみは人間がもっとたがいに結びつく必要があることを教えてくれます。そういった結びつきをつねに保ち、何かあったときにすぐ利用できるように「待機状態」にしておくことが大切です。

■自分の気持ちを人に伝える

悲しみは自分の心を開くことの大切さも教えてくれます。自分が考えていることや感じていることを勇気を出してほかの人たちと分かち合うのはとても大切なことです。愛する人を失った悲しみのさなかにある人たちのセラピーをしているとよく次のような言葉を聞きます——「まだ元気なうちに『愛している』と言えばよかった。」「父は私がもう父を許していたことを知らないまま死んだ。うまくそれを伝えられるときを待っていたのに。」人生には、これを言わなくては……感謝の気持ちを表さなくては……仲直りしなくては……そういったことがたくさんあります。死別の悲しみは「愛している」と告げるチャンスは「今」だけだということを教えてくれます。たがいに心を開き合った家族、喜びであれ悲しみであれ気持ちを表に出して分かち合うことのできる家族の方が、どこか遠慮し合って暮らしている家族よりもたがいに信頼し合い、家族のだれかを失った場合も罪の意識や複雑な感情に苦しめられることも少なく、悲しみを乗り越えることができます。

自分自身の気持ちをだれかと分かち合うことには不思議な効果があります。人間はだれでも他人の話を聞くことから何かを得ます。だれでも自分と他人との絆を認識し、そのことを喜び合う必要があります。

これまであまり心を開いていなかった相手がいるという人は、電話一本でいいですからかけてみましょう。それが状況をよくするきっかけになるかもしれません。私たちがもっと心を開き、他人に対してありのままの自分を見せるようになれば、相手もきっと同じようにしてくれるでしょう。笑いの場合同様、気持ちを分かち合う心にも伝染性があります。

■人の輪を広げて孤独を解消する

年をとるにつれ家族や友人の輪がどんどん小さくなっていくのに気づきます。とくに子供が成人したあと、この傾向が強くなります。その理由の一つは、新しい人間関係を作る機会が減っていくせいです。子供たちは私たちの生活の中に新しい友だち（とその親）を引き入れる親善大使のような役目をしてくれます。

年をとって親しい友人を亡くしたり、それぞれの事情でたがいに遠く離れて住むようになったり、一つ屋根の下に住む家族の数が減り始めると、新たに「家族」と見なすことのできる親しい人間関係を見つける必要が出てきます。

その必要を満たす一つの方法は、血縁関係はないがごく親しい間柄の人を新たな家族として迎え入れることです。たとえば、他人ではあるがずっと昔から友人関係を保ってきたといった人です。

私はイザベラ・タヴェスの著作『愛を無駄にするなかれ』の中の次のような話が大好きです。祖父が亡くなったときデイヴィッドは三歳でした。祖母は孫におじいちゃんは天国に行って天使たちと楽しく過ごしているのだと話して聞かせました。数週間後デイヴィッドは母親に、おじいちゃんが天国から帰ってきているかどうかを見に祖母の家に行きたいと言いました。

天国の存在を認めていなかった母親は、おじいちゃんは死んでお墓に入っていて、戻ってくることはないのだと説明しました。デイヴィッドは祖母もそうなるのかどうか知りたがりました。母親は人間はみないつか死ぬのだと答えました。デイヴィッドは家族や親戚の名前を次々と並べ、みんないつかは死んでしまうのかたずねました。それから、愛犬のコリーのこともたずねました。そして最後に、「で、ママもなの?」と聞きました。

母親はそうだと答えました。そして、自分もいつか死ぬけれどそれはずっと先のことで、デイヴィッドが大きくなってからのことだと言いました。するとデイヴィッドはしばらく考えたあと、こう言いました。「そんなら、ぼくのまわりの人は全とっかえしなきゃいけなくなるんだね。」

悲しみは私たちがつねに他人に向けて発信し続ける必要のあること、自分のまわりの人の輪が小さくなってきたことに気づいたら新しい人員を補充する必要のあることを教えてくれます。つねにこれらの必要を満たしていれば、私たちは決して孤独になったり人生からはじき出されたような気持ちになったりすることはないでしょう。

■どんな人間関係も大切にする

愛することには危険がともなうとはよく言われることです。つまり、だれかを愛する、つまり他人と深い人間関係を築くと、いつかかならず「別れ」によって傷つくことになります。でもその一方、愛することなしには充実した人生も送れませんし、人間関係から生まれる大きな満足感を得ることもできません。

悲しみはどんな人間関係も、それをあたりまえのものとして軽く受け止めてはいけないことを教えてくれます。自分の人生に関わりを持つ人々はだれもが何かを教えてくれる大切な存在です。どんな人間関係も私たちにとっては宝です。それを当然のものとして受け止めてはいけません。

中には、人生の苦しい時期を乗り越える助けとなるために現れたのではないかと思われるような人も出てくるかもしれません。それは特別に親しい友人かもしれませんし、大切な情報を与えてくれる人かもしれません。あるいは、それまではそれほど親しくなかったり、離れたところにいた親戚かもしれません。悲しみの時期を乗り越え、新しい人生を歩み始める頃、他人なのに家族の一員のように感じられる人ができている場合もあるでしょう。こういった人の存在に気づくためには、心を他人に対して開いていることが大切です。

■悲しみを乗り越えたとき新しい自分に気づく

死別の悲しみが教えてくれるさまざまなことを自分の中へ取りこんでいくうちに、私たちはゆっくりとその悲しみを乗り越えていきます。私たちは変化し、死別の悲しみを「死と再生」のプロセスとして受け止めるようになります。つまり、自分の中の一部が死に、別の部分が生まれつつあることに気づくのです。

私たちの心の奥底には、再生へと自分を導きたいという強い欲求があります。もちろん、先にはさまざまな危険も待っているわけですから、いくらか不安になるのは当然です。どうしても「どこかおかしい」ように感じ、新しい自分を受け入れるのがむずかしいという場合もあるでしょう。でも、たとえそんな時期があったとしても、私たちはかならず少しずつ力を回復し始め、新たなエネルギーの源に向かって歩み続けます。

■新しい世界に生きる

死別の悲しみが癒されると、自分の「再生」を受け入れる準備が整います。死別の悲しみのプロセスは人生における一つの旅のようなものです。その旅は、悲しい体験の中にも喜びを見出すことができるのだということを私たちに教えてくれます。

人間を超えた「力」を身近に感じ、ほかの人やまわりの世界との関わりの中に愛を見出すことができたとき、私たちはその報いとして限りない愛を得ることができます。人生のどんな一瞬も私たちに何かを与えてくれます。それは新しい情報だったり、人生という名のパズルに欠けていたピースの一つだったり、悩み続けていたジレンマを解決するためのヒントだったり、心に平穏を与えてくれる何かだったりします。悲しみを乗り越え生まれ変わったあとの世界は、いままでとはまったく違う新しい世界です。そこには新しい可能性が満ち溢れています。

「新しい世界に生きる」といえば、フロリダにいたころの親しい友人夫婦のことが思い出されます。同い年の二人が八十四歳のとき、夫のチャールズが亡くなりました。二人は長年連れ添ってきましたが、いつまでも恋愛中の恋人同士のようでした。もちろんときには波風が立ったこともありますが、二人の結婚はいつも楽しく、喜びにあふれていました。夫婦の一方が欠けた状態など私たちには想像もつかなかったほどです。ですから、私たちは残されたマーサの悲しみがさぞつらく、長く続くだろうと心配しました。でも、夫の死後しばらくしてからマーサが新聞のコラムで愛する人との死別やその悲しみについて書き始めたとき、驚いた人はだれもいませんでした。みんな彼女ならきっと苦しみを乗り越えると信じていたからです。作者宛に手紙を書くように読者に呼びかけたこのコラムはとても評判がよく全国紙に載るようになりました。それから六年後に亡くなるまで、マーサはこのコラムを書き続けました。いくつになっても、新しく何かを始めるのに遅すぎるということは決してありません。

■冒険を恐れず人生の喜びを味わう

暗く絶望的な悲しみの日々にどっぷり浸かっていると、一種の依存状態に陥って、そのような精神状態から永遠に抜け出せないのではないかと思うことがあります。こんなとき、「引きこもりの段階」から脱出して次の「癒しの段階」へと向かおうと自ら決心することは人生に新しい光を当てることに通じます。私たちは長い道のりを歩いてきました。何もしないで（何もできないで）停滞した状態にとどまっている必要はもうありません。心を閉ざし、かたくなな態度をとり続けていては精神が死んでいるのも同然です。

人生の喜びは冒険の中にあります。いま現在、この場所でしっかり目覚めている限り、私たちは新しい情報をつねに手に入れることができます。心を開いていさえすれば、つねに冒険のチャンスが与えられます。新しい可能性を受け入れるとき、私たちはよりよい決定を下すことができるようになります。また、新しい考え方をすることや一歩進んだ業績をあげることも可能になります。そうすればより自由で、より多くの喜びに満ちた人生を送ることができるでしょう。

■好奇心は自然にそなわった強力な味方

しあわせで長生きをした人には共通する二つの特徴があります。一つは冒険を恐れない心、もう一つは適度な好奇心です。好奇心は自己満足と停滞を予防する強力な味方です。世界に対して好奇心を持っていると、人間は自分の限界を広げようと努力し、異なるいろいろな観点から物事を見るという自分の能力をつねに高めようとします。

年をとるにつれ、人間はできるだけ安全に生きていこうとしがちです。自分と同類の人間や、自分の考えに似た考えにのみこだわる傾向が出てきます。そうすると、世界は小さくなり、柔軟性のないものとなっていきます。そうなったら人間としての成長も止まってしまいます。そうならないための予防薬は本能として自然にそなわった強い好奇心です。人間は生まれつき好奇心を持っています。とくに子供は好奇心でいっぱいです。この好奇心を失わないようにすれば人生が退屈になったり、おもしろくなくなったりすることは決してないでしょう。

好奇心は私たちに「自分の限界を押し広げたい」という欲求を持たせてくれます。また、いろいろな考え方に疑問を持ったり、新しい情報を得たいという気持ちも持たせてくれます。また、冒険に果敢にチャレンジする気持ちは新しいアイディアや興味に基づいて行動する気力を私たちに与えてくれます。

■じょうずに危険を冒す

あまりにも信じがたくて奇跡のように思えるかもしれませんが、たしかに私たちは死別の悲しみという暗いトンネルを無事に通り抜け、いまここに立っています。力を抜いて手を放し、人間を超えた何らかの力に身を任せることを学びました。いまの私たちには、だれかがつねに自分たちを見守り、ものごとをいい方向へ導いてくれることがわかっています。このことがわかっていれば、心配はやわらぎ、恐れもなくなります。

恐怖は人を動けなくします。人生からの贈り物を十分に味わうためには、どんなときでも、その瞬間が自分に与えるものを全身で受け止めるという危険を喜んで引き受ける心づもりがなくてはなりません。一つのところにとどまることなくつねに「今」を生きていれば、いざというときに危険を冒す訓練には事欠かないでしょう。

人生にはご褒美もありますが、同時に危険もつきものです。将来どのように行動するかを決めるのは自分ですが、その際、人間を超えた力の導きを受け入れるようにすれば、より自由な人間となることができるでしょう。恐れ、敵対していた世界が、よりよい自分になるための方法を教えてくれる教室となるのです。

■より思いやりを持った人間になる

死別の悲しみは私たちに深い思いやりの心を教えてくれます。押しつぶされるようなその悲しみを体験すると、同じ悲しみを味わっている人の気持ちが前よりもっとよくわかるようになります。

私たちはみな同じ山を登っています。頂上へ達するまでには自分の道がほかの人の道と交差することもあるでしょう。どんな出会いにも感謝しましょう。どの出会いも私たちの成長の糧となるのですから。人生には偶然の出会いなどありません。人生で出会う人はだれもが私たちに何かを教えてくれます。ですから、すべての人を思いやりと理解をもって受け入れましょう。他人の魂にふれることを通じて私たちは精神的な力を得ることができます。

■毎日に感謝する

感謝の気持ちは将来おとずれる幸運を受け入れる準備を私たちにさせてくれます。

これまでは、逝ってしまった者が戻ってくるようにとそれだけを思う絶望の日々が何日もありました。そんなときには、未来に対する希望などまったく持てませんでした。そもそも未来に興味を持つことすらありませんでした。感謝すべきことなどこの世にはまったくないように思えました。

気づかなかったかもしれませんが、死別の悲しみが始まったときから、私たちは多くの幸運に助けられて歩んできました。なんとかつらい時期を乗り越えることができたのもそのおかげです。いま振り返ってみればたくさんの支えがあったことがわかります。もちろんいまでもまだ砂に埋もれているような気持ちになることがあります――抜け出すことも身動きすることもできないような気持ちです。でも、いまの私たちは自分が一人ぼっちではないことを知っています。支えは私たちのまわりにあります。自分から求めさえすれば救いはきっと得られます。

毎日感謝の気持ちとともに目覚めることは、その日のために用意された幸運を受け入れる準備を私たちにさせてくれます。また、夜寝る前のひとときは、その日与えられた幸運を思い起こし感謝する機会を与えてくれます。与えられた幸福に感謝することは心に平安をもたらします。感謝の心をもって毎日を過ごしていると、感謝したくなるようなことが自然と起こるようになります。つまり、起こってほしいと思うようなことが起こるようになるのです。「予言通りに物事が起こる」というのは本当です。感謝していれば感謝の対象が自ずから訪れます。人生は本来、多くの祝福に満ちあふれたものなのですから。

■より愛情豊かな人間に生まれ変わる

悲しみは他人に対する愛の大切さを教えてくれます。愛は大きな力を持っています。愛は私たちの心の傷を癒します。愛は愛される人も、愛する人も、その両方をしあわせにします。愛こそが仕事や遊びから最大限のものを得るためのエネルギーの源です。愛はどんどん自然増殖します。心に愛があるかぎり、人間の魂は決して飢えることはありません。

ジェラルド・ジャンポルスキーはそのすばらしい著作『愛と怖れ（Love Is Letting Go of Fear）』（ヴォイス）の中で、愛こそが心の平安に通じる道であることを次のように語っています。

「愛こそがわれわれにとっての唯一の現実だ。愛がなければたとえ健康でどこも悪いところがなくても心の平安を得ることはできないし、たとえ深い傷から癒されたとしても恐怖から解放されることはない。」

愛こそが人生を正しく導いてくれる力だと私が信じているという話は前にしました。私たちは愛し愛されることを通じて成長します。たいていの場合、愛を受け取ることは与えることよりむずかしいものです。死別の悲しみは愛を素直に受け止めることの必要性を私たちに教えてくれます。愛されることがどんなに自分に力を与えてくれるかを教えてくれるのです。とくに悲しみのさなかにあるとき、愛を失ったように感じ、すべてから拒否されているように感じている時期に愛されることは何ものにも代えがたいものです。

愛は何度も繰り返し与え、受け取られるべき贈り物です。この贈り物にはつねに心遣いが必要です。愛したり愛されたりという行為はただ自然に起こるものではありません。さまざまな方法で生み出されるべき創造的な芸術といってよいでしょう。他人に対する愛の裏側には、「自分自身を愛する」という基本的な必要がつねに横たわっています。自分自身を愛することなしには、「愛」という贈り物はじゅうぶんな価値を持ちません。

■第六段階〈魂の成長〉

死別の悲しみの初期には、自分の魂が見捨てられ、すべてから拒絶されているように感じ、大きな罪の意識にさいなまれる日々がありました。そんなときはどこかに隠れてしまいたいと思ったものです。でも、その時期を乗り越えたいま、私たちは知っています——自分の人生を自分自身の手でコントロールしたいという気持ちを捨てたその瞬間に、私たちは信頼や信念を新たに築き上げるためのスタートラインに立つのだということを。

この本を書き進むうち、私は悲しみのプロセスに六番目の段階があることに気づき、それにふれる必要があると感じるようになりました。六番目の段階とは「魂の成長の段階」です。悲しみの最後の段階としてこの「魂の成長の段階」を含めなければ、この本は中途半端なものに終わってしまうでしょう。もちろん、これまでに取り上げた「癒し」や「再生」の段階まで至らない人がいるのと同様、この最後の段階に到達しない人もいます。人間はその準備ができてはじめて次の段階へ進んでいくものです。ですから、ずっとあとになって次の段階へ進むということもあるでしょう。私たちの魂の旅は一生続くのですから。いいえ、魂の旅は人間の一生を超えて続くと言ってよいでしょう。人間を超えた崇高なものとの絆を見つけられるのは、この魂の世界においてのみです。ひとたびその絆を確立すれば、すべての知恵や知識が目の前に開けてくるでしょう。

信念を持ち続けるには努力が必要です。信念はそれを裏付けるようなプラスの経験を通して強まりますが、反対にそれに反するようなマイナスの経験にはひたすら耐えなければなりません。また、信念を強めるためには「実践」を積まなければなりません。毎日瞑想をすることはたしかに自分自身に目を向ける助けになりますが、根本的な安心、安定は人間の力を超えた大いなる力との結びつきの中にあります。心の平安は、勇気と力を得るためにこの大いなる力からの導きを求めるようになってはじめて与えられます。でも、私たちはそれを見ることも、触れることも、聞くこともできません。そのために、この「導き」と自分との結びつきの存在を疑うことがよくあります。

スコット・ペックの著作『愛と心理療法（The Road Less Traveled）』（創元社）は私たちに多くのことを教えてくれますが、その中で彼は「神の恵み」という概念の中に見出される大きな力について次のように語っています。

「『人間の意識の外に由来し、人間の魂の成長を促す（この）強力な力』に対しわれわれ――適度な懐疑心と科学的な精神を持ち合わせたわれわれ――は何をすべきなのか。われわれはこの力に触れることもできなければ、それを測る方法も持っていない。しかし、それでも、この力は厳然と存在する。たしかに現実のものなのだ。自然の法則という伝統的な科学的概念に容易にあてはめることができないというだけの理由で、それ以外は何も見えないとでもいうようにこの力の存在を無視するのが適当なのか。私にはそれは危険なことに思えてならない。『神の恵み』という現象をわれわれの概念の枠組みに組み入れない限り、宇宙を、宇宙の中で人類の位置する場所を、すなわち人類そのものの根源を完全に理解することは不可能だと私は思う。」

ペックの言うところの「神の恵み」、つまり「人間の意識の外に由来し、人間の魂の成長を促す強力な力」は私たちがそのためのスペースを作ってはじめて与えられるものです。それはときには私たちの生活に大きな変化をもたらすため、歓迎されないこともあります。私たちは「衝撃的な変化」という形で訪れるこのような神の恵みを受ける用意がつねにできているわけではありません。でも、考えてみてください。そんな用意はできていないと思っていた私たちも、人生におけるつらい時期を何度も生き延びてきたではありませんか。いまの私たちは、つらい時期もいつかは終わりがくるのだということを知っています。まだ先につらい時期が待っているかもしれません。でも、悲しみのレッスンをいくどか体験したことで私たちには多少とも心の準備ができ、次の時には前より少しうまく対処できるようになっています。

人生の干潮時には学ぶことが多くあります。悲しみは喜びを大きくし、絶望は笑いをよりすばらしいものにします。もし引き潮がなければ満ち潮を知ることもできないでしょう。悲しみの時を通して、私たちは人生において道を見出す助けとなる知恵が与えられるのを忍耐強く待つことを学びました。

死別の悲しみというつらい体験を振り返るとき、私たちはその体験によって自分がより賢くなっていることに気づきます。いまの私たちは昔の私たちとは違います。愛する者を失う前よりも強く、より多くの能力を持っています。

困難な時期は私たちの目を内側へと向けさせ、人間を超えた力との絆を求める方向へと私たちを導いてくれます。その絆の存在を感じたとき、私たちは「とうとうわが家にたどり着いた」ことを知ります。魂の平安、心の静けさという贈り物を手に入れたことがはっきりとわかるのです。

神さま、どうか私たちにお与えください
変えることのできない物事を受け入れるだけの心の静けさを
変えることのできる物事を変えるだけの勇気を
そして、そのような物事の違いを知るだけの知恵を

あなたの力になってくれる自助グループやサポート機関

生と死を考える会
http://www.seitosi.org/　E-mail　off@seitoshi.org
〒160-0016　東京都新宿区信濃町33-4　真生会館ビル3階
TEL　03-5361-8719（火・金13：00～17：00）FAX　03-5361-8792
死別体験者の分かち合いの会、自死遺族の分かち合いの会のほかに、講演会、学習会、ボランティア養成講座などを開いている。

東京・生と死を考える会
http://homepage2.nifty.com/tokyo_seitosi/index.htm
〒160-0008　東京都新宿区三栄町10　橋爪ビル2階
TEL　03-3357-5780（原則として火・木の10：00～16：00）
定例会、セミナーのほか、年四回、こすもすの会（伴侶や身近な方をなくされた方）、すみれの会（お子さんをなくされた方）、わすれなぐさの会（自死により身近な方をなくされた方）合同で分かち合いの会を行っている。

千葉県東葛地区・生と死を考える会（通称　とうかつ・生と死を考える会）

http://www.geocities.jp/chiba_tokatsu/index.html　E-mail　ktakeuti@reitaku-u.ac.jp
連絡先　〒277-8686　千葉県柏市光ケ丘2-1-1　麗澤大学　竹内研究室
TEL／FAX　04-7173-3465
痛みの分かち合いの会、遺族のためのグリーフケア、自死遺族の語り合いの場、こころの相談室、電話相談などを開催している。この他、月例講演会も行っている。

グリーフ・カウンセリング・センター

http://www.gcctokyo.com/counseling/index.php
〒101-0054　東京都千代田区神田錦町3-21
　ちよだプラットフォームスクウェア　1117
TEL　03-5259-8072　FAX　03-3465-3411
個別、グループのカウンセリングを行っている。グリーフカウンセラー養成講座でも有名。

りんどうの会

http://rindounokai.web.fc2.com/index.html
〒248-0011　神奈川県鎌倉市扇ガ谷3-5-1　大乗山　薬王寺
TEL　0467-22-3749
日蓮宗、大乗山薬王寺が運営している、分かち合い癒し合いの会。「集い　こもれ日」は一般、

「集い 日だまり」は自死・事故・犯罪被害等の特別な事情のある方に分かれ、どちらも月一回程度を予定。

兵庫・生と死を考える会
http://www.portnet.ne.jp/~seitoshi/　E-mail seitoshi@portnet.ne.jp
〒657-0066　神戸市灘区篠原中町2-1-29-107
TEL/FAX　078-805-5306
悲しみを癒す場として、死を見つめ学ぶ場として運営されている。一般向け、自死向けの分かち合いの会がある

ひまわりの会（身近な人を亡くした方の自助グループ）
http://himawarikb.exblog.jp/
〒662-0063　兵庫県神戸市兵庫区夢野町3丁目13-13-401（代表　中村寿子）
FAX　078-521-8260
日本ホスピス・在宅ケア研究会から生まれた会で、死別の悲しみを語り合う場として、月例会、講演会、イベントなどを開いている。

群馬ホスピスケア研究会

http://members3.jcom.home.ne.jp/tusan.tom/
〒370-0872 群馬県高崎市北久保町10-9（吉本宅）（代表 土屋徳昭）
TEL/FAX 027-353-1341
死別体験者の分かち合いの会、電話相談、医療相談、ホスピスセミナーなどを行っている。学習会、会報や書籍の発行、講演会なども実施。死別体験者の分かち合いの会は、毎月第二日曜日14:00～16:00、群馬県社会福祉総合センターにて。

仙台グリーフケア研究会
http://www.sendai-griefcare.org/ E-mail griefoffice@gmail.com
〒980-0811 仙台市青葉区一番町4-1-3
仙台市市民活動サポートセンター内 №85
代表 滑川明男（仙台市立病院救命救急部医師）
TEL 070-5548-2186
宮城県内で、大切な人を亡くした人（亡くなった方の死因を問わず）の「わかちあいの会」及び「遺児のグリーフサポート」を行っている。

NPO法人　栄光ホスピスセンター
http://homepage2.nifty.com/ehc
〒811-2232　福岡県糟屋郡志免町別府西3-8-15
TEL／FAX　092-931-2124
ホスピス緩和ケアの啓蒙・啓発を目的に、栄光病院内に設置されている。栄光ホスピスセミナーをはじめ各種セミナーの開催や、グリーフカウンセリングなどを行う。

悲しみ110番（石川県女性センター内）
電話相談　076-233-0110（毎週月水金　18：00～20：00　祝日などを除く）
家族など身近な人との死別を経験された女性、あるいはそうした大切な人が回復の見込みがないとわかって悲嘆と混乱の中にある女性の相談を、カウンセラーが受けている。

ほほえみネットワーク（ウィドウ・サポート協会）
http://www.hohoemi-network.org/
〒162-0805　東京都新宿区矢来町46　ユーフミヤビル102
TEL　03-5261-1237　FAX　03-5261-1207
配偶者を亡くした方のためのグループカウンセリング、談話室、ワークリーダー養成講座などを行っている。

グッドグリーフ・ネットワーク（略称：ＧＧＮ）
http://www.ggnetwork.jp/　E-mail　hope@gg-n.org
ＴＥＬ　０７０-６６１２-５９２５（杉本）
三十〜四十代を中心とした若い伴侶死別者の自助グループ。毎月一回の定例会では、テーマを設定した「語り」やビデオ映画を用いた独自のグリーフワークを実施。初回参加者には「ウェルカム・ミーティング」という個別面談を行うなど、会員へのホスピタリティを大切にしている。

めんどりの集い（病気や事故、自死などで子供を亡くした父・母の自助グループ）
http://www5f.biglobe.ne.jp/~hiroba/mendori/
ＴＥＬ　０３-３２０７-８５０３（毎週金曜日　12：00〜17：00　祝日を除く）
亡くなった子の年齢は問いません。東京や名古屋などで語り合いの集いを開催します。

ちいさな風の会（子供を亡くした親たちの自助グループ）
〒１６０-００２３　東京都新宿区西新宿４－14－３－４Ｂ　若林方
資料請求は四百円分の切手を同封し、郵送で。東京での隔月定例会、地方での年二〜三回の集会、自死、のこされた子供との関わりなどの分科会。一九八八年の設立以来年二冊の文集やニュースレターの発行をしている。

SIDS家族の会（赤ちゃんを亡くした家族のサポート）
http://www.sids.gr.jp/　E-mail　contact@sids.gr.jp
〒150-0042　東京都渋谷区宇田川町6-20-209
電話窓口　03-4334-1151（財団法人母子衛生研究会　子育てインフォ）
　　　　　050-3735-5341（伝言ダイヤル）
SIDSやその他の病気、また死産や流産で赤ちゃんを亡くした両親を、精神的な面から援助するためのボランティアグループ。全国に支部がある。

流産・死産経験者で作るポコズママの会
http://pocosmama.babymilk.jp/　E-mail　pocosmama@hotmail.co.jp
実際に流産・死産を経験した方たちによって運営されている会。大切な赤ちゃんを亡くされた方々が自由に悲しみや悩みを表現することにより支えあうコミュニティ。

天使の保護者ルカの会
http://plaza.umin.ac.jp/artemis/rcdnp/tenshi/index.html
開催場所：〒104-0045　東京都中央区築地3-8-5
　　　　　聖路加看護大学2号館　看護実践開発研究センター

聖路加看護大学の教員・助産師の専門職と、体験者による自助グループ「お空の天使パパ＆ママの会（WAIS）」が共同で主催。
グループお話会　E-mail　tenshi_rukanokai@slcn.ac.jp
グリーフ・カウンセリング　E-mail　p.loss_counseling@slcn.ac.jp
流産・死産・新生児期にお子様を亡くされたご家族の精神的ケアを行うセルフヘルプグループ。グループによるお話会と、臨床心理士や社会福祉士によるグリーフ・カウンセリング（個人面接）を行っている。

公益財団法人　がんの子どもを守る会
（小児がんで子どもを亡くした家族が設立した自助グループ）
http://www.ccaj-found.or.jp/　E-mail　nozomi@ccaj-found.or.jp
〒111-0053　東京都台東区浅草橋1-3-12
電話相談　03-5825-6312（東京）／
　　　　　06-6263-2666（大阪）（いずれも平日10：00〜16：00）
闘病中や治療終了後の患者家族ならびにお子さんを亡くされたご家族のために、ソーシャルワーカーによる個別相談、母親、父親、家族を対象にした交流会を開いている。全国に支部がある。

認定NPO法人 全国被害者支援ネットワーク（犯罪被害者・遺族等の支援）
http://www.nnvs.org/　E-mail nnvs@nnvs.org
〒113-0033　東京都文京区本郷2-14-10　東京外国語大学本郷サテライト6F
TEL　03-3811-8315（月〜金 8：45〜17：30）
電話相談　03-3811-8401（月・水・木 10：00〜12：00 13：00〜17：00
ただし第3水曜日を除く）
HPに全国四十七都道府県四十八か所の支援センターの相談窓口を掲載。全国の支援センターでは、性的犯罪、暴力犯罪などで心身に深い傷を負った被害者の方や、殺人などで身近な人を亡くされた方をサポートするため、電話相談、面接相談、病院・警察・裁判所などへの付き添い、自宅訪問、自助グループなどを行っている（具体的な活動内容については、各センターにお問い合わせください）。

TAV交通死被害者の会（交通事故の遺族と重度障害の家族の自助グループ）
http://tav-net.com　E-mail　info@tav-net.com
〒530-0047　大阪市北区西天満4-7-12　昭和ビル別館305号
TEL　06-6362-7225
遺族の心のケア、裁判などの支援、被害者側の視点からの社会活動を行っている。

あしなが育英会（病気、災害、自死などで親を亡くした子供のケア）
http://www.ashinaga.org　E-mail　info@ashinaga.org
〒102-8639　東京都千代田区平河町1-6-8　平河町貝坂ビル
TEL　03-3221-0888
事故・病気・災害・自死等で親を亡くした、またはそれらが原因で親が重度後遺障害をもつ子供たちに、奨学金貸与や心のケアを行う民間団体。また東京日野市と神戸市の「レインボーハウス」を運営、日常的なケア活動をしている。

解説　生きてきたように人は死んでいく

中下大樹

「人生とは苦である。そして自分の思い通りにならないものである。しかも、人間は必ず死ぬ」

約二千五百年前にお釈迦さまが悟られたことである。

私は母子家庭で育った。親から「あんたなんか産むんじゃなかった」と言われ、暴力を受けて育った。そんな私は「自己肯定感」が持てない子供であった。何故、生まれてきたのか？　そして生きている意味は何なのか？　そんな事を自問自答する子供だった。そして上記のお釈迦様の言葉に触れた。仏教の教えを学びたい、素直にそう思えた瞬間であった。

働きながら大学院で学んでいた時、ある僧侶と出会った。仏縁により、気がついたら浄土真宗の僧侶となっていた。しかし寺に入ることは考えず、人々の「いのち」に向き合える仕事がしたいと考え、仏教を基盤とした緩和ケア病棟（ホスピス）で末期がん患者さんの看取りに従事した。

戦後すぐの昭和二十年代は、多くの人は自宅で生まれ、自宅で亡くなっていた。しかし高度経済成長と共に、人が生まれるのも亡くなることも「病院」での出来事となっていった。仏教でいう「生老病死」はもはや家庭の中には存在しない。それらはすべて「病院」の中の出来事である。

ならば現代の苦の現場である病院で働きたいと思ったのである。

病院の中でも死に直結する場所は、緩和ケア病棟であった。その緩和ケア病棟で、私は下は高校生、上は百歳を超える高齢者の末期がん患者数百名の最期に立ち会った。臨終時に家族に囲まれながら息を引き取る人もいれば、一人だれにも看取られず、ひっそりとこの世を去っていく人もいた。末期ガンになったからと言って、人間は急には変われない。普段から家族関係に問題があり、意思疎通出来ていない人は、最期の最期まで家族との関係はギクシャクしたままであった。逆に、「おじいちゃん、ありがとう」「お母さん、今までお世話になりました」と、最期の瞬間に家族が集まり、皆で死を悼み、その死を惜しむ家族は、普段の暮らしの中で「関係」が良好な場合が多かった。つまり、病気になる前の普段の生き方や他者との関わり方が、「その時（＝臨終）」に直結することを私は臨床で学んだのである。

淀川キリスト教病院で多くの末期がん患者を看取った医師の柏木哲夫氏は「生きてきたように人は死んで逝く」という言葉を残されている。まさにその言葉通り、人は生きてきたようにしか死ねないという現実を、私は緩和ケア病棟で学んだのである。

緩和ケア病棟内で数年勤務したのち、私は病院で学んだことを社会に還元したいと思うようになった。病院内で起こっている出来事は、社会の縮図である。しかし、病院は社会的に閉鎖的な空間である。私は思い切って病院を退職し、在宅ホスピスケアや自殺・貧困の問題、そして孤立死に取り組む活動を地域で開始したのである。

そんな私が二〇一一年三月十一日に発生した東日本大震災の被災地に駆け付けたのは、ある意味自然な成り行きなのかもしれない。今でも当時のことははっきり覚えている。中でも小さな子供が津波で流され、その火葬にボランティアで立ち会った時のことは忘れ難い。当時の日記にはこう書かれてある。

『火葬場の職員までもが涙ぐんでいた。その場にいた誰もがこみ上げてくるものを我慢できずにいた。あまりにも理不尽な死に対して、誰もが言葉を失っていた。これからいよいよ小さな棺が窯に入れられ、荼毘にふされようとした瞬間であった。その場にいた全員で柩を再度開き、最期のお別れを行う。私の読経が終わり、柩の蓋が閉められ、いよいよ火葬されるというその時のこと。子供の母親が「もう一回、柩の蓋をあけて」と言いだしたのだ。誰もがその声に圧倒され、何も言えず立ち尽くしていると、母親は柩の蓋を無理やりあけ、我が子に向かってこう叫んだのだ。

「こんな所で何やっているのよ。起きなさいよ。学校に行く時間でしょう」

そう言い終わると、柩にすがりつき、泣き崩れてしまったのだ。親族の方が駆けつけると「触らないでー」と、ものすごい目つきで睨み返す母親に対して、その場にいた誰もが何も言えず、ただ茫然と立ち尽くすことしか出来なかった。誰しもが言葉を失い、ただただ状況を見守ることしか出来なかった。それからどのくらい時間が流れたのか、今となっては分からない。火葬場の職員の度重なる呼び掛けにようやく観念したのか、その母親はやっと柩から離れ、放心状態のまま、親族に抱かれるように倒れこんでしまった。その後、火葬場の控え室へ向かう人たちは皆一様に無言だった。あまりにも若すぎる理不尽な「死」に対して、やり場のない悲しみに打ちのめされているように感じた。火葬場の控室で、お孫さんの成長を楽しみにしていたであろう親族の初老の男性が呟いた。「人生とは何て不公平なんだろう」その苦しそうな言葉が忘れがたい。私もこの想いを一生背負って生きていかなければという気持ちになった』

その後しばらくして、私がお手紙をその母親に出したところ、返事が来た。その手紙にはこう書かれてあった。

「毎日、息子の遺骨に向かって話しかけています。息子の死は、私に深い傷を残しました。今もまだ、心にぽっかりと穴が開いたようで、何だか苦しくて仕方が無いのです。この痛みは、一生、消えることはないでしょう。他の家の子供をみると、正直、腹立たしい気持ちになります。何が悲しいって、子供と一緒に過ごした時間まで、何もかもが奪われてしまったことが何よりも悲しい」

しかし最後はこう結ばれていた。

「中下さん、息子の死を忘れないでね。息子の分まで、あなたが精一杯生きてあげて。そして人の痛みの分かる人になって下さいね。いのちを粗末にしないでくださいね。息子の死を無駄にしないためにも、死ぬ間際に『いい人生だったよ。みなさん、ありがとう』って言ってこの世を去ることが出来たらいいなって今は思っています。息子は今でも、私の記憶の中で生き続けています」

映画「おくりびと」の原作者で「納棺夫日記」の作者・青木新門氏は「いのちのバトンタッチ」の必要性を説いている。看取る者も、やがては看取られる者となる。生と死は常に表裏一体のもので、死は皆に平等に訪れる。だからこそ、死から互いに学びあう必要があるのではないかと。死に逝く者は、残される者に「限りあるいのちを、精一杯生き抜いて欲しい。お前もいつか必ず死ぬんだ。だからこそ、今を精一杯生きてほしい」という「願い」をかけている。その「願い」を感じながら、残された者は日々を生き抜くことが重要ではないかと述べている。

現代社会の中で生きている私たちは、死について考え、語ることを避けたがる。死は隠蔽すべきもので、向き合うものではないという考えも依然として根強い。だが、以下のデータを見てほしい。国立社会保障・人口問題研究所のデータによると、日本の将来推計人口（平成二十四年一月推計）《推計結果表》では、二〇四〇年の日本は、産まれてくる子供（予測）が年間約六十七万人、亡くなる方は年間約百六十七万人になるという衝撃的なデータがある。あくまでも現時点での推測なので、その通りになる事は確約できない。しかしながら、日本社会が世界有数のスピードで少子高齢化が進む多死社会へ突入していることは誰にも否定できない事実であろう。その中で、私たちは自分自身の「死」に対する心の準備が出来ているだろうか？　またいつか必ず来る「大切な人との別れ」について覚悟が出来ているのだろうか？

人は弱い生き物である。故に極限状態になれば、悪いニュースに耳を塞ぎ、良いニュースだけに耳を傾ける。耳障りな忠告には目を瞑り、耳に心地良い無責任な言葉だけを信じようとする。しかし、私たちは現実を直視する勇気を持たなければならない。人間の生と死は互いを内包しあう。人間の死を大切に扱えない国が、どうして生を大切に扱えようか。死を考えない大人が、どうして子供に生を語れるだろうか？

本書は、二〇〇〇年三月に『死別の悲しみを癒すアドバイスブック――家族を亡くしたあなたに』として筑摩書房より刊行された。

熊を殺すと雨が降る　遠藤ケイ

山で生きるには、自然についての知識を磨き、己れの技量を謙虚に見極めねばならない。山村に暮らす人びとの生業、猟法、川漁を克明に描く。

クマにあったらどうするか　姉崎等　片山龍峯

「クマは師匠」と語り遺した狩人が、アイヌ民族の知恵と自身の経験から導き出した超実践クマ対処法。クマと人間の共存する形が見えてくる。（遠藤ケイ）

身近な雑草の愉快な生きかた　稲垣栄洋　三上修・画

名もなき草たちの暮らしぶりと生き残り戦術を愛情とユーモアに満ちた視線で観察、紹介した植物エッセイ。繊細なイラストも魅力。（宮田珠己）

身近な虫たちの華麗な生きかた　稲垣栄洋　小堀文彦・画

地べたを這いながらも、いつか華麗に変身することを夢見てしたたかに生きる身近な虫たちを紹介する。精緻で美しいイラスト多数。（小池昌代）

身近な野菜のなるほど観察録　稲垣栄洋　三上修・画

「身近な雑草の愉快な生きかた」の姉妹編。なじみの多い野菜たちの個性あふれる思いがけない生命の物語を、美しいペン画イラストとともに。（小池昌代）

イワナの夏　湯川豊

釣りは楽しく哀しく、こっけいで厳粛だ。日本の川で、また、アメリカで、出会うのは魚ばかりではない、自然との素敵な交遊記。（川本三郎）

木の教え　塩野米松

かつて日本人は木と共に生き、木に学んだ教訓を受け継いできた。効率主義に囚われた現代にこそ生かしたい「木の教え」を紹介。（丹羽宇一郎）

生きて死ぬ私　茂木健一郎

人生のすべては脳内現象だ。ならば、この美しくも儚い世界は幻影にすぎないのか。それとも……。新たな世界像を描いた初エッセイ。（内藤礼）

脳はなぜ「心」を作ったのか　前野隆司

「意識」とは何か。どこまでが「私」なのか。死んだら「心」はどうなるのか。――「意識」と「心」の謎に挑んだ話題の本の文庫化。（夢枕獏）

錯覚する脳　前野隆司

「意識のクオリア」も五感も、すべては脳が作り上げた錯覚だった！　ロボット工学者が科学的に明らかにする衝撃の結論を信じられますか。（武藤浩史）

いのちと放射能　柳澤桂子

放射性物質による汚染の怖さ、癌や突然変異が引き起こされる仕組みをわかりやすく解説し、命を受け継ぐ私たちの自覚を問う。（永田文夫）

本番に強くなる　白石豊

メンタルコーチである著者が、禅やヨーガの方法をとりいれつつ、強い心の作り方を解説する。「ここ一番」で力が出ないというあなたに！（天外伺朗）

ひきこもりはなぜ「治る」のか？　斎藤環

「ひきこもり」研究の第一人者の著者が、ラカン、コフート等の精神分析理論でひきこもる人の精神病理を読み解き、家族の対応法を解説する。（井出草平）

新版 子どもの精神科　山登敬之

「先生、うちの子大丈夫？」年代ごとに現れやすい症状とその対処法を、児童精神科の専門医がやさしく解説。親と教師の必読書。（加茂登志子）

パーソナリティ障害がわかる本　岡田尊司

性格は変えられる。「パーソナリティ障害」を「個性」に変えるために、本人や周囲の人がどう対応し、どう工夫したらよいかがわかる。（山登敬之）

子は親を救うために「心の病」になる　高橋和巳

子は親が好きだからこそ「心の病」になり、親を救おうとしている。精神科医である著者が説く、親子という「生きづらさ」の原点とその解決法。

人は変われる　高橋和巳

人は大人になった後でこそ、自分を変えられる。多くの事例をあげ「運命を変えて、どう生きるか」を考察した名著、待望の文庫化。（中江有里）

加害者は変われるか？　信田さよ子

家庭という密室で、DVや虐待は起きる。「普通の人」がなぜ？　加害者を正面から見つめ分析し、再発を防ぐ考察につなげた、初めての本。（牟田和恵）

味方をふやす技術　藤原和博

他人とのつながりがなければ、生きてゆけない。でも味方をふやすためには、嫌われる覚悟も必要だ。ほんとうに豊かな人間関係を築くために！

人生の教科書「人間関係」　藤原和博

人間関係で一番大切なことは、相手に「！」を感じてもらうことだ。そのための、すぐに使えるヒントが詰まった一冊。（茂木健一郎）

ちくま文庫

家族《かぞく》を亡《な》くしたあなたに
――死別《しべつ》の悲《かな》しみを癒《いや》すアドバイスブック

二〇一二年九月 十日 第一刷発行
二〇一九年七月十五日 第四刷発行

著 者 キャサリン・サンダーズ
訳 者 白根美保子（しらね・みほこ）
発行者 喜入冬子
発行所 株式会社 筑摩書房
東京都台東区蔵前二―五―三 〒一一一―八七五五
電話番号 〇三―五六八七―二六〇一（代表）
装幀者 安野光雅
印刷所 三松堂印刷株式会社
製本所 三松堂印刷株式会社

ISBN978-4-480-42958-2 C0111